U0440091

采铜文丛

尝谓今人纂辑之书，正如今人之铸钱。古人采铜于山，今人则买旧钱，名之曰废铜，以充铸而已。所铸之钱，既已粗恶，而又将古人传世之宝舂剉碎散，不存于后，岂不两失之乎？承问《日知录》又成几卷，盖期之以废铜，而某自别来一载，早夜诵读，反复寻究，仅得十余条，然庶几采山之铜也。

——顾炎武《与人书十》

另起的新文化運動

袁一丹 著

生活·讀書·新知 三联书店

图书在版编目（CIP）数据

另起的新文化运动/袁一丹著. —北京：生活·读书·新知三联书店，2021.10（2022.5重印）
（采铜文丛）
ISBN 978-7-108-07236-8

Ⅰ.①另… Ⅱ.①袁… Ⅲ.①五四运动—研究 Ⅳ.①K261.107

中国版本图书馆CIP数据核字（2021）第169243号

责任编辑 王婧娅
封面设计 黄 越
责任印制 洪江龙
出版发行 生活·讀書·新知 三联书店
（北京市东城区美术馆东街22号）
邮 编 100010
印 刷 常熟市文化印刷有限公司
版 次 2021年10月第1版
2022年5月第2次印刷
开 本 720mm×965mm 1/16 印张 19.75
字 数 326千字
定 价 69.00元

目　录

引言
松动的“起点”

一

> 你没有看见吗，一切发生的事怎样总是重新开始？那就不能是神的开始吗？啊，开端的本身永远是这般美丽！如果他是最完全的，那么渺小的事物在他以前就不应该存在吗，以便他从丰满与过剩中有所选择？
>
> ——里尔克

任何一种历史叙事都需要指认一个起点，起点本身即包含着叙述者的意图与方法。所谓“另起”，并非用一个起点去置换另一个起点，用新的历史叙事去推翻已有的历史叙事；恰是要并置不同的起点，对勘历史叙事的不同版本。

并置不同的起点，通过文本对勘重构历史（history through textual criticism），是为了对抗“起源”的神话。按萨义德（Edward W. Said）的区分，“起源”（origin）掩盖差异，是唯一的；“开端”（beginnings）凸显差异，是复数的。“起源”是神学的、神秘的、有特权的；而“开端”是卑微的、人造的、不断被检验的。[1] 从单一的起源中可以“离析”出多重

---

① 萨义德（Edward W. Said）：《开端：意图与方法》，章乐天译，北京，生活·读书·新知三联书店，2014 年，第 10、16、34 页。

的开端。在历史开端处发现的不是起源的同一性，而是种种人事的不一致、不协调。“开端”中隐伏着复数的起点、复数的历史时间、复数的个体经验，它有意挑战“起源”的权威，不断制造出另一个起点。

我对于五四新文化运动的研究，始于2008年。硕士论文《“新文化运动”发生考论》即处理新文化的“起点”及运动过程。现在回过头去看，有点佩服自己当初的勇气。事实上，自己并没有能力重构五四新文化的总体图景。当时的勇气，可能源于确信自己找到了一个特别的入口。从这个入口进去，仿佛能窥见一点微光，由此辟出新的论述空间。

这个选题有一定的偶然性。据说中国现代文学研究有“一个中心”（五四运动），“两个基本点”（周氏兄弟）。选题时不知道去哪儿找题目，索性从《鲁迅全集》读起。没想到运气不错，《全集》第一卷还没有翻过半，就瞥见《热风·题记》中的一段话。鲁迅说“五四”以后，之前讥笑、嘲骂《新青年》的人，“另起”了一个冠冕堂皇的名目，叫“新文化运动”，后来又把这个名目“反套”到《新青年》身上①。按鲁迅的说法，《新青年》与当时所谓的“新文化运动”不是一回事。这有点违背文学史的常识，现代文学史一贯把《新青年》标记为新文化运动的起点，新文化运动不就是《新青年》同人提倡的，以北大为策源地的文化运动？

由鲁迅《热风·题记》里的这段话，我生出几个疑问：

《新青年》提出的“文学革命”“思想革命”与当时所谓的“新文化运动”究竟是什么关系？鲁迅之外，其他《新青年》同人怎么看“新文化运动”这个名目？

“新文化运动”这个词是什么时候出现的？到底是谁的“发明”？

“新文化运动”这个名目如何被“反套”在《新青年》头上？

硕士论文中隐含的方法论意识：一是对于语词的时态的敏感，用现在

① 鲁迅：《热风·题记》，作于1925年11月3日，《鲁迅全集》第1卷，北京，人民文学出版社，1981年，第292页。

进行时的“新文化运动”取代过去完成时的新文化运动；二是浑朴的过程的观念，追问“五四”与“新文化”是如何“焊接”在一起的；三是倾听不合时宜者的声音，关注新文化的排斥机制及自我压抑的面向。以语词、过程、个体为支点，撬动固有的起点。

通过考察胡适、陈独秀、周作人等关于“新文化运动”的表态，我发现，至少在1920年代前期，《新青年》同人普遍认为所谓“新文化运动”是在文学革命、思想革命之外“另起”的事业。“新文化运动”一词出现在“五四”以后，即1919年下半年。这个词的发明权，主要归功于以梁启超为首的研究系。

逐页翻检“五四”前后研究系掌控的北京《晨报》《国民公报》及上海《时事新报》，我得到的基本印象是，“新文化运动”表面上是作为政治运动的反题出现的，但骨子里是一种泛政治运动，承担着为政党政治造血、换血的功能。“五四”前后文化与政治的共生关系，构成一个莫比乌斯带（Möbius strip）。当把正反面扭转为一个单侧曲面，其间存在一个“拧劲”。“五四”释放出的社会能量及“新文化运动”的裂变，即隐藏在文化与政治这个“不二之面”构成的“莫比乌斯带拧劲”当中。

重新翻看2008年撰写的硕士论文，站得住脚的或许就是这篇论点的“起点”，即从鲁迅《热风·题记》里无意间发现的历史缝隙。但写论文光靠灵光一闪是远远不够的，更重要的是用无可辩驳的证据说服别人。我当时没有能力从这条缝隙深入进去，把从历史现场拾得的碎片，拼成一幅新的图景。

语文学家奥尔巴赫（Erich Auerbach）从方法论的意义上特别强调“起点”（a point of departure/Ansatzpunkt）之于历史综合的重要性[①]。他

---

① Erich Auerbach, "Philology and Weltliteratur," trans. by Maire and Edward Said, *The Centennial Review*, vol. 13, no. 1(Winter 1969), pp. 1－17. 中译本参见埃里希·奥尔巴赫：《语文学与世界文学》，靳成诚译，《比较文学与世界文学》2016年第1期。

认为“起点”的发现多凭个人的直觉，因而基于内在视点的综合历史（a synthetic history-from-within）也只能寄希望于个人。“起点”好比是研究者掌控的“手柄”。一个别致的起点，足以撼动整个历史图景。光有总体史的抱负与轮廓是不够的，必须沿着起点指示的路径，寻求可以深描的现象。理想的起点应该既是具体而精准的，又具有向外辐射的潜力。对历史概念的词源学考辨，对经典文献的拆解与重构，对个人前史的打捞与修复，都可以成为通向自内而外的历史综合的跳板。

二

> 可是那些久已逝去的人们，依然存在于我们的生命里，作为我们的禀赋，作为我们命运的负担，作为循环着的血液，作为从时代的深渊生发出来的姿态。
>
> ——里尔克

我写完硕士论文后，仍旧没有解决的困惑是：我们有没有可能在“常态”下，纯粹从学理的动机出发，凭借研究者有限的个人经验，重新认识“五四”、认识“新文化”？此前关于“五四新文化”的叙事模式，都形成于历史的危机时刻。成功的“改写”，“势”大于“理”。我们这代学院体制培养出来的“新青年”，连个人的故事都乏善可陈，怎能讲好“新文化”从哪里来、往何处去这样的宏大叙事？“历史”对我个人而言，好像被缝合得严严实实。你很难动摇他人心中的定见，即便你用绣花针挑破一条缝，有可能由此撕开历史图景的一角。①

重述五四新文化运动的发生史，困难之处还不在于历史场景的还原。时至今日，我们完全有能力寻觅、堆积更多的历史细节，把故事讲

① 参见袁一丹：《绣花针与狼牙棒》，《文艺争鸣》2018 年第 9 期。

得无比繁复、细腻。我感到真正的困难，恰在于胡适所谓的“价值重估”，如何回应中国当下的思想氛围，重新检讨五四一代的立场，进而重估新文化的价值内核。没有一个新的价值旨归，大概只能复述或修补原有的叙事模式，不可能把新文化如何发生的故事讲出什么大的新意来。[①]

“五四”可以说是中国现代文学的学科基石。长期以来这块奠基石过于稳固，以致我们忽略了它的存在。当“五四”的历史定位逐渐松动，变成一块“滚石”时，既给学科带来前所未有的思想危机，而在危机中或也蕴涵着自我更新的生机。

对现代文学研究者而言，围绕“五四”的思想论辩，与其说是枪口一致对外的保卫战，毋宁说是“今日之我”与“昔日之我”的较量。发言者需根据当下的社会氛围，纠偏除弊，适时调整自家立场。现代文学研究者既是“五四”遗产的继承人、保卫者、辩护士，也应直面“五四”近百年来的历史后效，在与反对者、调和派的思想对垒中，将何谓“五四”重新问题化，从而生发出新的时代命题。

在专业领域内隐然有两类“五四”言说，或将其视为历史事件去勾描，或将其作为价值立场展开攻防战。前者对“五四”的理解偏实体化，后者则试图发现五四新文化运动中未实现的可能性、未兑现的口头支票。所谓回到“五四”，不是回到过去，而是回到未来，去重温五四人对中国未来、世界未来的想象与规划。返回历史现场，不仅是为了搜寻那些散佚的历史细节，更是为了激活“五四”之于当下中国的思想功能。以“五四”为后视镜给未来导航，我们透过这个后视镜审视现在，倒退着驶入未来。

① 程凯指出，对历史细节及多样性的还原，固然可以改变我们对“五四”的刻板印象，但缺乏对认识装置的反思和整体史的抱负，会令细节堆积落入新意识形态的支配而不自觉。因此须充分认识到“五四”与当代中国的异质性，将“五四”作为思想操练的磨刀石，一块粗粝的而非打磨得过分光滑的磨刀石。（《重返“危机时代”——一种通向五四的路径》，《文艺争鸣》2018 年第 9 期）

在当代中国的主体建构过程中，传统资源的复活固然重要，但离不开“五四”这一解毒剂。问题在如何创造性地转化“五四”的思想遗产，而不是当“五四”好像从未发生过。

第一章
“新文化运动”的名与实

一、“反套”在《新青年》上

1920年代中期，鲁迅将他“五四”前后主要发表在《新青年》上的杂感结集为《热风》，题记中追忆“五四”以后的情形：

> 但那时革新运动，表面上却颇有些成功，于是主张革新的也就蓬蓬勃勃，而且有许多还就是在先讥笑，嘲骂《新青年》的人们，但他们却是另起了一个冠冕堂皇的名目：新文化运动。这也就是后来又将这名目反套在《新青年》身上，而又加以嘲骂讥笑的，正如笑骂白话文的人，往往自称最得风气之先，早经主张过白话文一样。[①]

这段追述中有两个动词值得注意，一是“另起”，一是“反套”。这两个词提醒我重新思考“新文化运动”这个名目与《新青年》的关系。按鲁迅的说法，所谓“新文化运动”不是《新青年》同人的发明，而恰是《新青年》的反对派、革新运动的投机家“五四”以后另起的名目。

一年后为杂文集《坟》写后记，鲁迅又说“初提倡白话的时候，是得到各方面剧烈的攻击的。后来白话渐渐通行了，势不可遏，有些人便一转

① 鲁迅：《热风·题记》，作于1925年11月3日，《鲁迅全集》第1卷，北京，人民文学出版社，1981年，第292页。着重号为笔者所加。

而引为自己之功，美其名曰‘新文化运动’”，不久这类人又“二次转舵”，反过来嘲骂“新文化”。[①] 鲁迅对“新文化运动”一词的理解，偏重于白话文的倡导、传播。在主张白话这一点上，“新文化运动”与《新青年》同人发起的文学革命确有竞争关系。但在鲁迅看来，“五四”以后勃兴的“新文化运动”，其实是文学革命、思想革命之外“另起”的旗号，尽管这个旗号后来又被其发起者背弃，并“反套”在《新青年》身上。

由鲁迅所谓的“另起”与“反套”引出的问题是，谁发明了“新文化运动”这个名目？要理清“新文化运动”的名与实，及其与《新青年》的关系，鲁迅之说还不足为凭，须考虑其他同人对“新文化运动”的态度。我关心的不仅是，对于“新文化运动”，他们说了些什么，更重要的是，为什么会这么说。这涉及《新青年》同人“五四”前后的聚散离合，思想立场的转移，社会地位的升降，尤其是在运动过程中的位置变化。

可以说我最初感兴趣的不是新文化运动本身，而是“新文化运动”这个命名与《新青年》之间的缝隙。不加引号的新文化运动，是指学界对于新文化运动的既有论述，以 1915 年《青年》杂志的创办，或 1917 年《新青年》北上，作为新文化运动的起点，即将新文化运动看作由《新青年》同人倡导的，以北京大学为中心的一场文化运动[②]。新文化运动作为事后追认的历史概念，无须加引号。给“新文化运动”加上引号，意味着由过

---

① 鲁迅：《写在〈坟〉后面》，作于 1926 年 11 月 11 日，《鲁迅全集》第 1 卷，第 285 页。

② Chow Tse-tsung, *The May Fourth Movement: Intellectual Revolution in Modern China*, Harvard University Press, 1960. 中译本参见周策纵：《五四运动——现代中国的思想革命》，“导言”部分关于五四运动的定义，周子平等译，南京，江苏人民出版社，1999 年。陈万雄《五四新文化的源流》（北京，生活·读书·新知三联书店，1997 年）认为五四新文化运动的滥觞，以《新青年》的创刊为标志，前期倡导的中心是《新青年》和北京大学。

去完成时回到现在进行时，试图把这个凝固的历史概念，融解为未定型的新名词，在“五四”之后被各种势力界说、争夺、批评[①]。

周策纵梳理五四运动史时曾指出，“新文化运动”这个词出现于1919年下半年，流行于1920年初[②]。但他援引的最早出处并不确切，在《新青年》《新潮》吸纳这一名词以前，“文化运动”或说“新文化运动”已被趋新的报刊广泛使用[③]。“新文化运动”这个词出现在“五四”以后，至少说明用它来指称“五四”以前《新青年》同人的主张，是一种“反套”。

“新文化运动”风起云涌的年代，同时也是《新青年》同人风流云散的两三年。北京虽然是五四运动的策源地，倒显出“寂寞荒凉的古战场的情景”[④]。鲁迅这种“寂寞荒凉”之感，或缘于以北京为阵地的《新青年》与“五四”后横向扩张的“新文化运动”在时空上的错位。“新文化运动”确实延续了《新青年》同人的基本主张，但已超出一家一派的掌控，成为

---

① 有海外学者认为“新文化运动”不是一个起止时间明确的运动，而是“五四”后流行的时髦语（buzzword），被边缘知识分子用来兜售各种已有的思想观念与文化方案。参见Elisabeth Forster, “The Buzzword ‘New Culture Movement’: Intellectual marketing strategies in China in the 1910s and 1920s,” *Modern Asian Studies*, Vol. 51, Iss. 5(Sep. 2017)。

② 周策纵：《五四运动——现代中国的思想革命》，第七章“新文化运动的扩展”，七“对新文化运动不断加强的支持”。他认为“新文化运动”一词出自《新潮》第2卷第2号（1919年12月1日）上的记者答读者问。邓绍基指出陈独秀发表于《新青年》第7卷第1号（1919年12月1日）上的《调和论与旧道德》，是《新青年》同人中最早使用“新文化运动”一词的文本。（《关于“新文化运动”这一名称》，《学林漫录》第十四集，北京，中华书局，1999年）

③ 欧阳军喜指出“新文化运动”一词很可能最早由国民党人提出，见于《星期评论》第13号（1919年8月31日）刊发李汉俊（署名“先进”）《新文化运动的武器》；稍后《建设》第1卷第2号（1919年9月1日）刊载戴季陶《从经济上观察中国的乱原》，称“新文化运动”是以科学发达为基础的“世界的国家及社会的改造运动”。戴季陶在《革命！何故？为何？》（《建设》第1卷第3号，1919年10月1日）中将“普遍的新文化运动”视为革命进行的方法，认为新文化运动的意义在于“智识上思想上的机会均等和各个人理智的自由发展”。参见欧阳军喜：《国民党与新文化运动——以〈星期评论〉〈建设〉为中心》，《南京大学学报》2009年第1期。

④ 鲁迅：《〈中国新文学大系〉小说二集序》，《鲁迅全集》第6卷，第245页。

各方势力争相攘夺的旗号[1]。

“五四”以后《新青年》同人也卷入“新文化运动是什么”的话语争夺。被封为新文化运动总司令的陈独秀，1920年初在上海的一次演讲中，提出他对“新文化运动”的定义，然而只回应了“文化”是什么，忽略了何谓“新……运动”[2]。陈独秀这篇演说与《文学革命论》的语调截然不同。前者只是复述当时思想界的共识，后者作为文学革命的纲领性文件，完全是老革命党的口吻，“愿拖四十二生的大炮，为之前驱”云云，尽管有煽动的嫌疑，却正符合他身为主将的立场[3]。无论文学革命，还是新文化运动，可能都不是陈独秀关注的重点，但他在这两场运动中的位置感是不一样的。

对于“五四”后流行的“新文化”，胡适的态度前后不一。他起初极力撇清与“新文化运动”的关系，曾在1920年度北大开学典礼上声明，自己“无论在何处，从来不曾敢说我做的是新文化运动”，北大也称不上是运动的中心。胡适以为“现在并没有文化，更没有什么新文化”，只有一种新动机、新要求，“并没有他们所问的新文化运动”[4]。从何时起，他们所谓的新文化运动变为“我们的”？在作于1922年的《五十年来中国之文学》中，胡适已将文学革命、思想革命与五四事件、新文化运动合二为

---

① 周予同认为“五四”前后《新青年》最初把握着思想界的权威，但后来研究系的梁启超、张东荪、张君劢等组织共学社，出版《解放与改造》；国民党的胡汉民、戴季陶、沈定一等抱着改组党务之见，出版《建设》及《星期评论》，“与自由派的《新青年》成为鼎足的形势”。《新青年》《每周评论》所以渐趋黯淡，失去青年的崇奉，反不能与研究系、国民党争衡，是因为胡适辈“自由思想的空气太浓，讲坛派的态度太重”，徘徊于浮泛的文化改造，不能顺应时势，从个人本位转向集团本位，触及政治经济制度的变革。（天行：《第四期之前夜：向青年们公开着的一封信》，《一般》第6卷第1号，1928年9月）

② 陈独秀：《新文化运动是什么》，1920年3月20日在青年会征求会员大会闭幕典礼上发表的演讲，原载上海《民国日报》1920年3月21日，收入《新青年》第7卷第5号，1920年4月1日。

③ 陈独秀：《文学革命论》，《新青年》第2卷第6号，1917年2月1日。

④《胡适之先生演说词》，陈政记，《北京大学日刊》，1920年9月18日。

一，“民国八年的学生运动与新文学运动虽是两件事，但学生运动的影响能使白话的传播遍于全国”[1]，“况且‘五四’运动以后，国内明白的人渐渐觉悟‘思想革命’的重要”，“文学革命的运动因此得自由发展”[2]。胡适给“文学革命”加上“运动”的后缀，称之为“新文学运动”，在构词法上也有向“新文化运动”靠拢之势。

在读解陈独秀、胡适关于“新文化运动”的表态时，须考虑到从某种意义上说，二人经“五四”而暴得大名，其实是“新文化运动”的直接受益者。正如一位北京学生给胡适写信说，“自来谈新文化的人，必要连带想到提倡的人，而阁下与陈君（独秀）之名，亦随借此发达。但新文化之胚胎虽在五四之前，而文化之进步确在五四之后”，所以陈、胡二人自然要替“五四”张本、替新文化辩护[3]。

与被视为领袖的陈独秀、胡适不同，周氏兄弟到“新文化”的势头过去以后才发言。1924 年周作人给《晨报附刊》编辑孙伏园去信“反对新文化”。作信的缘由本只是北大内部的男女纠纷，周作人却取了一个骇人听闻的题目，以致孙伏园在编者按中解释这个题目是来信原有的，“其中‘新文化’似应作‘所谓新文化’解”。在这封信的末尾，周作人道出他“反对新文化”的题意：“中国自五四以来，高唱群众运动社会制裁，到了今日变本加厉，大家忘记了自己的责任，都来干涉别人的事情，还自以为是头号的新文化，真是可怜悯者。”[4]

---

① 据五四运动亲历者杨亮功回忆，五四当天唯一的宣传品，是印有“北京学界全体宣言”的传单，共印二万份。宣言由罗家伦执笔，用白话文写就。（杨亮功口述、秦贤次笔录：《五四运动六十年》，台湾《东方杂志》复刊 1979 年第 12 卷第 11 期）可见学生运动彰显了白话文动员民众的效力，扩大了白话文的社会影响。

② 胡适：《五十年来中国之文学》，1922 年 3 月作，《申报》五十周年纪念刊《最近之五十年》，1923 年 2 月。

③ 1922 年 2 月 17 日铁民致胡适信，《胡适来往书信选》上，北京，社会科学文献出版社，2013 年，第 103 页。

④ 陶然（周作人）：《一封反对新文化的信》，《晨报附刊》1924 年 5 月 16 日；收入《谈虎集》上卷，北新书局，1928 年，第 170 页。

周作人反对的“新文化”，是群众运动与社会制裁的别名。他以为“五四是一种群众运动，当然不免是感情用事，但旋即转向理知方面发展，致力于所谓新文化的提倡，截至民国十年止，这是最有希望的一时期。然而自此以后感情又大占优势，从五四运动的往事中看出幻妄的教训，以为（1）有公理无强权，（2）群众运动可以成事”，而将思想改造、实力养成置于脑后①。从这段议论可知，周作人并非真的反对“新文化”，相反，对“五四”以后“感情用事”的群众运动转向诉诸理智的文化运动，他是寄予厚望的。在周作人看来，“五四”诚然造就了“新文化”，其中非理性的道德激情又潜伏着对“新文化”的反动。

1949年后，周作人更倾向于将“五四”与新文化运动、文学革命区别对待，反对胡适所谓的“五四的精神是文学革命，不幸转化而成为政治运动”。周作人认为“五四从头到尾，是一个政治运动，而前头的一段文学革命，后头的一段新文化运动，乃是焊接上去的”②。这种“旁观者”的视角，有助于拆穿“五四—新文化运动”的融贯性。周作人晚年在回想录中也称五四运动“本来是学生的爱国的一种政治表现，但因为影响于文化方面极为深远，所以或又称以后的作新文化运动”③。胡适后来强调“五四”与文学革命精神上的承继性，而周作人则将文学革命、“五四”与新文化运动切割开，突出“五四”的异质性以及强大的吸附力④。问题的关键是，依照周氏的说法，“后头的一段新文化运动”与“前头的一段文

① 益噤（周作人）：《五四运动之功过》，《京报副刊》1925年6月29日；收入《周作人集外文》（1904—1925），陈子善、张铁荣编，海口，海南国际新闻出版中心，1995年，第720页。

② 王寿遐（周作人）：《北平的事情》，《子曰丛刊》第六辑，1949年4月1日。此文为主客问答体，作于周作人出狱前后。

③ 周作人：《知堂回想录》，一一六“蔡孑民二”，香港，三育文具图书公司，1980年，第333页。

④ 关于五四运动与文学革命的关系，陶希圣晚年的回忆文章《从五四到六三》（《潮流与点滴》，台湾，传记文学出版社，1979年）有所回应。陶希圣作为“五四”的亲历者，当时是北大法科法律门一年级学生。在他看来，五四运动是“一个简单、纯粹与明朗的事件”，“五四运动的起因与白话文或文学革命没有什么关系”。《新青年》与（转下页）

学革命”是如何通过五四“焊接”在一起的？这不单是日趋激烈的主义之争促成的，以“五四”为焊缝的历史拼接从1920年代初就已经开始了。

二、“五四”：“文化”还是“武化”

在《新青年》与加上引号的“新文化运动”之间隔着一个“五四”。关于新文化运动的既有论述，不仅以《新青年》为起点，还强调其与五四运动的同一性，用政治与文化互为因果的锁链，将二者勾连起来，于是有“五四—新文化运动”之说。而事件发展的逻辑与史家的逻辑是逆向的，只有充分意识到“五四”与“新文化”的异质性，才可能还原“五四—新文化”作为运动的貌似同一性是如何形成的。[①]

从政治运动转向文化运动，关键在于“五四”的合法性。“五四”的合法性，如今看来，是毫无疑问的，但在1920年代初，还是悬而未决的问题。“五四”为何发生，它的精神是什么，从中可以得出怎样的经验教

（接上页）《每周评论》在学生中流行，“但白话文，或文学革命，或新文化运动，还未发生多大的影响”。在五四运动酝酿过程中，北大学生没有组织中心，也不是各大专学校学生的组织中心。巴黎和会的消息传入国内，在北大学生集会上的演讲者，“没有北大的教职员，也很少看见白话文学或新文化运动诸位的踪迹”。五四运动从头到尾，除蔡元培出面劝导外，没有北大教职员参加。陈独秀是文科学长，并未曾参加学生运动；胡适此时到上海去了，根本不在北京。陶希圣将五四运动与文学革命切分开，强调“五四”是单纯的学生运动，是青年学生的民族意识、政治意识、文化意识普遍觉醒的起点。

① 曾参与五四游行的北大学生田炯锦在《“五四”的回忆与平议》（《传记文学》第15卷第3、4期）中指出，叙述“五四”的事实，当先分清楚何谓“五四”、何谓“五四运动”。“五月四日当天游行的人，谁也不曾想到他们的行动，会被称为‘五四运动’。而以后侈谈五四运动的人，至少在时间上包括由八年五月四日到六月五日这一段，不少的人甚至将文学改良运动、新文化运动与五四运动混在一起；于是随其心之好恶，将‘五四’以前数年的某些事实，与‘五四’以后许多年的某些事象，都记在‘五四’的功劳簿上或罪过册上，以致后之人对五四运动的真相，不易明了，更不易对其功过，有持平的论断。”对于五四运动与新文化运动的关系，田炯锦认为未悉“五四”真相的人，“将新文化运动常发表主张的人，就指为五四运动的领导人。其实五四运动努力的人，对新文化运动，甚少参预，而新文化运动的领导人们，亦很少参加五四的行动”。

训，这些都是敌友之间以及同盟内部争执不休的话题[①]。“五四”的权威正是在反复的辩难、修正中确立起来的。

运动发生的即刻，就连陈独秀这样的激进派也未能立刻辨认出“五四”与寻常的学生风潮迥异的面目，更没有意识到这一事件的“伟大”意义，及其蕴藏的社会能量。他的第一反应竟然是“学生闹事”！陈独秀给南下迎接杜威的胡适通风报信，描述“五四”当天的混乱情形，接着说：“京中舆论，颇袒护学生；但是说起官话来，总觉得聚众打人放火（放火是不是学生做的，还没有证明），难免犯法。”[②]

梁漱溟“没有跟着大家跑”，他对学生事件的表态，直指“五四”的不合法性。梁氏以为几千年的专制养成国人要么“扬脸横行”、要么“低头顺受”的习惯，得势时明明犯禁却倚仗民意，不愿接受法度的裁判，他主张学生集体自首，遵判服罪[③]。在当时狂热的空气中，梁漱溟这种论调显然是不合时宜的[④]。因为“五四”的合法性并非建立在法理基础上，要解决这一

---

① “五四运动”一词诞生初期的诠释史，参见徐佳贵：《从“五七”到“五四”——“五四运动”诠释的发生及其初期演变》，《史林》2020年第2期。

② 1919年5月7日午后4时陈独秀致胡适信，《胡适来往书信选》上，第31页。顾颉刚观察一般人对五四事件的反应：“这回风潮之后，我碰见了几个人：第一个是□□，我同他讲，他只是笑而不答，或者别有会心；第二个是□□□，他劈头就说，现在北京大学正在出锋头啊！我也无话可答；第三个是□□，我请他猜猜这一次谁胜谁败，他说：‘段派与交通系联合处分学生，学生必然无幸；如在法廷起诉，听说曹宅守门警察曾开数枪，有此一事，或未必学生全败。’则纯在势力及法律条文上着想了。”（1919年5月9日顾颉刚致叶圣陶信，《顾颉刚书信集》卷一，北京，中华书局，2011年，第62页）

③ 梁漱溟：《论学生事件》，原载北京《国民公报》，转引自1919年5月18日《每周评论》附录“对于北京学生运动的舆论”。五四时期梁漱溟在北大讲授印度哲学，自认为与新思潮相距甚远，对新派的主张多不赞同，但不反对提倡白话文。梁氏晚年回忆五四事件，自称“没有一种很激昂的情绪，没有跟着大家跑”。参见艾恺（Alitto, G. S.）：《吾曹不出如苍生何：梁漱溟晚年口述》，北京，外语教学与研究出版社，2010年。

④ 刊发梁文的《国民公报》主笔蓝公武，充当学生一方的“辩护士”，为其开列了若干无罪的理由：首先法不治众，五四事件是共同意志的作用；其次示威游行为国民应有之权利，是文明国家常见的政治风景；再次公众裁制个人在近世法律上亦属正当行为；最后从道德方面看，惩处卖国贼不是恶行而是美德。（知非：《评梁漱溟君之学生事件论》，1919年5月18日《每周评论》）

问题，只能依靠舆论引导，尽量淡化、袪除“五四”的“非法”色彩，将政治上崛起的学生群体导入平和的方向[①]。《晨报》发起的“五四纪念”，就含有这样的意图。

《晨报》是京城舆论界与“五四”渊源最深的，虽有党派背景，还一度被誉为学生的机关报。[②]《晨报》为“五四”举办生日会，有社会仪式的意味，不是单纯的党派行为。参与五四纪念的作者群大致可归为三类：一是“五四”的亲历者——学生运动的骨干；二是社会名流，以北大教授为主；三是《晨报》所属的研究系的头面人物——梁启超及他周围的报馆主笔[③]。纪念者的身份自会影响其对“五四”性质的界定。

学生内部争执的焦点是：“五四”究竟是文化运动，还是“武化”运动？作为学生运动的骨干分子，罗家伦拟定的方针包括社会运动与文化运动两方面。所谓社会运动不光是群众的表演，还要重新唤起对个人的重视，而文化运动的目的可与思想革命的计划合二为一，并“以思想革命为一切改造的基础”[④]。罗家伦想把“五四”后学生运动的走向纳入《新青年》一派未竟的事业中。燕京大学的学生领袖瞿世英也紧扣“五四”与文

---

① 五四事件发生第二天，北大法科学生照常上课，法律门一年级的第一课是刑法，刑法教授张孝簃任总检察厅首席检察官，同学们极关注五四运动的法律问题以及被捕学生的责任。张孝簃作为现任法官，本不应对现实案件发表法律意见，他只说八个字：“法无可恕，情有可原。”（陶希圣：《潮流与点滴·从五四到六三》）

②《晨报》在学生群体中的形象，参见1922年6月7日张梵致胡适信，他问《晨报》的“家长”究竟是不是研究系，是否替研究系发言。因“在学校并一般爱谈论时事的同学朋友们中间，常常听见有人说：‘《晨报》是研究系的机关报，研究系坏得不能说，《晨报》有时常给该系护短，终久是有个替代的——清白无派的——出来，我们就要和他断绝来往。’”[《胡适来往书信选》上，第115—116页；《书信选》此信落款日期为1922年7月7日，据黄克武核对胡适纪念馆藏原信，应为6月7日。参见黄克武：《一个流产的结盟：胡适与研究系（1919—1922）》，《中国文化》第53期，2021年春季号]

③ 曾参与五四运动的北京法专毕业生王抚洲认为：“如果说是文化人激动起五四爱国运动，这功绩应归之于当时的新闻记者，而不是《新青年》《新潮》等刊物。”（《我所记得的五四运动》，《传记文学》第10卷第5期）他是指《晨报》《京报》《国民公报》对巴黎和会的报道对五四运动的刺激作用。

④ 罗家伦：《一年来我们学生运动底失败成功和将来应取的方针》，《晨报》1920年5月4日“五四纪念增刊”，转载于《新潮》第2卷第4号。

化运动的关系做文章，称五四“奉着新文化运动的使命而来”，其功绩“不独在拒签德约，不独是罢免国贼，不独是街上添了几次学生的游行，也不独是多发了几次传单”，而“是给中土一个有力的新文化运动的动机”[①]。

尽管学生运动的领袖极力要将“五四”引到文化运动的轨道上去[②]，仍不能消除“无知”小民对学生“打人”的印象。当年还是北大学生、后来执掌《晨副》的孙伏园就听老辈议论说：“五月四日是打人的日子，有什么可以纪念呢？”在他看来，“五四”以前《新青年》同人的主张，“很有点像文化运动”，却未能引起国人应有的注意，“直到青年不得已拔出拳头来了，遂大家顶礼膜拜，说这是文化运动，其实这已是武化运动了”[③]。

学生运动的激进分子声称五四运动所以可贵，正在学生肯起来打人。“‘五四’以前虽已有新思潮的呼声，然只是理论上的鼓吹，对于实际的政治问题，还未见发生什么影响。”唯有“五四”，学生“认真拔出拳头，实行与外力及民贼宣战”，这种举动“比文化运动更有效果”。所以五四运动的真价值，就在不用“笔头”而用“拳头”，不是“文化”而是“武化”[④]！

北大教授关注的问题，也是整个“五四纪念”的核心议题：学生应否干预政治？1920 年的纪念文章中，胡适、蒋梦麟称“五四”为变态社会里“不得已的事”，希望将街头、广场的学生运动收束为校园内部的学生

① 瞿世英：《五四与学生》，《晨报》1921 年 5 月 4 日。瞿世英 1918 年入燕京大学哲学系，与郑振铎、瞿秋白等合办《新社会》杂志；在五四运动中任北京学生联合会代表，赴上海参加全国学生联合会；1921 年参与发起文学研究会。

② 曹汝霖《一生之回忆》（台北，传记文学出版社，1980 年）称：“后来北大有关此事之人，已将此事改称为文艺运动，使人将五四运动淡而忘之。”据《晨报》对 1920 年北京学生五四纪念大会的报道，瞿世英发言时称五四运动虽起因于国贼专横、外交危急，但现在吾人应取之目的在于文化运动。北大学生领袖段锡朋亦称：“吾们要采学生身份可能而有效的方法，谋实现吾们的目的即是文化运动。”而会上其他来宾的演说，大意不外此后应取之方针为文化运动。

③ 伏庐（孙伏园）：《五四纪念日的些许感想》，《晨报》1921 年 5 月 4 日。

④ 张维周：《我主张学生要干预政治》，《晨报》1922 年 5 月 4 日。

活动[1]。"五四"被视作"出轨"的运动，这里的"轨"不是国家的法轨，而是教育者预设的思想进程。到第二年的"五四纪念"，胡适对"五四"的态度陡转，借黄宗羲之口，表彰学生干政是"三代遗风"![2] 理想的学校应是"一个造成天下公是公非的所在"。他希望以学校为纠弹政治的机关，国立大学要行使国会的职权，地方学校要执行郡县议会的职权。[3] 这种官师合一、政教合一的理想，折射出胡适 1920 年代初在"讲学"与"议政"、谈政治与干政治之间的摇摆[4]。他借"黄梨洲论学生运动"，不只是论证学生干政的合理性，所谓"三代遗风"其实是为士阶层参政议政寻求历史依据。[5]

《晨报》及其副刊上的"五四纪念"，虽不是纯粹的党派行为，但也不是为别人搭台唱戏。1920 年"五四"一周岁诞辰之际，《晨报》在纪念增刊之外，发布社论《五四运动底文化的使命》，为纪念活动定下基调。主笔陈博生称"五四"不是高等流氓的政治活动，也不是偏狭的国家主义运动，而是社会运动、国际运动，如此才配在文化史上占据一席之地[6]。从文化史上为"五四"定位，是《晨报》二十年代初期的舆论导向。

为首届"五四纪念"打头阵的是研究系的精神领袖梁启超。在开场白中，他进一步确立了五四运动与文化运动互为因果的关系。梁启超承认"五四"本身不过是一场局部的政治运动，但这场政治运动以文化运动为

---

① 蒋梦麟、胡适：《我们对于学生的希望》，《晨报》1920 年 5 月 4 日。

② 1921 年 5 月 2 日胡适日记称："后日为'五四'后之第二周年。《晨报》与《半周刊》皆将出'纪念增刊'，他们要我做文章。我自公园回来，已九点半了，想出一个取巧的法子，做了一篇文章。"所谓"取巧的法子"，即借黄宗羲之口表彰学生运动。（《胡适日记全编》3，曹伯言整理，合肥，安徽教育出版社，2001 年，第 241 页）

③ 胡适：《黄梨洲论学生运动》，《晨报》1921 年 5 月 4 日。

④ 参见胡适：《我的歧路》，《努力周报》第 7 期，1922 年 6 月 18 日。

⑤ 高一涵在同年《晨报》的五四纪念上呼应胡适的论调，他梦想发明一种"思想界的飞行器"或说"社会进化的缩时法"：以教育机关为立法机关、清议机关，以教育界的评判为公是公非的标准。（《将来学生运动的责任》，《晨报》1921 年 5 月 4 日）

⑥ 渊泉（陈博生）：《五四运动底文化的使命》，《晨报》1920 年 5 月 4 日。

原动力，继而促成澎湃于国内的新文化运动。此后若要保持增长“五四”之价值，“宜以文化运动为主而以政治运动为辅”[1]。以文化运动为政治运动的根基，是梁启超1917年底淡出政界后形成的思路。民国成立初期梁氏在政治上种种希望相继落空，使其有“废然思返”之意，觉得“社会文化是整套的”，绝不可能“拿旧心理运用新制度”，“渐渐要求全人格的觉悟”[2]。

1918年欧游去国前，梁启超与同人相约舍弃政治活动，“要从思想界尽些微力”[3]。梁氏同党将民初政治活动的失败，归因于“迷信一人万能”，以为依傍一二伟人就能救中国；当此种政治迷梦破灭后，诸人商定“任公于十年以内绝对不近政权，专从文化方面，另造一种新势力，改党造党”[4]。“五四”以后，研究系着力“培养新人才，宣传新文化”，但其从事文化运动的目的仍是“改党造党”，开拓新政治[5]。因此梁启超所谓的文化运动，骨子里仍是一种泛政治的，或者说为政治重新“起信”的运动。

即便打出文化运动的旗帜，梁启超仍未能忘情政治，声称无论广义还是狭义的文化，都不可能将政治驱除在外。他坚持过渡时代的政治运动，或是“为排除文化运动、社会运动种种障碍起见，以辅助的意味行政治运动”，或是“为将来有效的政治运动作预备工夫起见，以教育的意味行政

---

① 梁启超：《“五四纪念日”感言》，《晨报》1920年5月4日。

② 梁启超：《五十年中国进化概论》，申报馆五十周年纪念《最近之五十年》，上海，申报馆，1923年。

③ 梁启超：《欧游心影录节录》，上海，中华书局，1936年，第39页。

④ 1919年3月2日熊正理致张东荪信，《时事新报》“学灯”栏1919年4月12日。

⑤ 1920年5月12日梁启超致梁伯强、籍亮侪等诸先生书，《梁启超年谱长编》，丁文江、赵丰田编，上海，上海人民出版社，1983年，第909页。“五四”前后梁启超诸人转向文化运动的过程，参见张朋园：《梁启超与民国政治》，六“新文化运动——梁启超退出政坛后的动向”，台北，食货出版社，1978年。周月峰：《另一场新文化运动：梁启超诸人的文化努力与五四思想界》，台湾《“中央研究院”近代史研究所集刊》第105期，2019年9月。

治运动”[1]。到1925年《晨报》组织的“五四纪念”谢幕时，梁启超将学生应否干政的问题，置换为如何再造政治运动的地基。他以为中国目前并没有政治，以政治家自居者从事的都不是政治活动，号召青年“造出十年后的政治土台，在自己土台上活动”[2]。梁启超对现实政治的否决，与胡适二十年代初声称没有文化，更没有什么新文化的口气如出一辙。

“五四”要成为一个大写的日期，面临着激烈的竞争，前有“五一”，后有“五七”，真是“每逢五月便伤神”[3]。任何纪念都不是全民的、自发的，哪一天更值得纪念，哪些人在纪念（谁是主角，谁跑龙套；谁是真心，谁在敷衍），用多大版面、什么文体纪念（是特刊还是补白，是社论、时评还是新诗、随感），以及纪念文章的先后顺序，都可能有组织、有分工、有讲求，暗示着新与旧、新与新、政与教、不同代人之间的合纵连横。同是趋新的报纸，《晨报》偏爱“五四”，《益世报》则侧重于国耻纪念；同属支持学生运动的党派言论，国民党一系的《民国日报》对“五四”的反应就较为冷淡；即便同在研究系的阵营，上海张东荪主持的《时事新报》也对大肆操办“五四”纪念不以为然[4]；而同是《晨报》发起的纪念活动，“五一”的风头很快盖过了“五四”。

“五四纪念”就是不断转义、不断正名的过程，以纪念的名义，给“五四”添加新的意义，同时抹去不合时宜的界说[5]。1920年代中期五四运动逐渐被大众淡忘，以致“笃于念旧”的《晨报》也放弃了一年一度的

---

① 梁启超：《政治运动之意义及价值》，《改造》第3卷第1号，1920年9月15日。

② 梁启超：《学生的政治活动》，《晨报副刊》1925年5月4日。

③ 汪典存（汪懋祖）：《每逢五月便伤神》，《晨报副刊》1925年5月4日。

④ 张东荪认为纪念“五四”不是纪念其已往的功绩，而是提醒未来的责任；过誉“五四”的意义，与将白话文体的改革谓为文学革命一样，有刻意鼓吹之嫌。（《五四之回顾》，《时事新报》1920年5月4日）

⑤ 参见陈平原：《波诡云谲的追忆、阐释与重构：解读五四言说史》，《作为一种思想操练的五四》，北京，北京大学出版社，2018年。关于“五四”的概念史及纪念政治，参见陈建守：《作为集合事件的“五四运动”：五四的概念化与历史书写》，《重估传统·再造文明：知识分子与五四新文化运动》，黄克武主编，台北，秀威资讯科技，2019年。

纪念活动。纪念的枯竭缘于政治形势与社会心理的变迁，也跟学生群体的身份转变与志业选择有关①。1920 年代前期的文化运动，酝酿着新势力的培植与旧势力的重组，其实是失去民意的政党政治恢复声誉、积蓄能量的过程。学运分子加入党籍是文化运动过渡到政治运动的转辙器，戳穿了文教事业与政党政治表面上水火不容、事实上水乳交融的关系②。

《时事新报》漫画，将学生比作唐僧，被各种妖魔诱惑

三、 研究系与北大派：“争个你偏我正”

《晨报》组织的“五四纪念”，将“五四”的象征意义收编进研究系对文化运动的总体规划中。梁启超等将五四运动与文化运动“焊接”在一

---

① 茅盾认为从各式各样的五四纪念文中，可以窥见“文运之起落以及对于‘五四’之评估之‘早晚市价不同’”。“例如有些本来倒不见得怎样对运动起过劲，或者有什么关系的人士，后来却颇为这运动的真理而仗义执言，乃至杀身成仁；或者，张皇幽妙，把这运动初期所提出的一些课题，给了明确的解答。然而同时，也不免有些躬与其盛的人士，后来却怀了‘自悔其少作’的心情，或沉默，或顾左右而言他，或——不惜前后牴牾。”（《仍是纪念而已》，《文化杂志》第 2 卷第 2 号，1942 年 4 月 25 日）

② 1925 年《晨报副刊》“五四运动纪念号”上，张维周从局内人的视点检讨学生运动失败的原因，如废学、没有领袖等，但关键在于学生加入党籍。（《噫，五四运动！》）

起，既缓解了“五四”的合法性问题，又顺带为自家的文化事业扩充声势。“五四”之前，研究系个别成员如蓝公武等基于个人兴趣，以通讯或论争的形式加入《新青年》同人发起的话题当中[1]。这种附和性的发言方式没有发挥研究系的言论机关——《晨报》《国民公报》及《时事新报》——互相呼应、引导舆论的功能。这时期北方的《晨报》，尤其是《国民公报》与《新青年》关系较好。《新潮》记者称“月刊的《新青年》，周刊的《每周评论》，日刊的《国民公报》——虽然主张不尽一致，精神上却有相通的质素：对于中国未来之革新事业，挟一样的希望”[2]。傅斯年在《〈新潮〉之回顾与前瞻》中也称《新青年》《每周评论》之外，“若《国民公报》常有和我们思想同流的文章”[3]。

《国民公报》及《晨报》“五四”前的言论博得北大方面的好感，而张东荪主持的上海《时事新报》却与《新青年》《新潮》纠纷不断。就“五四”前后的《时事新报》来说，有两个不可忽视的人物，一是主笔张东荪，一是研究系的首脑梁启超。后者的作用基本上是象征性的，张东荪才是《时事新报》舆论走向的操控者。此人在民初言论界占有一席之地，其在哲学文艺上造诣匪浅，与蓝公武一样具备与《新青年》同人对话的

① 蓝公武，字志先，笔名知非。清末留学日本，就读于东京帝国大学哲学系。经张东荪介绍，结识梁启超。民初成为研究系重要成员，时人称他和张君劢、黄远庸为梁启超门下“三少年”。1917年7月接任《国民公报》社长。参见唐纯良、文继乐：《蓝公武传略》，《北方论丛》1987年第1期。

②《新潮》第1卷第3号“书报介绍”，1919年3月1日。

③ 傅斯年：《〈新潮〉之回顾与前瞻》，《新潮》第2卷第1号，1919年9月。1919年1月20日胡适致信许怡荪，称：“《国民公报》之蓝公武竟做了好几篇白话文章，还有极力赞成我们的议论。我们又征服了一块地盘了！”（《胡适许怡荪通信集》，上海，上海人民出版社，2017年，第91页。此信写作时间之考订，参见宋广波：《考释胡适致许怡荪五通书信》，《中国文化》2019年第1期）1919年1月24日胡适致信蓝公武，表示非常喜欢蓝氏的白话文章，“新文学的运动从此又添了一个有力的机关报了”；并请蓝公武指出文学革命阵营中“壁垒不森严，武器不精良之处”。（《新青年》第6卷第4期，1919年4月）

能力[①]。

《时事新报》与北大的纠纷，起因于1917年实社事件[②]。《时事新报》当时发布一则要闻，题为《北京大学之无政府主义：教育部其知之乎》。文中转引实社章程，称其以研究无政府主义为范围，联络处设在北大。《时事新报》记者以为实社的主张已脱离学理的探讨，入于实行的问题，北大这样的最高学府公然提倡无政府主义，当局对此应加以注意[③]。"无政府主义"是政治上高度敏感、常借来造谣中伤的标签，因为一般人对"无政府"的理解就是反政府[④]。实社原只是少数人发起的地下团体，与北大校方无关，《时事新报》这种做截搭题的伎俩，及向当局献策的口吻，不免招致北大派的反感。

《时事新报》因实社事件与北大结下"宿怨"，若非研究系转向后与《新青年》争正统，可能不会旧事重提。相对于北京的《晨报》《国民公报》，上海《时事新报》受舆论环境的限制，介入思想文艺的讨论较晚。在其与《新青年》《新潮》的纠纷中，《国民公报》《晨报》正好起到穿针引线的作用。1919年初《时事新报》头版论说栏"破例"刊出蓝公武的一篇"文艺论"，并附有张东荪的题记：

从来日报上的论说没有不谭政治的，但既有时评限于谭政治，又

① 参见高波：《追寻新共和：张东荪早期思想与活动研究（1886—1932）》，北京，生活·读书·新知三联书店，2018年。

② 实社是1917年5月在北大出现的无政府主义小团体，出版不定期刊物《实社自由录》，撰稿人有黄凌霜、区声白、李震瀛、华林等。参见《五四时期期刊介绍》第三集上册，北京，生活·读书·新知三联书店，1979年，第214—215页。

③《北京大学之无政府主义：教育部其知之乎》，心声《无政府主义》（时评），《时事新报》1917年10月11日。

④ 黄凌霜《实社自由录弁言》（1917年7月）称"吾人既感于现社会之不平等与乎颠连无告者之盈天下也，于是思有以变革之。于政治上则蕲无政府之组织，于经济上则主张共产之真理，而希其实现"。实社同人希望用温和的手段"将无政府共产主义之观念灌输于一般平民之脑海中，以促其自觉"。转引自《五四时期期刊介绍》第三集下册，第491页。

把论说限于谭政治，似乎太呆笨了。所以本报先破这个例，论说不限于谭政治，勿论何事都可以论。不过记者多忙，不能一一论究，不得已先拿敝友蓝志先的一篇来，做为先导。[1]

蓝公武这篇论说截取自他之前发表在《国民公报》上的长文，论戏剧在近代文学上的位置[2]，张东荪借来为自家的“文艺论”鸣锣开道，可视作《时事新报》正式介入广义的文学革命的信号。

从“谭政治”到“谭文艺”，对于在政治上几起几落的研究系来说，不无“城头变幻大王旗”的意味。1915 年《大中华》发刊之际，梁启超自称“惟好攘臂扼腕以谭政治，政治谭以外，虽非无言论，然匣剑帷灯，意固有所属，凡归于政治而已”[3]。从 1905 到 1915 这十年确实是“政治谭”的黄金时代。然而按胡适的说法，“民国五年（1916）以后，国中几乎没有一个政论机关，也没有一个政论家；连那些日报上的时评也都退到纸角上去了，或者竟完全取消了”[4]。政论文的退潮，一方面可归因于复辟与反复辟致使言论势力失信于民，国人“厌倦舆论，厌倦议会，厌倦政府，厌倦一切政谈”[5]；另一方面也与政论家的无力感有关，雄肆的“政治谭”在现实政治的反复面前，全成了忏悔录的材料[6]。以政党为旨归的舆论政治陷入绝境以后，政论家要么沉默，要么面向社会，对一般人说话。较之高深的“政治谭”，浅近文艺或是与民众沟通的捷径[7]。具备文

---

① 蓝公武：《文艺论·近代文学之特质》，《时事新报》1919 年 1 月 14 日。

② 蓝公武：《近代文学上戏剧之位置（上）》，《国民公报》1919 年 1 月 8 日。

③ 梁启超：《吾今后所以报国者》，《大中华》第 1 卷第 1 期，1915 年 1 月 20 日。

④ 胡适：《五十年来中国之文学》，《申报》五十周年纪念刊《最近之五十年》，1923 年 2 月。

⑤ 黄远庸：《论人心之枯窘》，《论衡》1913 年第 2 期。

⑥ 参见远生（黄远庸）：《忏悔录》，《东方杂志》第 12 卷第 11 号，1915 年 11 月 10 日。

⑦ 黄远庸致信章士钊谓“居今论政，实不知从何处说起”，根本救济“当从提倡新文学入手”，“当使吾辈思潮如何能与现代思潮相接触，而促其猛省。而其要义须与一般之人，生出交涉。法须以浅近文艺，普遍四周。史家以文艺复兴，为中世改革之根本，足下当能语其消息盈虚之理也”。（《甲寅》1915 年第 1 卷第 10 号）胡适在《五十年来中国之文学》中将黄远庸这封信追认为“中国文学革命的预言”。

学素养的政论家中，既潜伏着新文艺的同盟军如蓝公武，也有顽固的反对党，如主持前后《甲寅》的章士钊。正反两方面的势力构成，恰好说明“政治谭”与“文艺论”的转承关系。

拿蓝公武的“文艺论”做先导，张东荪随后提出自家的《白话论》，与《新青年》的文学革命唱对台戏。他翻出“白话与文章孰优”的旧案，认为就文法的疏密繁简而论，“白话”、“文章”（即文言）实处于同一等级上。张氏承认白话的切要性，却不认可《新青年》的“尝试”，他推崇梁启超的白话文，对胡适的白话诗却不以为然[①]。张东荪的《白话论》是为梁启超的“讲坛文”做宣传。1918 年 10 月《时事新报》预告“承梁任公先生每来复撰寄修养谭及思想评论，因于学灯栏中，另立一门，用以发表”[②]。任公“讲坛”开张不久，“学灯”栏随即提倡“言文一致”的白话文：

---

① 张东荪：《白话论》，《时事新报》1919 年 1 月 17 日。

② “本报特别启事”，《时事新报》1918 年 10 月 28 日。梁启超的“讲坛文”实是演说体，发表情况如下：

标题	《时事新报》“学灯”栏	其他报纸
《人生目的何在》	1918 年 11 月 7 日	《国民公报》1918 年 11 月 3 日
《无聊消遣》	1918 年 11 月 12 日	《国民公报》1918 年 11 月 10 日
《将来观念与现在主义》	1918 年 11 月 19 日	《国民公报》1918 年 11 月 17 日
《推理作用》	1918 年 11 月 25 日	《国民公报》1918 年 11 月 24 日
《自由意志》	1918 年 12 月 4 日	《大公报》1918 年 12 月 1 日
《自由意志》	1918 年 12 月 13 日	《大公报》1918 年 12 月 15 日
《甚么是“我”》	1918 年 12 月 20 日	《大公报》1918 年 12 月 22 日
《最苦与最乐》	1919 年 1 月 6 日	《大公报》1918 年 12 月 29 日
《意志之磨练》（其一）	1919 年 1 月 13 日	《大公报》1919 年 1 月 5 日
《意志之磨练》（其二）	1919 年 1 月 20 日	《大公报》1919 年 1 月 12 日
《读〈孟子〉记》（修养论之部）	1919 年 2 月 4—8、10—13 日	《国民公报》1919 年 3 月 2 日

近来梁任公先生做了几篇言文一致的讲坛，不但是提倡新思想新道德，而且是改良文艺，所以一班青年读了，总有些感动。从前有个《新青年》杂志，他亦提倡白话，虽他以白话做诗，不免矫枉过正，然拿白话来达理，我是很赞成的。①

《时事新报》试图利用晚清以降梁启超在文坛上的威信，在白话文运动中别树一帜，引起《新青年》一派的猜疑。

梁任公先生最近肖像

國民公報

KOU MING KONG POA

第三千七百五十五號

定阅本報之好機會 凡定报半年者均贈梁任公先生撰講壇文第一集一部

中華民國八年四月三日本报白

第三張 中華民國七年十一月七日 時事新報

學燈

講壇

人生目的何在（梁啓超）

梁任公讲坛文

① 好学：《言文一致之提倡》，《时事新报》1918 年 11 月 16 日。

《新潮》主将傅斯年将张东荪的《白话论》读解为“别人却不算回事，只有我们梁任公先生做白话文的第一天，是中国文学史上的新机；只有我们主张革新是独立的，是正宗的，别人都是野狐禅”。革新的事业、思想的更张，傅斯年认为不是某个人发明的，都是“时候先生”发明的。时候到了，自然有革新的动机，趋新者不必“争个你先我后，争个你偏我正”，因新文化尚处于萌芽期，还不到决赛的时候，“若是争历史上的位置，至少须有十年的预备”①。

努力为《时事新报》洗脱党派色彩的张东荪指出，傅斯年的猜疑“虽非出于先天的党见，然亦流露于一种心理，以为对手方存有先天的党见也，且于其后加以驳正”。张氏呼吁革新者抛弃先天的党见，若主张不同就正面辩论，只要主张相同，可以不问之前的党籍协同作战，不然，研究系已死，意欲改嫁的《时事新报》还得为其守寡②。《时事新报》从政党报向营业报转型的过程中，不时受到党派背景的困扰。借用处子与妓女的譬喻，《新青年》《新潮》这样倚靠大学、自由结合的同人杂志，“纯洁如白鸽”，为维系其处子的身价，自然要持守“不谈政治”的戒律；而《时事新报》就像决心从良的妓女，即便脱离了勾栏生涯，也难免不被问起当年的出身③。

---

① 傅斯年：《答〈时事新报〉记者》，《新潮》第1卷第3号，1919年3月1日。

② 东荪：《疑猜与党见》（时评），《时事新报》1919年3月21日。

③ 1921年1月18日李大钊致胡适信中称：“现在我们大学一班人，好像一个处女的地位，交通、研究、政学各系都想勾引我们，勾引不动就给我们造谣；还有那国民系看见我们为这些系所垂涎，便不免引起点醋意，真正讨嫌！”1922年胡适拉拢蔡元培、李大钊、陶孟和、梁漱溟等人发布“好人政府”的宣言（《我们的政治主张》）时，研究系诸人觉得遭到有意的排挤，林长民说：“适之我们不怪他，他是个处女，不愿意同我们做过妓女的人往来。但蔡先生素来是兼收并蓄的，何以也排斥我们？”罗钧任解释这全是一班大学的人，并无排斥研究系之意。胡适不愿与研究系联手，因“研究系近年作的事，着着失败，故要拉我们加入”，相比之下，学院中人还是得社会信仰，占上风的。见1922年4月27日、5月14日胡适日记，《胡适日记全编》3，第645、666—667页。胡适与研究系之间的合作与猜忌，参见黄克武：《一个流产的结盟：胡适与研究系（1919—1922）》。

由张东荪《白话论》引发的猜疑与辩解已进入正面对垒阶段，《时事新报》与《新青年》最初的交锋，是从戏剧改良问题荡开的涟漪。《新青年》1918年6月“易卜生号”上登载北大学生张厚载来信，指出胡适、刘半农、钱玄同诸人在旧剧评议上的一些失误。《新青年》同人的回应，除胡适外，语气都很强硬，多少逾越了旧戏本身的是非。此事尚未完结，《新青年》又刊出刘半农与钱玄同8月间的通信。刘氏听闻《时事新报》上有位马二先生为张厚载抗辩，预备撰文还击。钱玄同称《时事新报》上的文章不值一驳，什么“黑幕”“剧评”不过是上海一班“脑筋组织不甚复杂”的“鹦鹉派读书人”发明的玩意儿。钱玄同看不惯胡适与张厚载之流周旋，称《新青年》“是给纯洁的青年看的，决不求此辈‘赞成’”[1]。

就在钱玄同痛诋张厚载之时，他的战友胡适却在《晨钟报》（1918年底改名《晨报》）“剧评”栏，与张氏就旧剧“废唱用白”的问题往复辩论。胡适和张厚载通信，并非真要在唱工和说白上争个高低，不过是想借此表明一种包容的态度。胡适认为张厚载“受了多做日报文字和少年得意的流毒”，故想挽救他，使他转为《新青年》阵营所用[2]。钱玄同等人对张氏一味乱骂，有损《新青年》的形象[3]。1918年9月《晨钟报》被查封，张厚载投靠马二先生冯叔鸾，借《时事新报》的“剧坛”继续发布他改良旧戏的主张[4]。被钱、刘奚落的马二先生，趁机拉张氏合演一出双簧戏。冯叔鸾称自己为张厚载帮腔，只是学理的研讨，钱、刘自命为头脑复杂的文学改良家，没看原文便臆断不值一驳，两人的通信不过是场双簧

① 刘半农、钱玄同：《今之所谓“评剧家”》（通信），1918年8月7—8日，《新青年》第5卷第2号。

② 胡适致钱玄同信，《胡适来往书信选》上，第9页。

③《评剧通信》，《晨钟报》“剧评”栏1918年8月22—25日。任鸿隽致信胡适，谓钱玄同骂张厚载的戏评，“挪出保存辫发、小脚等事，似乎有点过甚其辞”；“谩骂是文人一种最坏的习惯”，《新青年》同人“勿专骛眼前攻击之勤，而忘永久建设之计”。（《胡适来往书信选》上，第16页）

④《縻子戏园改良之主张》，《时事新报》“剧坛”1918年10月27日。参见马二先生（冯叔鸾）：《改良剧园谈》，《时事新报》1918年10月30日。

戏[①]。张厚载回信说“双簧”二字形容得妙，这种串通好的表演，空洞而无着落，“统括他的意思，不过是不屑于跟我们说话而已”[②]。

《时事新报》对《新青年》的回应，从冯叔鸾主持的“剧评”栏，很快蔓延到其他板块。1918年底，“学灯”栏主笔批评北大学风，称“最近大学中有一班乱骂派读书人，其狂妄乃出人意表，所垂训于后学者，曰‘不虚心’，曰‘乱说’，曰‘轻薄’，曰‘破坏’，以此为模范，诚不如其无”[③]。所谓“乱骂派读书人”主要针对钱玄同，不久“学灯”栏又以读者来函的方式，两次对钱玄同的极端论调，特别是以国语罗马字代汉字的主张大加针砭[④]。

“学灯”栏批评《新青年》、想在白话文运动中与北大派争正统的这段前史往往被剪裁掉，文学史记取的是它“五四”后被誉为新文化“四大副刊”之一的荣光。“学灯”栏的前身是《时事新报》“教育界”，以新闻为主。1917年双十节，《时事新报》扩充了原属“报余丛载”的“新闻屑”，以有趣的“新闻屑”取代枯燥的“教育界”，将教育新闻并入“要闻”栏[⑤]。1918年初，报社登出“学灯”栏的预告，变相恢复了被取缔的“教育界”[⑥]。从该年3月份起，“学灯”栏每值周一揭载，与“新闻屑”同一版面，他日仍为“内外要闻”[⑦]。“学灯”栏早期定位不明晰，一面延续“教育界”的功能，一面开始关注文化动向，并提供议论商榷的空间，“为社会学子立说之地”[⑧]。11月7日，与“学灯”栏并列的“新闻屑”搬回

---

① 马二先生（冯叔鸾）：《致缪子书》（评剧通讯），《时事新报》1918年10月31日。

②《缪子答马二先生书》（评剧通讯），《时事新报》1918年11月10日。

③ 好学：《模范》（教育小言），《时事新报》“学灯”栏1918年10月31日。

④ 聊止斋（张厚载）：《对于〈新青年〉之批评》（来函），《时事新报》1918年11月27日。张崇玫：《致北京大学教授钱玄同先生书》（来函），《时事新报》1918年12月2日。

⑤《本馆启事》，《时事新报》1917年10月10日。

⑥《本报特设学灯一栏预告》，《时事新报》1918年1月16日。

⑦《本馆启事》，《时事新报》1918年2月27日。

⑧《时事新报》设立“学灯”栏的宗旨：“一曰借以促进教育、灌输文化，二曰屏门户之见，广商榷之资，三曰非为本报同人撰论之用，乃为社会学子立说之地。”（张东荪：《学灯宣言》，《时事新报》1918年3月4日）

“报余丛载”，“文苑”“杂俎”迁与“学灯”为邻。此时的“学灯”仍未形成自家面目，包括“科学丛谈”“西国掌故”“欧战丛谈”等，与“报余丛载”趣味相近。尽管如此，讲求新知的“学灯”栏还是广受欢迎，发刊次数在一年之内上调三次。

1919 年 2 月“学灯”栏扩充为两页，板块设计更为活泼：有以名人著述代演说的“讲坛”，有抒发记者感想的“小言”，有众声喧哗的“青年俱乐部”，还有象征性的“新文艺”。“学灯”栏扩充版面后，明确了自家的文化立场：“对于原有文化，主张以科学解剖之，不以谩骂为了卸能事”；“对于西方文化，主张以科学与哲学调和而一并输入之，排斥现在之皮相论”[①]。“学灯”栏的转向，亦反映在刊头的变化上：原为明月照松涧的古典意境，继以伏案执笔的人物剪影，最后化身为解缚的普罗米修斯，高擎火炬，背插理想之双翼，脚踏“改造的动机”。

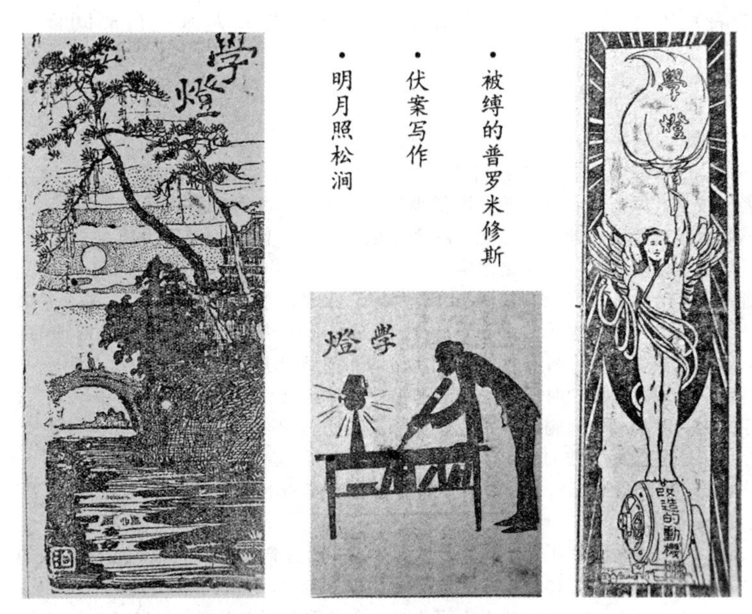

上海《时事新报》“学灯”栏的形象变迁

---

① 《本栏之大扩充》（宣言），《时事新报》1919 年 2 月 4 日。

作为“学灯”栏的调剂，1918年底《时事新报》创设星期增刊“泼克”[1]。“泼克”（puck）之名取自莎士比亚《仲夏夜之梦》中狡猾善谑的精灵，有以游戏笔墨彰善惩恶之意[2]。《时事新报》“泼克”增刊特辟“敢问录”栏，用于挑剔《新青年》同人论说中的逻辑漏洞及修辞不当。除文字讥讽外，讽刺画也成为《时事新报》向《新青年》挑衅的武器[3]。配合“学灯”栏批驳钱玄同废弃汉文的主张，“泼克”主笔沈泊尘推出一组讽刺画。画中西装革履的新学家，脚踩线装书，改习罗马文字，不得其门而入，于是向外国医士求助。医士称其“脏腑不脱华气，对于西方文字未免生种种阻碍”，唯一的良方就是换罗马狗心。手术后新学家试读罗马文字，闻之竟为犬吠[4]。沈泊尘的讽刺画激起《新青年》同人的反击，关注美术的鲁迅慨叹外来的“泼克”由针砭社会痼疾的利器堕落为人身攻击的工具，由此可知改良后的《时事新报》皮毛虽新，心思仍旧[5]。

随着双方矛盾的激化，《时事新报》开始对北大派施行离间计。张东

---

① 《时事新报》1918年12月15日《特别通告》：“本报自逐日增刊学灯一栏，每逢星期例停一日，前曾登报通告，兹拟自下星期为始，每值星期，搜集各种图画，以补其缺，定名曰泼克，即英语puck，此言滑稽画也。各国报纸大都载有泼克画，以其具有直觉的感刺，足以兴动阅者。大凡读沉闷之言论后，必一阅此，借舒胸臆。本报因择每星期日发刊，以代学灯，正师此意耳。”

② 记者：《泼克》，《上海泼克》（*Shanghai Puck*，又名“泊尘滑稽画报”）第1卷第1号，1918年9月。参见毕克官、黄远林：《中国漫画史》，第三章“五四运动时期的漫画”，第三节“沈泊尘与《上海泼克》”，北京，文化艺术出版社，1986年。

③ 胡适留美时期曾搜集“时事画”（Cartoon），序曰：“西国报章多有‘时事画’一栏，聘名手主之。其所画或讽刺时政，或褒贬人物，几于不着一字而利如锋霜，爽如哀梨，能令人喜，亦能令人叹息，其为画也，盖自成一种美术。”（1914年7月12日胡适日记，《胡适日记全编》1，曹伯言整理，合肥，安徽教育出版社，2001年，第333—334页）

④ 《时事新报》1919年1月5日“泼克”画。钱玄同看到《时事新报》上讽刺他的漫画，谓“如此骂法，我颇觉得好玩，还有两条‘敢问录’，是骂我和半农的。看来以后还‘敢’陆续来‘问’，我希望他天天问几段，看看倒是很有趣的”。（1919年1月8日钱玄同日记）

⑤ 鲁迅：《随感录（四三）》，《新青年》第6卷第1号，1919年1月；唐俟（鲁迅）：《随感录（四六）》，《新青年》第6卷第2号，1919年2月。

1919 年 1 月 5 日上海《时事新报》漫画，讽刺钱玄同废弃汉文（沈泊尘绘）

荪表扬《新潮》的作者“个个都有诚实的态度和研究的精神，不像《新青年》一味乱骂”，“《新潮》居然不受《新青年》的传染，真是可喜可敬的了”①。借评论《新潮》，张东荪道出他对《新青年》的不满：思想如衣裳，要换掉旧装，先要裁成新衣，《新青年》只会凭打骂的手段，强人脱掉旧

① 张东荪：《〈新潮〉杂评》，《时事新报》1919 年 1 月 21 日。在时人眼里，《新潮》与《新青年》的态度确有不同。顾颉刚写信给傅斯年“说《新潮》杂志的编辑，第一要随时随处有个豫程，不要碰了刺戟才去说话。第二要正大光明的做去，不要用手段，如文过、挑战、说谎等”，“处处用《新青年》作反证”，“恐怕他们摹仿《新青年》，竟做了个附属《新青年》的报，以至徇人忘己，没有自己独立的心思，为陈独秀辈利用”。顾颉刚作为新潮社成员，亦不愿《新潮》被外界视为《新青年》的附庸。（1918 年 12 月 19 日顾颉刚致叶圣陶信，《顾颉刚书信集》卷一，北京，中华书局，2011 年，第 46 页）

装，却不亲手裁制新衣[①]。张东荪将思想界比作装满旧空气的瓶子，不输入外界的新空气，终日晃动这个瓶子，浊气是出不去的[②]。《新潮》主将傅斯年对《时事新报》的表彰并不领情，他认为张东荪的譬喻“似是而非，不通的很”。傅斯年也用瓶子打比方，称一个装满浑水的瓶子，只有先倒去里面的浑水，才能注入清水。新旧道德、思想、文艺，占据同一个空间，不把旧的除去，新的如何进来？傅斯年声明《新潮》不是主张破坏了事，长久的破坏必兼以适当的建设[③]。

对于破坏与建设的先后问题，傅、张二人后来各有让步，承认建设与破坏不过是目的与手段的差别，用譬喻来说理终归是不贴切的[④]。虽然在主义上达成共识，张东荪又抓住傅斯年对他的评语——“似是而非、不通的很”，回到革新家的态度问题，劝告傅斯年勿要以洋人为护法，应摒弃“骂人派”的恶习，将“诚实”“忠爱”“虚心”奉为美德[⑤]。张东荪的劝诫被敷衍成“泼克”上的滑稽画：某文学家读古今一切著作，皆以为“似是而非”“狠不通”，又常以新文艺炫人，与之辩论便抬出外国偶像；此文学家若要成为可造之才，当手捧张氏所赐之训诫，脱离“骂人派”的故辙[⑥]。

被漫画化的傅斯年也不甘示弱，用文字替洋场少年“一般自以为的文艺家、美术家、评剧家”做写生：“生就一副滑头面孔，挟着一幅鸽子英文，买到几本炭铅画帖，运用几部肉麻的骈文诗词，去赚不够用的钱，还不清的嫖账；又是一天吃到晚，神经细胞都起变态，好比背上驼着很长的一个石碑，喘气不得，还有什么工夫去‘思想’，去‘进步’，去作正义的

---

① 张东荪：《〈新潮〉杂评》（续），《时事新报》1919年1月22日。

② 张东荪：《新……旧》（小言），《时事新报》1918年12月14日。

③ 傅斯年：《破坏》，作于1918年12月17日，《新潮》第1卷第2号，1919年2月1日。

④ 张东荪：《破坏与建设是一不是二》，《时事新报》1919年2月6日。傅斯年：《答〈时事新报〉记者》，《新潮》第1卷第3号，1919年3月1日。

⑤ 张东荪：《破坏与建设是一不是二》。

⑥ “泼克”画（四幅），《时事新报》1919年2月9日。

1919年2月9日上海《时事新报》漫画，讽刺傅斯年

讽刺?”[1] 傅斯年指出《时事新报》这次大动干戈，无非是因为自己的评语过于直接，北大人对张东荪也无须客气，《时事新报》惯与北大作对，譬如当年的实社事件[2]。

张东荪和傅斯年争论的焦点是破坏与建设孰先孰后，但愈辩论，论题愈模糊，从主义之争滑向态度之争，纠缠在立言的分寸及过往的恩怨上。这是典型的中国式辩论，蓝公武给胡适写信谈及“革新家之态度问题”，称“在欧美各国，辩论是真理的产婆，愈辩论真理愈出；而在中国，辩论

---

① 傅斯年:《随感录四》,《新潮》第1卷第5号，1919年5月1日。
② 傅斯年:《答〈时事新报〉记者》。

是呕气的变相，愈辩论论旨愈不清楚，结局只能以骂人收场”[1]。蓝公武眼里态度有问题的革新家暗指《新青年》同人，《新青年》通信栏中甲乙对骂的笔墨及刘半农的“作揖主义”正是他厌恶的辩论方式。无怪乎张东荪将蓝公武这封信转载在《时事新报》上。

只看到《时事新报》与《新青年》《新潮》之间的唇枪舌剑，难免夸大双方的矛盾，若将研究系与北大派的纷争放到“新旧思潮之冲突”中考察，就会发现他们的立场是相当接近的。张东荪从思想论争中得出一条公律：“愈是小不同反而愈争执得厉害，至于大不同却反而可以容忍。”[2] 在新旧之争中，张东荪主张站在新思想一方，不当为第三者作壁上观。但《时事新报》的责任不是和旧派打仗，而是对新思想的深加工：

> 现在流行的新思想是单调的，我们应当将他化为复调的。现在流行的新思想是浅薄的，我们应当将他化为精深的。现在流行的新思想是偏激的，我们应当将他化为正中健强的。[3]

《时事新报》奉学术为新文化运动的明灯，借“学灯”栏从事“积极的、基础的、稳固的、建设的”文化运动[4]。张东荪认为新文化运动的使命在建设而非破坏，应“以新思想为目的，而去加工制造；不是以旧思想为的鹄，而去攻击破坏”[5]。与其投身于疾风骤雨的思想革命，不如从事细水长流的文化事业，通过翻译、讲学使文化运动“不像那七八月间的阵头雨”，而像“深山大谷里的泉水一般”，源源不绝，滚滚长流[6]。

---

① 蓝公武：《革新家之态度问题》，《时事新报》1919年2月28日、3月1日。
② 张东荪：《思想与社会》，第七章“西洋的道统（上）”，上海，商务印书馆，1946年，第140页。
③ 东荪：《我辈对于新思想之态度》，《时事新报》“学灯”栏1919年4月7日。
④《学灯栏宣言》，《时事新报》1920年1月1日。
⑤ 东荪：《我辈对于新思想之态度》。
⑥ 共学社征稿启事，《时事新报》1920年7月7日。

1919年3月初《申报》有消息称北大教授陈独秀、胡适等四人因《新青年》上宣传无政府主义的言论而被驱除出校，舆论界一片哗然。次日《时事新报》"学灯"栏在张东荪授意下为陈、胡诸人鸣不平，从思想自由、学说自由的立场，谴责当局对大学的压迫[①]。不同于实社事件中《时事新报》记者以倡导无政府主义为北大定罪，并向当局进言的姿态。虽然驱逐陈、胡的传闻并未成为事实，由此造成新旧对立的态势——与其说是新旧对立，不如说是新派内部的互相支持——却成为"五四"前夕舆论转向的契机。

在这次声援北大的过程中，《时事新报》站在《新青年》一边。但张东荪致胡适信中声明《时事新报》在新旧之争中的立场，与它此前对《新青年》的批评，精神上是一贯的。他强调《时事新报》与《新青年》的分歧不是主义之争，而是态度之别[②]。胡适也承认即便双方的主义有所异同，《时事新报》立异的目的在于求同[③]。

钱玄同私下批评胡适"对于千年积腐的旧社会，未免太同他周旋了"[④]，胡适替自己辩护道：

> 我所有的主张，目的并不止于"主张"，乃在"实行这主张"。故我不屑"立异以为高"。我"立异"并不"以为高"。我要人知道我为

---

① 匡僧：《为驱逐大学教员事鸣不平》（《时事新报》1919年3月5日），《革新家之勇气》（3月6日），《大学教员无恙》《大学陈胡诸教员受侮确闻》（3月7日）。

② 张东荪：《答胡适之书》，《时事新报》1919年3月15日。吴宓认为新文化运动与其反应者"乃材料方法之实事之争，非新旧之名义之争"。反应者之宗旨、态度亦不一致，"其与新文化运动之所主张，有针锋相对者，有大同小异者，有全相径庭者，亦有偶尔龃龉者。其所持之态度，有剑拔弩张者，亦有心平气和者，有直肆攻击者，亦有婉而微讽者"。（《新文化运动之反应》，《中华新报》1922年10月10日）

③ 通讯（胡适致张东荪），《时事新报》1919年3月24日。

④ 钱玄同致胡适信，《胡适来往书信选》上，第10页。《书信选》将此信系于1919年2月下旬，有误。因为钱氏信中称："《新青年》五卷二号，准明晨交仲甫去寄。三号系半农编辑。你如其有大稿，请早日交给他（三号极迟九月十五一定要寄出）。"《新青年》第5卷第2号标注的出版时间为1918年8月15日，此信应写于1918年8月中下旬。

什么要“立异”。换言之，我“立异”的目的在于使人“同”于我的“异”。(老兄的目的，惟恐人“同”于我们的“异”；老兄以为凡赞成我们的都是“假意”而非“真心”的。)[①]

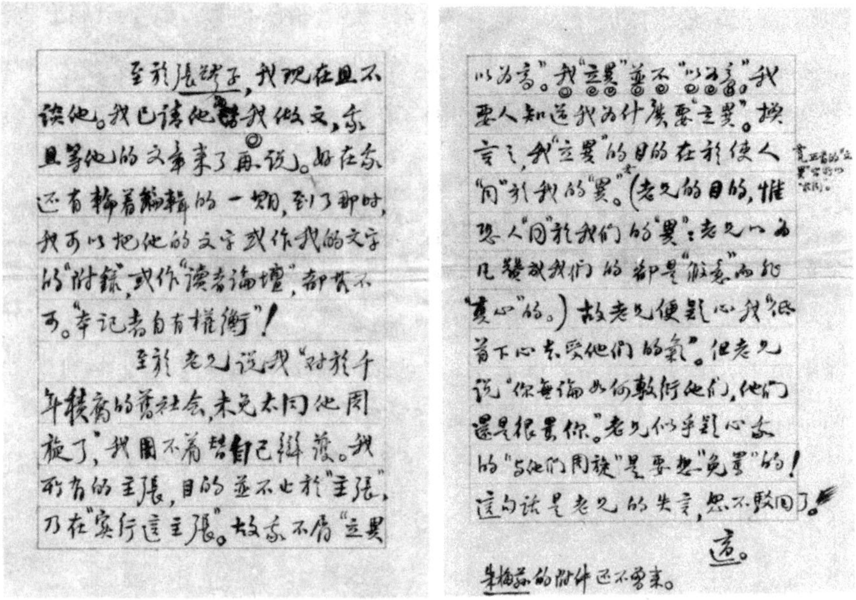

胡适致钱玄同信。图片来源:《鲁迅博物馆藏近现代名家手札》(二)

为保持《新青年》内部的纯洁，钱玄同反对同旧势力太过周旋，而以国人导师自命的胡适则不得不在自立与化人之间周旋。《时事新报》与《新青年》的态度分歧，亦可视作《新青年》同人内部矛盾的外化[②]。偏至的钱玄同容易成为外界攻击的靶子，胡适面对外界对《新青年》的质疑时往往

① 胡适致钱玄同信，《胡适来往书信选》上，第 11 页。据钱玄同来信时间推断，胡适的回信应作于 1918 年 8 月到 9 月之间。

② 吴宓指出所谓“新文化运动”并非铁板一块，“亦仅就其大纲，合为一体而言之耳。其中人之所主张，固互有不同之处，而前后亦多改变，不可不知”。(《新文化运动之反应》,《中华新报》1922 年 10 月 10 日)

充当调停者的角色。

正当的“立异”皆所以“求同”，是胡适理想的论辩规则。即便与《时事新报》针锋相对的傅斯年也认为“对于不同调的，总要给他个‘逃杨归儒’的机会，并且用‘归斯受之’的待遇。若果不然，一味的快意而谈，可以接近的，也弄得上了千里之外，还能有什么功效？还能化得甚人？”[①]“五四”后钱玄同深感此前《新青年》上的文章，充斥着“直观的感情的论调”于青年无益。他“觉得要是拿骂王敬轩的态度来骂人，纵使所主张新到极点，终之不脱‘圣人之徒’的恶习”。钱玄同检讨《新青年》同人“实在中孔老爹‘学术思想专制’之毒太深，所以对于主张不同的论调，往往有孔老爹骂宰我，孟二哥骂杨、墨，骂盆成括之风”[②]。钱玄同“五四”后的自我检讨，可视为“不骂主义”之胜利[③]。

“五四”前《时事新报》在白话文、破坏与建设以及革新家的态度问题上，无论是与《新青年》有意“立异”，还是真心“求同”，都为研究系“五四”后名正言顺地鼓吹“新文化运动”埋下伏笔。由此可知，鲁迅在《热风·题记》与《写在〈坟〉后面》中暗讽的，《新青年》的反对派、投机的革新家、“二次转舵”者，亦即“新文化运动”这个名目的发起者，就是《时事新报》背后的研究系。

四、学衡派的张冠李戴

1922年学衡派的出现，使新文化的拥戴者有些不安。一位“新青年”写信给胡适批评东南大学的几位学者“思想不清”：

---

① 孟真（傅斯年）：《破坏》，《新潮》第1卷第2号。

② 1920年9月25日钱玄同致周作人信，《钱玄同文集》第六卷，北京，中国人民大学出版社，2000年，第32—33页。

③ 张东荪：《不骂主义之胜利》，《时事新报》1919年3月20日。

他们反对新文化运动，可不肯指出新文化运动是甚么。据我所想，他们脑中的新文化运动不过是白话文，新式标点，直译的课文，写实派文字，新体及无韵诗，各派社会主义等，其实都看错了。新文化运动是对过去思想文化的反动。他的价值就在反动这一点，或如先生说，另换一个态度。至于他们所想各事，乃是各个人于觉醒后所试走的路，与新文化运动的本体无关。①

学衡派以反对"新文化运动"的名义，讨伐《新青年》同人尤其是胡适、陈独秀倡导的文学革命。至于为何会将"新文化运动"的名目"反套"在《新青年》身上，还得从学衡派的集结讲起。

学衡派的两位中心人物吴宓与梅光迪相识于美国。1918年吴宓从弗吉尼亚大学转入哈佛大学，友人施济元告知清华公费生梅光迪在哈佛进修，治文学批评，造诣极深。梅光迪"原为胡适之同学好友，迨胡适始创立其'新文学''白话文'之说，又作'新诗'，梅君即公开步步反对，驳斥胡适无遗。今胡适在国内，与陈独秀联合，提倡并推进所谓'新文化运动'，声势煊赫，不可一世。故梅君正在'招兵买马'，到处搜求人才，联合同志，拟回国对胡适作一全盘之大战"②。

施济元以为吴宓的文学观念与思想态度，正合乎梅光迪的标准，推测梅氏必来拉拢吴宓。在施济元引介下，梅光迪果然来拜访吴宓，屡次长谈，"慷慨流涕，极言我中国文化之可宝贵，历代圣贤、儒者思想之高深，中国旧礼俗、旧制度之优点，今彼胡适等所言所行之可痛恨。昔伍员自诩'我能覆楚'，申包胥曰：'我必复之。'我辈今者但当勉为中国文化之申包胥而已"。吴宓十分感动，当即表示愿追随梅光迪，与胡适、陈独秀

① 1922年10月16日于鹤年致胡适信，《胡适来往书信选》上，第121页。

② 《吴宓自编年谱》，吴学昭整理，北京，生活·读书·新知三联书店，1995年，第177页。

作战。①

吴宓在哈佛读书期间，可谓身在曹营心在汉，终日与中国人聚处周旋，“所谈论者，皆中国之政治、时事以及中国之学术、文艺”②。1920 至 1921 年间他尤为关注所谓“新文化运动”，“虽身在美国留学，实不啻已经回国，参加实际之事业、活动”③。吴宓对新文化运动的了解，主要靠报刊及国内友人的来信。如 1920 年 2 月接梅光迪、张贻志函，“述国中邪说风靡之情形”④。同年 7、8 月间梅光迪来信“述国内教育近况及新潮情形，不尽感愤之意”⑤。

张贻志主编的《民心周报》，“系留美学生及国内学者素具言论救国之志愿者所创办”，吴宓也参与组稿，可视为《学衡》的前身⑥。吴宓谓《民心周报》自始至终“除小说及一二来稿外，全用文言，不用所谓新式标点。即此一端，在新潮方盛之时，亦可谓砥柱中流矣”⑦。张贻志对文学革命早有不满，曾在《留美学生季报》上发表《嘲白话诗》暗讽胡适：“白话编成韵，人人会做诗。纵非俚曲比，亦属竹枝词。文字本多体，泥名毋乃痴。羊蒙以虎皮，得不谓君欺。”⑧《民心周报》创刊号上，张贻志

---

① 《吴宓自编年谱》，第 177 页。

② 同上书，第 175 页。

③ 同上书，第 209—210 页。

④ 1920 年 2 月 18 日吴宓日记，《吴宓日记》第 2 册，吴学昭整理，北京，生活·读书·新知三联书店，1998 年，第 130 页。

⑤ 1920 年 7 月 2 日至 8 月 31 日吴宓日记，同上书，第 178 页。

⑥ 张贻志，字幼涵，1890 年生，安徽全椒人。美国哥伦比亚大学科学硕士，中国科学社成员，曾任《留美学生季报》《民心周报》总编辑。吴宓和《民心周报》的关系，参见张仲民：《新文化运动的“五四”起源》，《五四新文化：现场与诠释》，上海，上海古籍出版社，2020 年，第 26—27 页。

⑦ 吴宓：《新文化运动之反应》，《中华新报》1922 年 10 月 10 日。

⑧ 据《留美学生季报》1916 年第 3 卷第 4 号载“本报职员表”，张贻志任编辑部总编辑，胡适是编辑之一；1917 年胡适任《季报》总编辑。张贻志：《嘲白话诗》，《留美学生季报》第 5 卷第 3 号，1918 年 9 月。心理学家张耀翔《答某君嘲白话诗》：“编韵是一艺，编文又一艺。编韵必编文，这又为那起。况意在脑中，原具白话体。何苦写他时，要翻做文理。”（《留美学生季报》第 6 卷第 1 号，1919 年 3 月）

以旁观者自居，调停新旧文学之争。面对“五四”以后白话文风行之势，张贻志认为文学革命家与其急于用俗语取代文言，不如先做“白话革命家”，通过统一方言、普及教育来改良白话①。

张贻志留美期间也曾主张以白话代文言，后“觉不可能，思反其说，而以文言代白话”②。在他看来，文学只是文化事业之一小部分，留学生归国后不宜群趋于政治及教育两途，应各守其学，各尽所能③。文学革命的前史及在留美学界的反应，张贻志多少有所耳闻。这种先入之见致使他将归国后目睹之“新文化运动”溯源于《新青年》主张的文学革命。在《评新青年之论留学生》一文中，张贻志称“某君之所谓近来的新文化运动，吾不知其所指，以吾所揣想，殆指近来之所谓文学革命潮而言”④。

吴宓承认“新文化运动之发轫及其大盛之时，吾皆旅学美国，远道事实隔阂，而书籍报章所见亦不多，未能遍览周知”⑤。不管他再怎么留心国内状况，也只是“隔岸观火”。对于“新文化运动”的发生史，吴宓毕竟缺乏近距离的观察及切身感受。再加之梅光迪、张贻志的影响，使其将“五四”后勃兴的新文化运动上溯至文学革命，把胡适、陈独秀认作罪魁祸首：

> 此间习文学诸君，学深而品粹者，均莫不痛恨胡、陈之流毒祸世。……盖胡、陈之学说，本不值识者一笑。凡稍读书者，均知其

---

① 张贻志：《平新旧文学之争》，《民心周报》第1期，1919年12月6日。

② 张贻志：《年会感言》，《留美学生季报》第3卷第4号，1916年12月。张贻志关于文白问题的看法，参见季剑青：《留美学生围绕语言改革的讨论及实践与文学革命的发生》，《文艺争鸣》2020年第9期。

③ 张贻志：《告归国留学生》，《留美学生季报》第3卷第1号，1916年3月。

④ 张贻志：《评新青年之论留学生》，《民心周报》第1卷第6期，1920年1月10日。张氏此文是针对《新青年》第7卷第1号（1919年12月1日）上发表的陈独秀《留学生》。这则随感录批评留学生未担负起自己的文化使命，陈独秀认为：“西洋留学生除马眉叔、严几道、王亮畴、章行严、胡适之几个人以外，和中国文化史又有什么关系呢？这班留学生对于近来的新文化运动，他们的成绩，恐怕还要在国内大学学生中学学生的底下（至于那反对新文化的老少留学生，自然又当别论）。”

⑤ 吴宓：《新文化运动之反应》，《中华新报》1922年10月10日。

> 非。乃其势炙手可热，举世风靡，至于如此，实属怪异。……经若辈此一番混闹，中国一线生机，又为斩削。前途纷乱，益不可收拾矣。呜呼，始作俑者，其肉岂足食乎?[①]

吴宓以文学为毕生志业[②]，担心自己学问未成，胡、陈之“流毒”如白话文学、写实主义、易卜生主义已遍布中国，他纵使习得良方，民众为庸医所误未必信服[③]。吴、梅相约归国后共办学报，以“持正论而辟邪说”[④]，除“谋道”外不无“谋食”的焦虑。

吴宓原拟就聘北京高师，但念及“胡适、陈独秀之伦，盘踞京都，势焰熏天，专以推锄异己为事”，梅光迪回国后未能在京立住阵脚，恐怕北京高师亦非自己安栖之地。[⑤] 归国前夕，吴宓接到梅光迪来信，拉他去南京高师主持编撰《学衡》杂志。吴宓向其师白璧德（Irving Babbitt）报告：

> 梅君的策略是我们能在中国的高等教育机构站稳脚跟，而不是在北京大学。他强烈地反对我们中的任何人去北京大学，或受北大影响控制的北京其他大学。梅君为了实施他的策略，催促我们迅速回国。他写到，不应错失任何机会，不应继续允许文化革命者占有有利的文化阵地。[⑥]

吴宓依从梅光迪的策略，往赴南京筹办《学衡》。学衡派的缘起，可视作

① 1920年3月28日吴宓日记，《吴宓日记》第2册，第144页。
② 关于择业，参见1919年11月13日吴宓日记，同上书，第91页。
③ 1920年4月6日吴宓日记，同上书，第148页。
④ 1920年3月4日吴宓日记，同上书，第134页。
⑤ 1920年5月1日吴宓日记，同上书，第161页。北京高师寄赠的出版物，用白话文、英文圈点，学生之言“无非杜威之唾余，胡适之反响”，更动摇了吴宓进京的念头。（1920年10月25—27日吴宓日记，同上书，第188页）
⑥ 1921年5月24日吴宓致白璧德信，《吴宓书信集》，吴学昭编，北京，生活·读书·新知三联书店，2011年，第13页。

胡适在《逼上梁山》中讲述的文学革命域外发生史的续集。

按吴宓的说法，创办《学衡》杂志，远因是梅光迪与胡适的宿怨，近因则是胡先骕《评〈尝试集〉》一文“历投南北各日报及各文学杂志，无一愿为刊登”[①]。《学衡》发刊之初，专攻胡适的《评〈尝试集〉》最引人注目。[②] 胡先骕评《尝试集》，意在颠覆文学革命的理论前提，不止于新旧诗之争。《学衡》诸人等着胡适还击，胡适却按兵不动，只诌了首打油诗：“老梅说：/‘《学衡》出来了，老胡怕不怕？’（迪生问叔永如此。）/老胡没有看见什么《学衡》，/只看见了一本《学骂》！”[③] 这种轻慢的游戏笔墨，也是他日后应付《甲寅》派的策略。胡适虽未正面应战，却颇关注舆论界的反应，日记中称：“东南大学梅迪生等出的《学衡》，几乎专是攻击我的。出版之后，《中华新报》（上海）有赞成的论调，《时事新报》有谩骂的批评，多无价值。”唯有《晨报副刊》上署名“式芬”的《评〈尝试集〉匡谬》颇有中肯之言。[④] 替胡适迎战的“式芬”，即其文学革命的战友周作人。

要从学理上挑剔受过西学训练、又有一定国文修养的《学衡》诸人，并非易事。吴宓以为“自新文化运动之起，国内人士竞谈‘新文学’，而真能确实讲述‘西洋文学’之内容与实质者则绝少”，在北大讲授“欧洲文学史”的周作人可算其一。[⑤] 然而，细察周氏之“匡谬”，也有不顾对方主旨，“蹈瑕寻疵，深文入罪”之嫌[⑥]。胡先骕对《尝试集》的批评，着眼于诗的声调、格律、音韵等，顺带涉及文白之争。而周作人挑出的谬误，基本与诗体无关，主要针对文白问题。

---

① 《吴宓自编年谱》，第 229 页。

② 胡先骕：《评〈尝试集〉》，《学衡》1922 年第 1、2 期。1922 年 2 月 14 日沈定一致信胡适问：“《学衡》一、二两期载有《评〈尝试集〉》一篇妙文，先生也曾匀出工夫过目么？”（《胡适来往书信选》上，第 103 页）

③ 1922 年 2 月 4 日胡适日记，《胡适日记全编》3，第 549 页。

④ 1922 年 2 月 4 日胡适日记，同上书，第 546—547 页。

⑤ 《吴宓自编年谱》，第 222 页。

⑥ 吴宓：《再论新文化运动：答邱昌渭》，《留美学生季报》第 8 卷第 4 号，1921 年 12 月。

胡适为文学革命确立的参照系是文艺复兴时期欧洲民族语言的崛起，“以希腊拉丁文以比中国古文，以英、德、法文以比中国白话，以自创白话文以比乔塞（Chaucer）之创英国文学，但丁（Dante）之创意国文学，路德（Luther）之创德国文学”。[①] 胡先骕指出这种类比是不确切的，因为拉丁文之于后起的国语是外国文，而文言、白话都是本国的书写语言。拉丁文之于英、德、法文，类似于汉文与日文的关系，日本人废弃汉文理所当然，但与胡适主张用白话取代文言不是一回事。精通日文的周作人反驳道：“日人提倡用日本文作文学，不但是废弃汉文，乃是废弃日本的古文而用日本的白话！”[②] 且不论三人在历史比较语言学上孰是孰非，周作人急于匡正的不是诗法的谬误，而要捍卫白话作为国语的地位。

面对学衡派的挑战，新文学阵营中第二位出马的是鲁迅。他认为学衡派没有从学理上“匡谬”的必要，只要推敲一下字句，即可估出对手的铢两。寻章摘句，略加戏仿，只攻一点，不及其余，是鲁迅杂文惯用的战术。“文且未亨，理将安托”，鲁迅以为《学衡》诸公“于旧学并无门径”，还不配掊击新文化。[③]

周氏兄弟相继迎战后，胡适应申报馆之邀作《五十年来中国之文学》，论及“五四”后文学革命的反响，没忘捎上专攻他的学衡派。胡适从《评〈尝试集〉》中摘录的段落，正是周作人着力匡正的部分。对于胡先骕的指摘，胡适认为外国文与本国文的差别不成其为问题，他仍用文字的死活

---

① 胡先骕：《评〈尝试集〉》，四“文言白话用典与诗之关系”，《学衡》第1期，1922年1月。程巍认为胡适用来作为文学革命旁证的“欧洲各国国语史”，是他误读厄迪丝·薛谢儿（Edith Sichel）《文艺复兴》一书获得的伪证。（《胡适版的“欧洲各国国语史”：作为旁证的伪证》，《北京第二外国语学院学报》2009年第6期）

② 式芬（周作人）：《评〈尝试集〉匡谬》，《晨报副刊》1922年2月4日。2月9日郑振铎致信周作人：“先生署名式芬的一篇杂感，极有力量，我想叫《学灯》转载，《小说月报》通信上也想转抄一下。”

③ 风声（鲁迅）：《估〈学衡〉》，《晨报副刊》1922年2月9日，收入《热风》。关于学衡派与《新青年》同人的论争，瞿骏提醒应留心“灯下黑”的材料，注意历史人物的有限理性，充分考虑到信息的滞后性、不对称性、不完整性，从而摆脱“两军对垒”的思维，同情地理解历史的方方面面。（《再思“学衡”》，《读书》2020年第5期）

来论证白话之于文言的优越性。胡适宣称《学衡》的讨论大概是“反对文学革命的尾声”，文学革命已过了讨论期，反对党均已破产，此后完全是新文学的创造期。[①]

学衡派随着刘伯明的过世，梅光迪、胡先骕的退却而散场，但《学衡》杂志并未因胡适的宣判而“破产”，在吴宓的苦心经营下，一直维持到1930年代。1925年钱玄同寄给胡适一期《学衡》，他知道胡适对学衡派抱有“不值一驳”的轻敌之心。但眼见思想界的昏沉，钱氏不胜愤懑，自比为“银样镴枪头”，心有余而力不足，希望“思想学问都很优越”的胡适出马回击。钱玄同说：

> 虽然我们近来所发表的文章不能使你满意，但我们实在希望你也来做“思想界底医生”。……我希望你做《中国哲学史》、我希望你做《中国佛学史》、我希望你做《国语文学史》，但我尤其希望你做《评东西文化及其哲学》《科学与人生观序》这类性质底文章。[②]

“我们近来所发表的文章”指《语丝》上钱玄同及周氏兄弟的杂感。1920年代前期，胡适忙于“整理国故”，时而朝政治方面“努力”，疏远了“不讨好”的思想革命，而《语丝》同人则承续了《新青年》的志业。胡适给钱玄同回信说，他未尝不想向《学衡》开战，但“有点爱惜子弹”，“不大愿意做零星的谩骂文章”。思想界的“膏肓之病”不是几篇小品文能医治

---

① 胡适：《五十年来中国之文学》，《申报》五十周年纪念刊《最近之五十年》，1923年2月。

② 1925年4月10日钱玄同致胡适信，《胡适论学往来书信选》下册，石家庄，河北人民出版社，1998年，第1127页。附考：《胡适论学往来书信选》中此信的落款日期是“一九二五，五，十”，有误。钱玄同写给胡适的前一封信，落款日期为“一九二五，霉，二”。“霉”是英文五月May的音译。胡适回信的日期是“十四，四，三”，开头说：“你要‘霉’，可惜用早了一个月，真成了‘倒霉’了！（这一个月叫做‘阿不利’。）”由此可知钱氏上封信写于1925年4月2日。那么钱玄同“一九二五，五，十”的来信，据胡适回信的日期“十四，四，十二”，实际写于1925年4月10日。

的，胡适主张“补泻兼用”，输入新知同时整理国故。[①]

吴宓认为“五四”以后“纯事守旧者，已无其人。虽有新旧之争，国粹欧化之争，实皆皮相虚名。吾国今日真正之争，乃在文化建设之材料方法耳”[②]。中西之争在1920年代已转换为以中国为战场的西西之争。[③] 吴宓、梅光迪诸人以西学正宗自居，试图以反对派的姿态，为“新文化”正名。在学衡派看来，新文化乃西方文化之别名，所谓“新文化运动”输入的不过是现代西方文化的支脉，不足以代表西方文化的全体。[④] 从这个意义上说，学衡派与《新青年》同人的论争，并非新旧之争、国粹欧化之争，而是新派内部的正统之争。

学衡派所以与《新青年》势不两立，正因为双方在自我定位及势力范围上较为趋同。《新青年》高举“文学革命”的旗帜，而文学批评正是《学衡》诸人的看家本领。梅光迪抨击胡适等人神道设教、迎合群众的手腕[⑤]，若干年后却悔恨没有利用运动的名义，把新人文主义升华为一种“包含了宗教中所有痴迷和悲怆”的信仰。梅光迪脱离《学衡》后感叹，他们这代人风急火燎地相互伤害，只是想用同样的方法，建造一座同样的大厦。[⑥] 学衡派的张冠李戴——将胡适、陈独秀诸人认作“新文化运动”的罪魁祸首——把本与“新文化运动”这个名目保持距离的《新青年》同人如周氏兄弟，逼入回护“新文化”的阵营。“新文化运动”这一“另起”的名目就这样被“反套”在《新青年》身上。

---

① 1925年4月12日胡适致钱玄同信，《鲁迅研究资料》第9辑，天津，天津人民出版社，1982年，第84—86页。

② 吴宓：《新文化运动之反应》，《中华新报》1922年10月10日。

③ 参见罗志田：《西方的分裂：国际风云与五四前后中国思想的演变》，《中国社会科学》1999年第3期。

④ 吴宓：《论新文化运动》（节录自《留美学生季报》），《学衡》第4期，1922年4月。

⑤ 梅光迪：《评今人提倡学术之方法》，《学衡》第2期，1922年2月。

⑥ 梅光迪：《人文主义和现代中国》，《梅光迪文录》，沈阳，辽宁教育出版社，2001年，第221页。

附录:《晨报》“五四纪念”(1920—1925)

作者	身份	标题	五四定性	主要观点
1920 年				
渊泉（陈博生）	晨报主笔	五四运动底文化的使命	社会的、国际的；而非政治的、国家的	要求社会的解放、国际的公正
穆藕初	实业家	实业界对于学生之希望	从消极对待到积极互助；科学的观察、推想、判断力	
梁启超	研究系领袖	“五四纪念日”感言	局部的政治运动；以文化运动为原动力	以文化运动为主 以政治运动为辅
蔡元培	北大校长	去年五月四日以来的回顾与今后的希望	学生政治运动	损失大于功效 强烈反对罢课
胡适 蒋梦麟	北大教授	我们对于学生的希望	学生干政运动	变态社会不得已、不经济、不幸之事；以学生活动为学生运动
顾诚吾（顾颉刚）	北大新潮社	我们最要紧着手的两种运动	学生政治运动	教育运动 学术运动
罗家伦	北大新潮社	一年来我们学生运动底成功失败和将来应取的方针	学生运动 群众运动	社会运动 文化运动
郭绍虞	北大新潮社	文化运动与大学移殖事业	中国文化运动的起点	由上流社会移居下层社会的社会改良
黄炎培	江苏省教育会	五四纪念日警告青年		
陶孟和	北大教授	评学生运动	学生运动 部分的国民运动	社会运动的“酵母”；民间对政府的监督
朱希祖	北大教授	五四运动周年纪念感言	学生运动	兴奋剂而非滋补品
1921 年				
胡适	北大教授	黄梨洲论学生运动	学生干政运动	三代遗风；以学校为造成天下公是公非的所在
高一涵	北大教授	将来学生运动的责任	学生运动	以教育界为立法机关、清议机关、公是公非的所在

（续表）

作者	身份	标题	五四定性	主要观点
瞿世英	燕大学生	五四与学生	学生运动	奉新文化运动的使命而来
孙几伊	国民公报主笔	五四的回顾与希望		结果：罢官权
孟寿椿	《国民》杂志社	“五四纪念”与“精神劳动纪念”	群众运动	教育经费独立 吗啡针
李大钊	北大教授	中国学生界的 May Day	不仅是狭义的爱国运动	以五一指代五四 添加新意义
陶玄	女高师学生	我底五四纪念观	从自觉到觉人，由打破到建设	
章廷谦	北大学生	“五四”的我感	群众运动 文化运动	“家丑” 吗啡针
鲁士毅	《国民》杂志社	一九二一年的五四		铜臭、官臭 一代不如一代
钱用和	女高师学生	“五四”的精神		创造、互助、永久
冯淑兰（冯沅君）	女高师学生	五四纪念的杂感		目的是否达到
平心	学生	一年来我们学生界的回顾	社会运动 文化运动	
太空		五四运动之回顾	学生反抗卖国贼、平民反抗政府	作用：真理反抗强权、自由反抗压迫
伏庐（孙伏园）	北大新潮社	五四纪念日的些许感想	打人运动	说是文化运动 已是“武化”运动
1922 年				
蔡元培	北大校长	五四运动最重要的纪念	赎回胶济路、自动的用工、扩充平民教育	
谭熙鸿	北大教授	纪念“五四”	用新的活的来代替旧的死的	
张维周	学生运动骨干	我主张学生要干预政治	学生干政运动	“五四”的真价值就在不用笔头而用拳头，不是文化而是武化

（续表）

作者	身份	标题	五四定性	主要观点
甘蛰仙（甘大文）	北大学生	“第四个五四”底感言	救国运动	服务精神、治学精神 “五四”与新文化结缘
费觉天	北大学生	追怀旧五四、努力新五四	平民阶级打倒军阀阶级、使政治上正轨	知识阶级作领袖、平民阶级大联合、打倒军阀阶级
周长宪	《国民》杂志社	五四运动底价值和平民阶级的觉悟	文化运动 社会运动	语体文的推行，平民阶级的觉悟与团结
黄日葵	《国民》杂志社	怎样纪念“五四”	简纯的突发的应付外交、铲除国贼的运动	文艺复兴运动的表现、民众运动的第一声、向民间去
鄢祥禔	《国民》杂志社	“五四”值得再纪念吗	平民、无枪、劳动阶级打倒 军阀、有枪、资产阶级	
钱用和	女高师学生	这次“五四纪念”的社会心理	主体是学生界 对象是卖国贼	从社会心理解释五四纪念的衰竭
王仲宸	北大新潮社	“五四”…“武士”…“无事”	武士的豪侠事业	参加者、保国的武士
章廷谦	北大学生	纪念“五四”	不是文化运动 以武力解决	不能确定五四运动与文化运动，谁是先辈
陈国榘	《国民》杂志社	五四运动底精神那里去了？		
		五四纪念大会 学生联合会宣言	更换目标：从力争外交到干涉内政 维护平民打倒军阀	
李石曾		五四纪念大会演说	不是国家主义的而是世界主义的运动	反对日本的强权而非他的国家和种族
1924 年				
马夷初（马叙伦）	北大教授	五四		教训六岁的“五四”
朱务善	北大学生	五四运动给国人对外的印象	反抗资本主义、帝国主义而非仅仅反日	
谭仲逵	北大教授	“五四”纪念与青年的责任		青年“国家主人翁” 强调国家的观念

（续表）

<table>
<tr><th>作者</th><th>身份</th><th>标题</th><th>五四定性</th><th>主要观点</th></tr>
<tr><td>董秋芳</td><td>北大学生</td><td>“五四运动”在中国文学上的价值</td><td colspan="2">“五四”被淡忘是因为酝酿“五四”的前期呼声（文学）不深切普遍长久的缘故</td></tr>
<tr><td>王振钧</td><td>北大学生</td><td>“五一”与“五四”</td><td colspan="2">李大钊：“五四”是中国学生的May Day；胡适：在变态社会，智识阶级是造成共是公非的所在</td></tr>
<tr><td>罔念</td><td></td><td>五四杂感</td><td></td><td>军阀抓人的妙法</td></tr>
<tr><td></td><td></td><td>五四纪念爱国歌</td><td></td><td>萧友梅谱曲、赵国钧作词</td></tr>
<tr><td colspan="5">**1925 年**</td></tr>
<tr><td>汪典存（汪懋祖）</td><td>北师大教授</td><td>每逢五月便伤神</td><td colspan="2">“五四”产生的新势力被政治势力所劫夺、腐化；以忠恕立身、涵养科学精神</td></tr>
<tr><td>张维周</td><td>学生运动骨干</td><td>噫，五四运动！</td><td colspan="2">学生运动何以失败的供状
学生加入党籍问题</td></tr>
<tr><td>梁启超</td><td>研究系领袖</td><td>学生的政治活动</td><td>学生政治运动</td><td>何谓政治活动；自造十年后的政治土台</td></tr>
<tr><td>谭仲逵</td><td>北大教授</td><td>五四运动与中国国家的前途</td><td>青年干政</td><td>知识（学术）、组织</td></tr>
<tr><td>止水（蒲殿俊）</td><td>研究系骨干</td><td>又要添一个纪念日罢！</td><td colspan="2">学者总长的教育方针：中学为体、西学为用、佛学为精神；禁止白话文</td></tr>
<tr><td>唯刚（林宰平）</td><td>北大教授</td><td>大学与学生</td><td></td><td>由大专到大学
学生成为特殊阶级</td></tr>
<tr><td>汪震</td><td></td><td>想起来的几句话</td><td colspan="2">爱国运动与新思潮运动的合一；现在青年的政治活动不是旧爱国运动的法统</td></tr>
<tr><td>汤尔和</td><td>医专校长</td><td>与教育当局讨论改革</td><td>章士钊：合并八校、甄别教员、考试学生、设编译局、改革东大</td><td></td></tr>
<tr><td>蒲伯英（蒲殿俊）</td><td>研究系骨干</td><td>“群众运动者”注意</td><td>群众运动</td><td>以社会的同病、同情为基础</td></tr>
</table>

第二章
新文化的运动机制与权势落差

一、纵的持久与横的扩张

对于新文化运动，首先应关心如何运动，再去判别这是一场什么性质的运动。以往关于新文化运动的叙述，多围绕中心的人物、社团、报刊展开，缺乏使运动成其为运动的观念。从“浑朴”的过程的观念出发，就会追问：“五四—新文化”作为运动的同一性是如何形成的？如何从局部的、地方性的运动中获取动力？

从上海《时事新报》的视点追踪五四运动的演进过程，张东荪的时评如同瞬间成像的快照，提供了局内人对事态发展的观察与诊断。张东荪在五四运动中扮演的角色，从他当时写给胡适的信中可窥知一二：

> 在梦兄（引者注：蒋梦麟）处看见你的信，甚慰。但是北京方面（一）对于此次运动抱何计画（就是想如何做去，做到如何而止）。（二）对于教育有何打算（就是北京大学的问题）。我尚不明白，望你详细给我一封信。此间已有运动，我也参加，所以非询问明白，不能定方针。望速复，已后尤盼时时来信。[1]

① 张东荪致胡适信，《胡适遗稿及秘藏书信》第34卷，耿云志主编，合肥，黄山书社，1994年，第218—219页。

可见“五四”伊始，对于京沪两地运动的走向，张东荪与胡适是暗通声气的。[1]

若将张东荪“五四”前后的报章时评连缀起来，就会形成一组未经剪辑的观察日志，更接近事件发展的逻辑。张东荪将“五四”视为一场“旧思想的新运动”，代表“雪耻锄奸”的精神，兼有时间上的持久性与空间上的扩张性。“纵的持久性”以除去国贼、拒签和约为目的；“横的扩张性”则以北京学界为起点，波及全国各地。前者依靠个人的决心，后者出于群众的模仿，群众的模仿比个人的自觉更为困难，张东荪希望学界中人于横向的扩张上特别用力[2]。

这是1919年5月下旬北京学生发起总罢课，将运动推向最高潮时张东荪的看法，然而6月初，北洋政府加紧对运动的管制，徐世昌下令封闭学生联合会，宣布北京戒严。面对骤然僵化的政治情势，学生组织处于半瘫痪状态，不可能再有大动作，北京作为运动的中心暂时沉寂下来[3]。此时五四运动向四周扩张之势虽未停止，而中心的持久力减弱，要持续推进，张东荪认为只有“改换眼光”，将以前放在北京学生身上的注意力转移到各地的群众运动[4]。

基于“五四”以前群众运动的教训，运动的组织者多往持久上用力，唯恐群众只有“五分钟热度”。张东荪更看重横向扩张，以为不必谋求中心的持久，只要向四周极力扩张，就能得到持久的结果[5]。随着罢市、罢工渐次兴起，运动中心转移到上海，北京作为“五四”策源地反而相对沉寂，仿佛“已经无事可为了”[6]。对于中心的没落，张东荪并不怎么悲观，他打比方说：“好像抛一块小石头在水里，初起的时候，那水纹的圈儿必

---

① 胡适：《北大学生受辱记》，《时事新报》1919年6月8日。
② 东荪：《“五四”精神之纵的持久性与横的扩张性》，《时事新报》1919年5月27日。
③ 参见周策纵：《五四运动——现代中国的思想革命》，第五、六章及大事年表。
④ 东荪：《持久》，《时事新报》1919年6月1日。
⑤ 记者（张东荪）：《持久与扩张》，《时事新报》1919年6月7日。
⑥ 记者（张东荪）：《再想一想》，《时事新报》1919年6月9日。

定狠小，后来愈扩愈大，这个就是中心的发动。”此后但求保持原有的中心不至消泯，它的动力传递到四周，自有新的中心取而代之。①

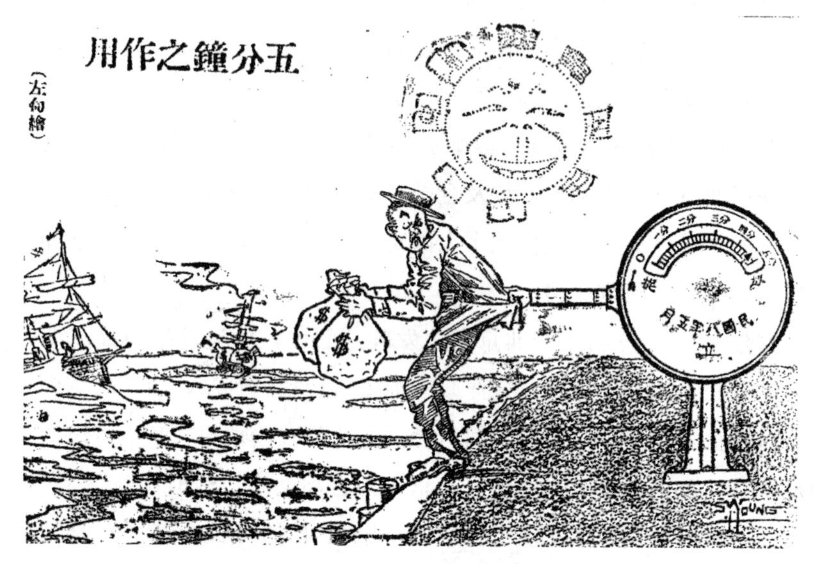

漫画《五分钟之作用》，《时事新报》1919 年 10 月 26 日

“三罢”斗争的压力迫使北洋政府解禁学生运动，于 6 月 10 日公布了曹、陆、章三人的免职令，以“锄奸”为目标的五四事件暂告一段落。在张东荪看来，运动的起伏好比是作文章，写成序论以后，不妨休息片刻，再去经营主体与结论。“三罢”运动换来三张免职令，不能从根本上解决山东问题，洗雪国耻既要改换眼光，还要转换手段②。张东荪期待一个总的解决，而不是“零碎的牺牲”③。问题是在“锄奸”这一具体目标实现之后，以什么名义来“运动”群众？如何将“五四”唤起的群众力量维持下去？能否将非常态下激发出来的能动精神转移到常规的社会条件

① 东荪：《中心自保》，《时事新报》1919 年 6 月 10 日。
② 东荪：《手段转换 · 可以开市开工开课》，《时事新报》1919 年 6 月 12 日。
③ 东荪：《零碎解决与总解决》，《时事新报》1919 年 9 月 22 日。

下，形成一种“平时的群众力”[①]？张东荪主张“各自革命”，各界革各界的命，各地革各地的命[②]。因为政治家鼓吹的“大革命”，革来革去，只换了个屋顶；要拆除地基，须“各自改造”，从局部革命通向真正的大革命。

9月底罗家伦给南下串联时结识的张东荪写信，赞同总体解决的方案，称“五四”的结果只是使中国“动”起来，“接济得好，这一动就成了永久的活动；接济得不好，这一动就成了暂时的冲动”。中国的存亡正系于这一“动”，是暂时的冲动还是永久的活动，全看“我们”接下来的“文化运动”。[③] 罗家伦信中的“我们”，包括北大师生与研究系两方面的势力。“五四”精神的底色，诚如张东荪所说，是一场“雪耻锄奸”的爱国运动。运动出“新”之处不在思想层面，而在于成就了各种社会力量的跨界联合[④]。跨界联合的基础是由国族危机触发的民众怨愤。无论是《新青年》主张的思想革命，还是研究系转向后的文化规划，都来不及也不可能贯彻到暴风疾雨般的五四运动中。

张东荪号召“各自改造”，以横的扩张代替纵的持久，为继北京而起的地方文化运动打开局面[⑤]。对于各地文化运动的现场报道集中刊载于研

① 东荪：《能动的精神与平时的群众力》，《时事新报》1919年9月25日。

② 东荪：《各自改造》，《时事新报》1919年9月26日。参见虞（郭虞裳）：《改造的要件》，《时事新报》1919年9月27日。

③ 通讯（罗家伦致张东荪），《时事新报》1919年10月4日。

④ 张东荪认为五四运动大部分是国家主义的实现，是竞争主义的结果，“行为虽是新运动的型式，动机却还是受着旧思想的影响”。学生界中新思想的根柢甚浅，口口声声是雪耻复仇，“可以说是旧思想的新运动，不是新思想的新运动”。（张东荪：《新思想与新运动》，苏州学生联合会演说，王志瑞笔记、丁晓先述感，《时事新报》1919年9月2日）

⑤《时事新报》1919年10月以后关于地方文化运动的报道有《湘省新思潮之发展》（10月21日）、《湖南新思潮之发展・新杂志之功》（10月25日）、《天津报界将放异彩》（10月27日，原刊10月25日《晨报》）、《浙江之文化运动》（10月27日）、《南京之文化运动》（11月5日）等。

究系在北京的言论机关《晨报》[1]。1919年下半年，晨报馆多次增聘北京访员及各地通讯记者，稿酬从优且门槛较低，只要寄稿连登两次即为合格[2]。于是从10月份起《晨报》陆续发布地方特约通讯，文化运动是其中必不可少的内容，还有以某地之“新思潮”、某地之“文化运动观”、某地之“新文化运动”为题的专门报道。“新文化运动”这个词就是在这样的舆论氛围中被有意无意地频繁使用，并为一般社会所熟悉、接纳的。

对“新文化运动”的定义，一般以1915年陈独秀创办《青年》杂志，或者1917年《新青年》北上为起点。然而“五四”以前各方势力都没有正式打出“文化运动”的旗号。此前新派人物的惯用词是“革命”“改良”，而不是“运动”；是“政治”“思想”“文学”“道德”，而非无所不包的“文化”[3]。“五四”以后，“运动”才成为舆论界的流行语，且不论“社会运动”“群众运动”，连“文学革命”的倡导者胡适也仿效“新文化运动”的构词法，时而将“文学革命”称为“新文学运动”。“运动”一词的崛起是凭借“五四”的影响，因为“五四”充分显示了“运动”中蕴藏的社会能量[4]。将“五四”与“新文化”焊接到一起的，不仅是政治、文

---

① 1919年底至1920年初《晨报》关于文化运动的地方特约通讯有：章公《天津报界将放异彩》（1919年10月25日）、韶卿《新潮中底“周刊世界”》（1919年11月25日）、H. C.《湖南之文化运动观》（1919年12月3日）、筱青《“五四”前后之陕西学生》（1919年11月30日）、南公《云南之文化运动》（1920年1月11日）、小轩《鄂学生之新文化运动》（1920年1月13日）等。

②《本报再聘本京、各地访员》，《晨报》1919年12月5日。

③ 君实（章锡琛）《新文化之内容》（《东方杂志》第17卷第19号，1920年10月）谓“一年以前，‘新思想’之名词，颇流行于吾国之一般社会”，“迄于最近，则新思想三字，已鲜有人道及，而‘新文化’之一语，乃代之而兴”。用“文化”涵括政治、思想、文学、道德等议题，寻求整体性的解决方案，或与“五四”前后“社会改造”思潮的兴起，以及不同阶层、群体、组织的跨界联合造成的社会结构变动有关。参加姜涛：《“社会改造”与“五四”新文学——作为一个整体的研究视域》，《文学评论》2016年第4期。

④ 对“运动”（movement）一词在跨文化语境中的概念史辨析，详见 Rudolf G. Wagner, “The Canonization of May Fourth,” *The Appropriation of Culture Capital: China's May fourth Project*, Harvard University Press, 2001。瓦格纳认为五四事件是中国首次有意识地以一种新的社会行动形式——“运动”来策划的。“运动”的概念意味着公（转下页）

化互为因果的关系，更在于前后相承的运动模式。

“新文化运动”在凝定成一个历史概念前，曾是活跃于报刊上、归属权尚不明确的流行语。《晨报》招募的各地访员对“文化运动”的报道是公式化的，基本上等同于言论、出版与结社。各地文化运动几乎套用同一模板，出版物都有原型：以“评论”为名的，如毛泽东主撰的《湘江评论》、张静庐筹办的《七天评论》、浙江一师的《钱江评论》，是取法《每周评论》；专注教育的杂志，如浙江省教育会改良后的《教育潮》、舒新城在长沙兴办的《湖南教育月刊》，则仿效蒋梦麟主编、标举杜威主义的《新教育》；面向平民的通俗刊物，如天津真社的《新生命》及它遭禁复刊的《新生》，是模仿北大出版的《新生活》。这些出版物背后的组织，多为各地学生联合会、中等以上学校（包括师范、专门学校及教会学校），还有校内簇生的小社团。文化运动在地方上的萌蘖，重复了五四运动横向扩张的进程，仍是从学界辐射到一般社会。

文化运动的横向扩张，不需要做太多架桥铺路的工作，出版界现成的发行渠道已为新思潮的流播做了铺垫。京、沪两地作为舆论中心，借助中华、群益等书局的销售网络，对外输送新文化，如北大派的《新青年》《新潮》《每周评论》，研究系的《晨报》《国民公报》《时事新报》《解放与改造》（后易名为《改造》），国民党的《民国日报》《星期评论》《建设》，还有以学生社团为依托的《少年中国》及被视为杂牌军的《新中国》等。据《时事新报》记者统计：仅在长沙一地，新杂志已销出千余份，其中《新青年》这样的金字招牌最具号召力，售量多达三百份，《新中国》分销处多、《新生活》价值低廉，均销至二百份，《解放与改造》《建设》之类有党派色彩的杂志销数也有百份上下，其余各得部分人的信仰，可销至数

（接上页）民就自己选择的、被现政权严重误导的问题采取自觉行动。行动的有效性取决于其能否激发广泛的社会反应，从而对政府施加压力。“运动”作为一个日本/西方的概念，意味着一个封闭的现代主义、道德主义和理性的议程。五四运动的具体表现形式，受到其他被压迫民族的先例如朝鲜三一运动的影响。

十份或十余份[1]。

出版物的风行是看得见的文化运动，更切实的运动作用在人上。被《时事新报》主笔张东荪“运动”到新文化阵营中来的舒新城回忆说，自1916年起便持续订阅《新青年》，最初并不知道这刊物的价值，只因它是由湖南陈家在上海所开的群益书局发行的。对于陈独秀的议论虽有同感，不过因识见所限，不能有深切的表示。五四运动以后，各种刊物接踵而起，舒氏“正当已醒未清之时，对于旧者几乎样样怀疑，对于新者几乎件件都好，所以不论什么东西，只要是白纸印黑字，只要可以买得到，无不详加阅读。竟至吃饭入厕都在看书阅报，以至成了胃病”。当时湖南长沙尚无代售新派报刊的书店，楚怡学校的体育教员黄醒创办《体育周报》，以之与各种刊物交换，且代售各种刊物，并亲自送达。舒新城托黄醒代购刊物，于本省报纸外，又订阅了《时事新报》《民国日报》及北京《晨报》。三种报纸连同五六十种定期刊物，一年共九十余元。舒新城只有四十五元一月的薪俸，还要养家，只能通过笔耕，一面替《体育周报》撰文，一面向上海、北京各处投稿，来换取他的“精神食粮”[2]。

1919年末，舒新城因在“学灯”上发表对于教会学校的意见而丢掉教职，便与旧同学合办《湖南教育月刊》，又引起当地军阀的注意，不得不离开长沙。因往上海投稿较多，且与《时事新报》主笔张东荪常有通讯，舒新城打算投奔到研究系麾下。手脚灵活的张东荪“五四”后也有意

---

① 《湖南新思潮之发展·新杂志之功》，《时事新报》1919年10月25日。新文化出版物在各地的销路参差不齐，《新青年》未必最畅销。如在芜湖，据1920年3月统计，《新青年》每月销行约30份、《新潮》28份、《新生活》80份、《新中国》50份、《少年中国》50份（妇女号销到100多份）、《少年世界》30份、《解放与改造》60份。参见钧叟：《芜湖文化运动记》，《少年世界》第1卷第9期，1920年9月。

② 舒新城：《我和教育——三十五年教育生活史（1893—1928）》，第六章“教务主任”，第四节“五四运动”，上海，中华书局，1945年，第156—158页。从阅读与接受的角度，揭示新文化运动给舒新城这样的地方知识青年带来的影响与机遇，以及他们做出的回应和取舍，参见张仲民：《种瓜得豆：清末民初的阅读文化与接受政治》，第六章“五四新文化运动的在地化”，北京，社会科学文献出版社，2016年。

从新人中延揽一批干将，背景干净、新知丰富的舒新城自是最佳人选。舒氏第一部教育书稿，即由梁启超发起的尚志学会收购，尚志学会是《时事新报》与《晨报》的延展事业①。至于舒、张二人携手主持中国公学、应对风潮，为研究系在教育界占势力，已是后话。②

新旧之争不仅是派系间的较量，新文化向地方推进，逼迫青年做出选择，“狭巷短兵相接处，杀人如草不闻声”，最激烈的冲突也是最深入的运动发生在各人心中的“狭巷”。出版物的狂潮不仅为新教育吸纳了舒新城这样的人才，也为新文学培养了无数青年读者。这些无名的文学青年从新文化的勃兴、白话文的流行中预见“一个转机”，报纸杂志教导他们如何把自己的名字变为铅字，从而与另一些光辉熠熠、似乎高不可攀的名字出现在同一版面上。

1920年代中后期才崭露头角的作家沈从文，就是新文化从旧势力处争取过来的文学青年。《从文自传》最后一节讲述他向新文化“投诚”的经过。在1920年代初地方自治的风气中，沈从文所在的部队也筹办起文化事业，他被借调到新设的报馆担任校对工作，与负责排印的印刷工头住在一起。来自长沙的印刷工人，受“五四”影响，得风气之先接触到好些新派书报，而小兵沈从文此时还沉湎在线装书里。这个有点“朽”的乡巴佬从大城市来的进步工人那里学到新文化的第一课。

无名的印刷工人将沈从文拔出地方社会的“泥沼”，嵌入新文化投射的人生远景。在印刷工人的点拨下，沈从文知道了“封面上有一个打赤膊人像的书”名叫《改造》，《超人》的作者是一位“天下闻名的女诗人”。通过翻看这些书报，他又记下许多新人物的名字，发现白话与文言之不同在于落脚的虚字。但更关键的启悟是，未走出湘西世界的沈从文从白纸黑

---

① 舒新城：《我和教育》，第七章“师范教员”，第一节“‘五四’后的中国教育界”，第160—161页。

② 参见1921年11、12月间梁启超与蒋百里、张东荪、舒新城的通信，谈及中国公学风潮及研究系在教育界的布局，《梁启超年谱长编》，丁文江、赵丰田编，上海，上海人民出版社，1983年。

字的印刷品上“知道了些新的、正在另一片土地同一日头所照及的地方的人，如何去用他们的脑子，对于目前社会作一度检讨与批判，又如何幻想一个未来社会的标准与轮廓”[①]。沈从文被这些新式读物征服，毅然决然地投降于新文化，不再看《花间集》，不再临《曹娥碑》，改读《新潮》《改造》。

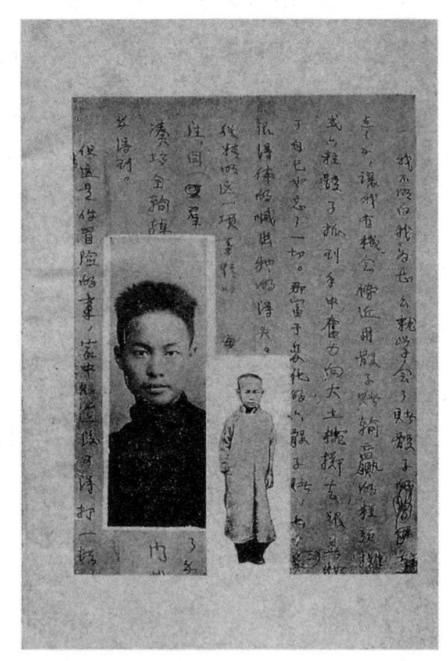

沈从文的成长史。图片来源：《从文自传》

在新文化出版物的感召下，沈从文决定“尽管向更远处走去，向一个生疏世界走去，把自己生命押上去，赌一注看看”，于是来到北京，开始他求学卖文的生涯[②]。1920年代中期，沈从文的习作终于出现在造就了“天下闻名的女诗人”冰心的《晨报副刊》上。经由临摹新文坛上流行的各式文体，沈从文抒发他对于一种触而不及的身份的向往。就像小学生描红一样，沈从文一笔一画地揣摩着新文学的规则，努力融入新文化体制

① 沈从文：《从文自传》，“一个转机”，上海，第一出版社，1934年，第158页。
② 同上书，第162页。

中[1]。直到1930年代，从习作者晋升为小说家的沈从文才形成自己的文体，用独特的地方经验来对抗（也可以说是调剂）新文学读者的口味。

沈从文“弃武从文”的经过，说明新文化的运动机制重在模仿而非独创，先求同而后立异，立异也是为求得进一步的认同。出版物的散播亦可佐证文化运动的模仿原则。梁启超认为文化不是一家一派的“别业”，而是群体的“共业”，固然离不开一二人的首倡，但更需要追随者的模仿，有意识的模仿无异于复数的创造[2]。由先进跌落为后进的《东方杂志》也强调模仿在文化转型期的作用：模仿不单是守旧派的家法，趋新者一样要长于此技，他追摹的不是前人的典范，而是时下流行的观念与表达方式。守旧与趋新不过是模仿原则在不同社会条件下呈现出来的不同形态。趋新的时代往往是“流行模仿时代”，新旧势力的强弱对比在名义上（未必在实力上）扭转过来，社会心理也就顺势从念旧转为尊新[3]。

二、 文化运动与地方新政

能别具只眼承认“模仿”之天经地义者，毕竟是绝少数，对于运动中泛滥的仿制品，大部分新文化的拥戴者是不能容忍的。1919年底《时事新报》“学灯”栏有读者来信批评文化运动的现状，他以为“五四”后激增的书报中，诚然有货真价实的，但也有“似是实非”“不新不旧”“半身不遂”的，还有“打假招牌”的，新文化权威对后几种出版物当鸣鼓而攻之[4]。面对蜂拥而起的“新文化”分店，《新青年》这家老字号也忧乐参

① 沈从文融入新文化体制的过程，参见姜涛：《公寓里的塔：1920年代中国的文学与青年》，第四章“公寓里的文学认同——沈从文早年经历的社会学再考察”，北京，北京大学出版社，2015年。

② 梁启超：《什么是文化》，1922年11月在南京金陵大学第一中学讲演，《晨报副镌》1922年12月1日。

③ 三无：《新旧势力之强弱与文化转移期之关系》，《东方杂志》第17卷17号，1920年9月。

④ 通讯（梦熊致宗白华），《时事新报》1919年12月11日。

半，陈独秀感叹民族性中缺少创造力，“有了大舞台，便有新舞台，更有新新舞台，将来恐怕还有新新新舞台，还有新新新新无穷新……舞台出现”[①]。新文化运动始终伴随着“打假”运动，新潮社骨干罗家伦邀《时事新报》主笔张东荪共同致力于文化运动：

> 我们的文化运动有种危险：就是许多投机的人，也办了些假冒招牌的杂志，——《**新中国**》其**尤著者**——夹在里面胡闹，弄得鱼龙混杂，也发生许多障碍。如刘少少办国子监式大学的主张，人家不知道的误以为新思潮；李涵秋“吃尿”的小说，人家误信为新文艺，岂不是大笑话吗？我想贵报应当辟一个“蒲鞭”，将他们鞭策一回才是。得罪人有什么要紧！[②]

扫除群魔，《时事新报》1920 年 4 月

---

① 陈独秀：《新出版物》，《新青年》第 7 卷第 2 号，1920 年 1 月 1 日。

② 1919 年 9 月 30 日罗家伦致张东荪信，《时事新报》1919 年 10 月 4 日。着重号为笔者所加。

罗家伦建议《时事新报》设“蒲鞭”栏以“打假”，没想到“鞭策”的可能是他的老师胡适。被点名批评的“冒牌”杂志《新中国》其实是胡适在背后主持。《新中国》创刊于1919年5月，筹办当在“五四”以前，陶知行给胡适回信称：“《新中国》杂志发现很是件好事，看来信的笔气似乎是由老兄主持的，若是果然如此，那我就勉力去做一篇《杜威的教育学说》以副厚意。”① 杨铨听任鸿隽说胡适代人筹办《新中国》，也去信询问进展如何②。亚东图书馆老板汪孟邹给胡适的一封信更是确证：

> 乍阅《新申报》，知《新中国》杂志将要出版，甚以为喜。敝馆愿任上海总经理之事，不识可否？条件如何，请速函达。如以为可，请将敝馆刊入末页，以便买客周知为荷。③

胡适在《新中国》上发表的文章不多，头几期以绍介杜威学说为主④。他负责在幕后联络大学师生，如执教北大的高一涵、刘文典、宋春舫，学生辈的张厚载、朱谦之，等等。

罗家伦看不起的刘少少，当时在北大讲授老庄哲学，与教授哲学史的胡适应有往来⑤。此人在民初报界与黄远庸、林白水、邵飘萍齐名，是鼓

---

① 1919年3月12日陶行知致胡适信，《胡适来往书信选》上，北京，社会科学文献出版社，2013年，第22页。参见陶知行：《介绍杜威先生的教育学说》，《新中国》第1卷第3号，1919年7月。

② 1919年4月6日杨杏佛致胡适信，《胡适来往书信选》上，第26页。

③ 1919年4月23日汪孟邹致胡适信，同上书，第30页。

④ 胡适在《新中国》发表的文章有《一件美术品》（第1卷第1号）、《杜威论思想》（第1卷第2号）、《杜威演讲录》（第1卷第3号）。

⑤ 刘鼒和，字少珊，又号少少，湖南善化人。1870年生，1905年赴日本留学入法政大学。喜究哲学，著有《佛老辨》《韩非学说疏》等。其《新解老》一书以物质原理诠释老子哲学，刊行较广。北大校长蔡元培聘其为研究所老庄哲学讲席。（参见《湖南省志》第三十卷，人物志上册，长沙，湖南出版社，1992年，第624—626页）1931年罗家伦口述《蔡元培时代的北京大学与五四运动》，认为蔡之兼容并包主义，时有太过度之处：“从前有一位刘少少，做了一部《新解老》，可笑极了，蔡先生也让他在北大开一门功课，可笑得很。”

吹立宪的政论家，“少少”一名取“少年中国之少年”之意。所谓“办国子监式大学的主张”指他发表在《新中国》上的《中国大学论》。刘少少与《新青年》同人素有过节，鲁迅为《国民公报》“寸铁”栏撰小杂感，称这位大学讲师为女伶“刘喜奎的臣子”，并反驳刘少少称“白话是马太福音体”[①]。至于罗家伦提及的小说家李涵秋，凭借一部《广陵潮》文名大噪，报界有“无李不开张”之说，足见他在报纸副张中的地位。《新中国》的“新文艺”，独立于旧诗词的艺文栏，主要由新剧和小说构成。新剧靠宋春舫的译作支撑，小说多为白话短篇，作者除李涵秋外，还有包天笑、周瘦鹃等鸳蝴派小说家，以及与张厚载联手挑战《新青年》旧戏改良的剧评家兼小说家冯叔鸾。这样“鱼龙混杂”的写作阵营，与罗家伦理想的“新文艺”“新思潮”，确乎是风马牛不相及。

《新中国》一出，便借“五四”之势与《新青年》《新潮》等一道成为销路最广、在社会上颇占势力的杂志。但在“打假”运动中，《新中国》沦为众矢之的，不仅被认作冒牌杂志，还被视为军阀、官僚的喉舌。面对外间的声讨，《新中国》杂志社声称抱定不党不私主义，不必宣告与一切党派脱离关系，也不愿盲目堕入“新”的旋涡，尽力在营业上立住脚跟。批评者则称《新中国》搜罗的文章，新旧杂糅，包罗万象，不愧为“杂”志，每期必定要请出几位“大人先生”来撑场面，或是照片或是题字，还收买了许多“金钱主义的文化运动家”与别种杂志斗宝，妄图用督军、省长、议员的头衔，博士、大学教员、报馆主笔的招牌，提高自家身价[②]。

《新中国》最招人非议的是一卷七期关于山西新政的特别报道。该期出版不久，《晨报》即谓之为“阎锡山号”[③]。《时事新报》紧随其后，张东荪称他过去对《新中国》的印象，不过是“北京几个红官僚，胡乱拉些

---

① 1919 年 8 月 12 日《国民公报》“寸铁”栏。参见孙玉石、方锡德：《锋锐的〈寸铁〉光辉永在——读新发现的鲁迅四篇佚文》，《北京大学学报（哲学社会科学版）》1980 年第 3 期。

② 朱朴：《六种杂志的批评》，《新人》1920 年第 1 卷第 5 号。

③《晨报》1919 年 11 月 24 日“编辑余谭”。

《新中国》杂志封面上“大人先生”的题字

文人学士办的”杂志，谈不上有什么主义，但这一期格外精彩：“书面三个血红的大字，是阎锡山的手笔。翻过来一张清鲜耀目的图画，是阎锡山的玉照。再翻过来是阎锡山的传略。底下便是阎锡山的训话啊，阎锡山的言论啊，山西的用民政治啊，山西的教育计画啊，山西的告示啊，活像是一册狠丰富的山西阎锡山号。”①

《时事新报》及《晨报》的批评都集中在阎锡山对“主义”的拒斥。阎氏为山西学生训话时，称“无论说甚么主义，皆人类精神病之微菌虫”，“皆调戏青年学生精神之媒介物”。其对属官讲演，又说“为政者值此万种主义发生时代，新者当打破万种主义”。阎氏“非主义”的论调，倒契合《新中国》杂志的主义。由《新中国》“非主义”的主义，张东荪联想到胡适的“少谈些主义”，但他立马分辩道，这两者的意思是不同的，至少胡适并没将主义视为“微菌虫”及“调戏青年学生精神之媒介物”。《新中国》、阎锡山、胡适对于“主义”的态度不尽一致，三者之间确实有些瓜葛。

《晨报》编辑不解《新中国》为何肯用 46 页的篇幅替山西新政打广

① 张东荪：《〈新中国〉的“主义”》，《时事新报》1919 年 11 月 27 日。

告。从胡适当年的行踪可知，这是还阎锡山一个人情。“阎锡山号”出刊于1919年11月，10月上旬胡适陪同杜威考察山西教育，到太原后，当地官署招待极周到，“今天去见阎督军，他是一个很脱略的人，杜威先生颇满意。杜威去时，颈上带着软领！——可谓哲学家本色”。胡适欣赏山西学生穿的深蓝布衣，觉得“气象很好”，只是对路灯柱上“圣谕广训”式的道德教育稍感不满[①]。隔日，他在国立山西大学为杜威做翻译，并演说《娘子关外的新潮流》，提议该校学生直升或转学北大。胡适两年后仍不忘向阎督军进言，称山西第一要事在于人才，山西大学便是改良的第一步；对于山西新政，不该下“积极的谩骂”，而应给予“建设的指点”[②]。

《新中国》大肆宣扬阎锡山的新政，透露出文化运动与地方自治的暧昧关系[③]。正如行伍出身的沈从文在湘西王陈渠珍参考山西新政拟定的自治计划中，受到新文化的启蒙教育[④]。1919年10月上海《中华新报》一篇题为《文化运动》的社论称：

> 前从事政治者，现颇有人注重社会事业，如提倡经济及文化等，殊不乏人。近闻广州方面，有创办西南大学之议，并于上海组织一规模宏大之编译局。黎黄陂（引者注：黎元洪）亦有拟办武汉大学说，均在进行中，是不可谓非文化运动也。[⑤]

《时事新报》上“文化运动”一词也常与地方军阀的业绩连在一起。如报道南京的文化运动，提及少年中国学会在南京设分会，会员黄忏华应聘入

① 1919年10月8日胡适致高一涵、张慰慈等（稿），《胡适来往书信选》上，第52—53页。

② 1921年5月11日胡适日记，《胡适日记全编》3，合肥，安徽教育出版社，2001年，第251页。

③ 阎锡山治理山西引发的舆论关注，及教育界褒贬不一的评价，参见张仲民：《南桂馨与阎锡山》，《叶落知秋：清末民初的史事和人物》，上海，上海人民出版社，2020年。

④ 沈从文：《从文自传》，“学历史的地方”。

⑤ 詹：《文化运动》（社论），《中华新报》1919年10月11日。

滇之事，便与云南唐继尧的文化举措有关①。更为人所知的是1920年底，陈炯明驱逐桂系军阀，被任命为广东省长兼粤军总司令，遂邀约新文化运动“总司令”陈独秀南下主持教育②。陈炯明率军驻扎闽南期间，曾在漳州创办《闽星半周刊》及《闽星日刊》，“提倡新文化，建设新社会”③。闽南的文化运动，从属于陈炯明“联省自治”的规划，因各方牵制而胎死腹中，却间接导致《新青年》阵营的解体。

1920年初胡适在《中华日报》上宣称“新文化运动”是一种“非政治”的革新运动，目的是思想和社会的改造，他认定政治改革没有捷径，所以打定主意朝“非政治”的方面努力。“新文化运动”对军阀、政客的宣言是：“你们走你们的路，我们走我们的路！”④ 而胡适主持的《新中国》，正说明文化运动一开始就与地方势力暗中携手走向泛政治化的道路。

三、 新文化的金字塔

“五四”以后罗家伦跟张东荪抱怨说上海是一个“假古董场”，连鸳鸯蝴蝶派的斗方名士也讲起新思潮来。张东荪以《新中国》为例反问：北京难道是新脑筋滋养料的生产场吗？⑤ 罗家伦对上海的批评，不是他个人的偏见，新潮社员俞平伯出洋途经上海，即称此地“新运动”的障碍，就是没有障碍⑥。1920年陈独秀暂居沪上，也认为上海这样“龌龊”的社会，

---

① 《南京之文化运动》，《时事新报》1919年11月5日。

② 参见《陈独秀年谱》，唐宝林、林茂生编，上海，上海人民出版社，1988年，第134—135页。

③ 《闽星半周刊》（1919年12月—1920年3月），陈秋霖、谢婴白主编，漳州新闽学书局发行。陈炯明在《闽星》上发表《不为罪恶的奴隶》《生活与生趣》等文。参见郑之翰、陈鉴修：《陈炯明驻漳述要（1917—1922）》，福建省漳州市文史资料研究委员会编，《文史资料选辑》1979年第1辑。

④ 胡适：《政治的改革与思想的改革》，《中华新报》1920年1月1日新年增刊。

⑤ 张东荪：《〈新中国〉的“主义”》，《时事新报》1919年11月27日。

⑥ 俞平伯：《一星期在上海的感想》，《新潮》第2卷第3号，1920年2月。

不配做舆论和文化的中心①。“觉悟”“爱国”“解放”“改造”“新思潮”“新文化”等名词，一到上海便成了香烟公司、药房、书贾、彩票行的利器，陈独秀尤不满红男绿女的小说家及黑幕文人挂起新思潮的招牌骗钱②。

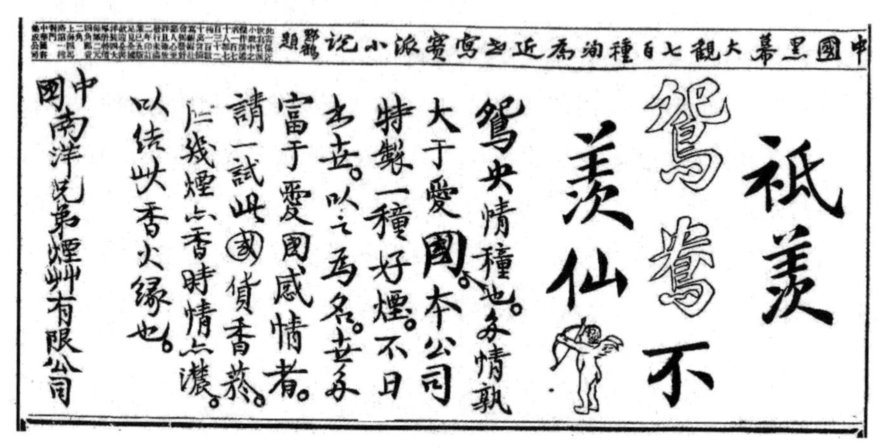

南洋兄弟烟草公司广告，用“鸳鸯情种”演绎爱国情怀
图片来源：1919 年 11 月 24 日《时事新报》

陈独秀诸人对上海文化运动的指摘并非毫无依据，1919 年 9 月初《时事新报》刊出“新思潮”学社简章，宗旨是“谋社会改革，作文化运动”③。该学社预备发行《新思潮》杂志，撰述者除了国内名流，当然少不了“旅欧旅美的几位同志”，而社长闻野鹤却是所谓“鸳鸯蝴蝶派的斗方名士”④。据郑逸梅描述，此君“头巨而体侏儒，喜洋装革履以趋时尚，

① 陈独秀：《上海社会》，《新青年》第 8 卷第 1 号，1920 年 9 月 1 日。
② 陈独秀：《再论上海社会》，《新青年》第 8 卷第 2 号，1920 年 10 月 1 日。
③《新思潮学社简章》（来函），《时事新报》1919 年 9 月 4 日。
④《新思潮》征稿简章规定“本刊文字，一例用白话，文言不收”，排版格式“一例横行”。创刊号上刊有张东荪《社会主义与中国》（演说）、叶楚伧《我的新旧观》、闻野鹤《白话诗研究》、蔡元培《杜威与孔子》及《新式标点符号》等。

不知者以为拾西人牙慧者流，实则其胸中幽情绵邈，老气横秋，读之者又以为出于名宿之手”[①]。闻野鹤原是南社成员，因盛赞同光体，与柳亚子发生争执而退出南社[②]；1920 年代初活跃于上海文坛，与人合编小说杂志《礼拜花》[③]，又以“新文学丛书”的名义出版《白话诗入门》，还参与了前期创造社。1930 年代后，由洋场才子晋升为大学教授，以“闻宥”一名行世，专攻语言文字学，斐然成家。从“闻野鹤”到“闻宥”的蜕变，与跳出鸳蝴派的刘半农经历类似。这位《新思潮》社长的传奇经历说明上海文化运动之品流混杂。

闻野鹤主编《礼拜花》及《新思潮》创刊号广告

---

① 郑逸梅：《小品大观》，上海校经山房，1935 年 8 月；转引自《民国旧派小说名家小史》，《鸳鸯蝴蝶派研究资料》（上卷），第 564 页。

② 参见柳亚子：《我和朱鸳雏的公案》，《越风》1936 年第 7 期；收入《南社纪略》，上海，开华书局，1940 年。

③ 上海《礼拜花》小说周刊，闻野鹤、赵赤羽编，1921 年共出二期。

对于罗家伦来信中“打假”的呼吁，张东荪不以为然，反倒认为文化运动的障碍不是周边的模仿而是中心的专制。他说“现在有专卖新思潮的真正老店，挂起‘只此一家并无分出’和‘认明招牌严防假冒’的招牌”，提醒北大设法消除这种误会[①]。当北大新潮社出来“打假”时，却引发了一场专利权之争：

> 本社出版品，只有“新潮杂志”及“新潮丛书”两部分……早为国人所共睹。乃六月底上海泰东图书局始另有所谓新潮丛书之广告发现，与本社“新潮丛书”名目虽则混淆，其实并非一事。再另有命名“上海新潮社”者，与本社毫无关系；其出版品当然与本社无涉。因滋误会，特此声明。[②]

北大新潮社在《申报》上发布的打假声明，招致上海新潮社的强硬回击：

> 本社系上海同志所组织，初名“上海新思潮学社”，后因另有《新思潮》杂志出现，乃改为“上海新潮社”，与北京大学新潮社不同。……北大新潮丛书系四月出现，本社丛书告白布露于三月十日，盖当时尚不知北大新潮社亦将有丛书出版，并不知“新潮”二字，已为北大同学之专利品也。及出书后恐相混淆，因于“新潮丛书”下注文学系哲学系字样，以别不分统系之北大新潮丛书。事后终嫌同名，又与“新人社”商议，嗣后二社丛书部合并，一律改名“新人丛书”。每出一书，由两社合组审查会审查之，以免滋误。但今北大新潮社既有包办“新潮”二字之口吻，本社殊不能受其胁迫，业向“新人社”

① 通讯（张东荪致罗家伦），1920年1月24日《时事新报》“学灯”栏。
② 《北京大学新潮社特别声明》，《申报》1920年7月30日。

取销前议，嗣后所出丛书，仍名“新潮丛书”，以示不许任何人包办“新潮”二字。与夫占名在先，无避贤避贵之必要矣。[①]

在闻野鹤发起的新思潮学社与北大新潮社之间，依傍泰东书局的这批人宁避嫌而不避贤，自命为“上海新潮社”。“新潮丛书”之名不能排除泰东书局有意混淆视听、从中渔利的动机，但上海新潮社的辩解，反复强调不许任何人“包办”文化运动，不满“新潮”二字成为北大的专利。

泰东书局原有政学系的背景，自讨袁得胜后，股东纷纷入京做官，店铺交由赵南公打理，靠《新华春梦记》这类小说赚钱[②]。“五四”后眼见新出版物热销，赵南公打算在靠旧小说积攒起来的账底外，另行打桩，拉拢张静庐、王无为等人，组成上海新潮社与新人社[③]。其实无论新潮社还是新人社，都是这两三人在维持，与泰东声势壮大后扶植的创造社不可同日而语。张静庐主编的月刊《新的小说》挂在上海新潮社名下，《新人》杂志一开始靠王无为唱独角戏。就涉足文化运动的深浅而论，上海新潮社虽与北大派有命名之争，其专攻还是小说；对新文化权威发起猛攻的，是以批评为主的《新人》杂志。

新人社草创于1920年初，旨在募集同志，改造旧人，用和平的手段，“去占领我们所要求的空间，建设我们所要求的社会”[④]。新人社的革命方针，是通过社会改造实现人的改造。在“新人”看来，旧社会是累进叠上的，少数吸引多数，强大支配弱小，他们向往的新社会则是以个人为本位的横向联合[⑤]。“新人”对文化运动的诸多批评，与他们在社会结构中位

---

① 《上海新潮社特别启事》，《申报》1920年8月1日。着重号为笔者所加。

② 杨尘因著《新华春梦记》又名《洪宪演义》，长篇历史小说，泰东广告称此书“发行以来销数逾万”。

③ 张静庐：《在出版界二十年》，十四“踏进出版界”、十五“泰东图书局的转变”，汉口，上海杂志公司，1938年。参见刘纳：《创造社与泰东图书局》，第三章“泰东图书局和它的经理赵南公”，南宁，广西教育出版社，1999年。

④ 《新人宣言书·新人约》，《新人》第1卷第1号，1920年4月。

⑤ 秀水：《新人的革命方针》，《新人》第1卷第1号，1920年4月。

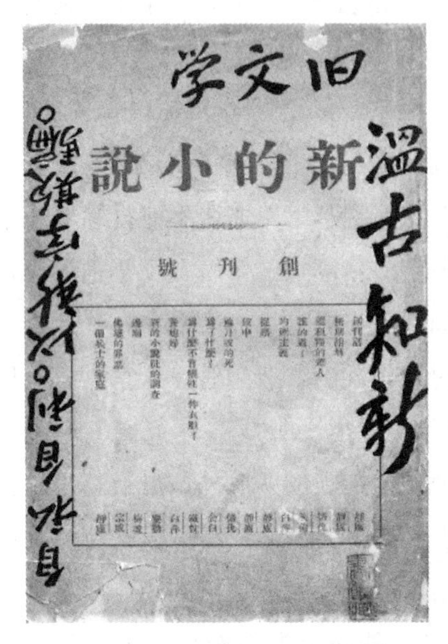

张静庐主编《新的小说》，上海图书馆藏，封面有读者批语

居边缘有关。

《新人》杂志最初是无所不谈，从第二期起改为专题研究，1920年下半年连出三期“文化运动批评号”。新人社承认这三册文字无不加重了感情的分量，且都用于批评过失的一面，这样的态度不尽公允，只是文化运动造出的种种丑态，使他们时或逾越批评的界限①。新人社首脑王无为指出文化运动的障碍不是反动的政府，而来自运动本身。政府对运动的压迫就好像拍皮球，拍得越起劲，皮球跳得越高。换言之，政府的遏止反而促进了运动的发展。真正阻碍运动发展的是垄断学术、包办新文化的学阀。所谓学阀“以自命为最高学府的北京大学的教职员，和带党派色的有名新闻记者为本位；其余北京大学里头一小部分为学未成的学生，就做他们的

① 新人社同人：《文化运动批评号引言》，《新人》第1卷第4号，1920年8月。

羽翼”[1]。文化运动的中心势力在王无为看来，或依托最高学府，或有政党作后援，包括北大派（主要是《新青年》同人及新潮社员）、研究系与国民党的领袖及其报馆主笔。这些“学阀”造成思想专制及知识垄断，较之武化的政府，文化的政府才是运动最大的障碍。

王无为对“学阀”下“哀的美敦”书，主要出于对北大人的厌恶。他将“最高学府”与“万恶政府”相提并论，相当反感北大人居高临下的说教[2]。王无为虽承认北大在新文化运动史上的地位及其出版物对思想界的影响，却按捺不住他对北大做派的反感，认为北大人说话常带命令式，做事尤有贵族气：

> 别人且不说，我的朋友成舍我，这次到上海，我就觉得有一种怪气，附在他身上，赵南公平日是不大批评人的，他都和我说道，“成舍我说话，真像一个从北京大学送出来的人!”[3]

“批评号”下册刊出王无为《为北大学阀事与成舍我书》，抗议北大人“蔑视群众”的态度，称自从“最高学府”一词发明以来，凡与北大沾边的人都以救世主自居。社会上对北大的不满，不亚于对北洋政府的厌恶[4]。王无为宣告与成舍我暂居于敌对面，决心扶植一种势力，与“学阀制造厂”北大相抗衡。

而成舍我对北大的文化运动极为投入，不仅募股组建“新知编译社”[5]，还调动上海这边的资源，包括王无为与泰东书局的关系，出版丛

---

① 王无为：《文化运动之障碍物——学阀》，1920年7月29日作于上海，《新人》第1卷第4号，1920年8月。

② 王无为：《最高学府—万恶政府》，《新人》第1卷第5号，1920年8月。

③ 王无为：《北大的文化运动》，《新人》第1卷第6号，1920年9月。

④ 王无为：《为北大学阀事与成舍我书》，《新人》第1卷第6号，1920年9月。

⑤ 参见陈平原：《舆论家的态度与修养——作为北大学生的成舍我》，《报海生涯——成舍我百年诞辰纪念文集》，北京，新华出版社，1998年。

书、发行月刊。成舍我是《新人》月刊的北京代理人，他认为王无为等人对文化运动的批评过于苛刻，文化运动既不是少数“学阀”的专利品，也不该是“新人”对老将的逢迎或挑衅。一般人以为文化运动从大处说，近乎运动一党派的政治革命；从小处说，类似于洋场才子卖小说的办法，可以称斤播两地计算[①]。成舍我从上海滩摸爬滚打、挣扎出来，深知此间所谓新文化运动家的底细，他概括的这两派做法，暗指“新人”残留的旧习气。

王无为把成舍我视作“最高学府”的一分子，与之商议如何改造“学阀制造厂”，却不了解成舍我在北大的真实处境。王、成的交往始于1913年参与关外讨袁的秘密活动，及在《健报》共事的经历。1915年遭张作霖通缉，二人辗转流亡到上海，卖文为生。成氏起初与刘半侬同住，用“舍我”作笔名炮制小说，并加入南社[②]；后因卷入唐宋诗之争而遭驱逐，“乃不安于位”，北上求学，凭一封万言书获得蔡元培青睐，进北大作旁听生[③]。然而，成舍我在北大早期的生活并不如意，“东斋吃饭，西斋洗脸”，一无所有，“逐水草而居”[④]。作为旁听生的成舍我只能游走于北大边缘，不得不向外谋发展。他经李大钊引荐，进入北京《益世报》，靠社论《安福与强盗》在舆论界崭露头角。直到五四运动这一年，成舍我才被纳为新潮社员，由旁听生转成正式生。在仍混迹洋场的王无为眼里，成舍我是跻身最高学府的幸运儿，但与“五四”造就的新伟人——傅斯年、罗家伦辈相比，成氏还不算北大派的嫡系，只是寄居北大的边缘人。

按王无为的说法，成舍我不是凭万言书空降到北大的，而是先以通信、投稿的方式与《新青年》发生关系，得陈独秀照顾，才在不易居的帝都扎下根来，顺带将沪上同居的难友刘半侬也介绍进京。在成舍我的提携

---

① 成平（成舍我）：《文化运动的意义与今后大规模的文化运动》，1920年8月3日作于北京，《新人》第1卷第5号。

② 王新命（无为）：《新闻圈里四十年》，台北，龙文出版社股份有限公司，1993年。

③ 郑逸梅：《南社丛谈——历史与人物》，北京，中华书局，2006年，第143—144页。

④ 张友鸾：《报人成舍我》，《报海生涯——成舍我百年诞辰纪念文集》。

下，刘半侬跳出鸳蝴派，骂倒王敬轩，成为《新青年》的台柱之一。从红男绿女的小说家到文学革命的战士，抹去了人字旁的北大教授刘半农身价反在成舍我之上。陪刘半侬读过几篇古文的王无为回忆道：

> 这位刘先生给我的印象，是聪明而稍带轻佻。我曾劝他放弃“半侬”的笔名，他当时虽表示同意，然却隔了一年才改为半农。他的英文相当好，但国文稍幼稚，……他颇以国文不够好为憾事，恽铁樵劝他来和我合作，我却不大感兴趣，因为“松柏之下，百草不番”，当时林纾和魏易合作下所产生的译本，已在三十本以上，其声名早已洋溢于国中，现在教我和刘去追踪林纾、魏易，岂不等于教我去做松柏之下的青草？我纵不想出什么风头，却也有“宁为鸡口”的小野心，所以我不愿和他合作译书。[①]

王无为怀有“占领文坛的雄心”，不愿与刘半侬合作译书，自称“纵然不能做文坛的上帝，也不至做不成文坛的厉鬼”[②]。《新人》偏激的论调与他宁愿做文坛“厉鬼”的心态不无关系。

《新人》创刊号预告上用大字凸显的不是自家的纲领，而是两个人名：“欢迎季陶的忏悔”“这是刘半农的错”[③]。王无为创办《新人》杂志是针对戴季陶蓄婢之事[④]，而给刘半农挑错，则拈出一个“她”字。“她”字问题始于《新青年》同人的内部讨论，刘半农提出新造一个“她”字，与“他”并用，周作人在一篇译作的按语中透露了这一设想[⑤]。钱玄同与周

---

① 王新命：《新闻圈里四十年》，第 39 节“做了中华新报的撰述”，第 141 页。

② 王新命：《孤芳集》自序，1923 年作于上海，第一辑《蔓罗姑娘》（三幕剧），上海，泰东图书局，1924 年。

③《申报》1920 年 2 月 26 日。

④ 王新命：《新闻圈里四十年》，第 48 节“新人社的成立”，第 181 页。

⑤ August Strindberg：《改革》，周作人译，《新青年》第 5 卷第 2 号，1918 年 8 月。

作人就英文“she”字译法的商榷，让“她”字成为公共话题①。使“她”字问题溢出《新青年》的讨论范围成为舆论热点，则是《新人》创刊号上署名“寒冰”的文章，可谓典型的标题党：《这是刘半农的错》。②

賣火柴的女兒

丹麥H.C.Andersen著

天氣很冷；天下雪，又快要黑了，已經是晚上，
憐的女兒，光著頭赤著脚，在街上走。他女從自己
很大的鞋，他女的母親一直穿到現在；鞋就有那
對面時，鞋都失掉了。一隻是再也尋不著；一個孩
小孩，可以當作搖籃用的。所以現在女兒只赤著
他女兜著許多火柴，手裏也拏著一把。整日沒有
凍餓得索索的抖著，向前奔走；可憐的女兒！
——披到兩肩的好卷螺髮上，但他女並不想到他。
因爲今日正是大年夜了。咦，他女所想的，正在這
兩所房子前後接著，其間有一個拐角，他女
又不敢回家，因爲他女沒有賣掉一把火柴，也沒
家裏也冷；因爲他們家裏只有一個屋頂，大的裂

賣火柴的女兒

周作人译安徒生《卖火柴的女儿》，将“she”译作“他女”

“寒冰”据说是《新人》随感录作者共用的笔名之一，后来被社员孙毓麟据为己有③。孙寒冰从适用性、男女平等、言文一致等角度彻底否定“她”字的必要性，断言“将女子三身代名词，改作‘她’字，这是刘半农的错”。他告诫新文学的追随者不要盲目模仿中心人物的言动④。新人社同人附议道，寒冰的文章是为公认的文字请命，意在打破对权威的盲

① 钱玄同、周作人：《英文“SHE”字译法之商榷》，《新青年》第 2 卷第 6 号，1919 年 2 月。

② 关于“她”字问题，详见黄兴涛：《“她”字的文化史：女性新代词的发明与认同研究》，北京，北京师范大学出版社，2015 年。

③ 王新命：《新闻圈里四十年》，第 49 节“新人社的几位社友”，第 190 页。

④ 寒冰：《这是刘半农的错》，1920 年 3 月 17 日作，《新人》第 1 卷第 1 号。

从，言辞不免激切。沿用“他”字本不成为问题，“自从《新青年》讨论一番，那不曾读过中国书，由刘半侬改名刘半农的这位先生，从千年古墓里掘出一个‘她’字”，声称是自家的发明，给印刷局、报馆各铸字房的工人及普通读者造成诸多不便，可见文化运动的障碍不在抱残守缺的死脑筋，而是立异以为高的指导者①。

刘半农此时出洋留学，没见到《新人》杂志对他的批评。但他从《时事新报》“学灯”栏看到孙祖基《“她”字的研究——刘半农果真是错么?》及寒冰《驳“她字的研究”——刘半农不错是谁错?》。② 在这次对垒中，被树为靶子的刘半农终于退居二线，“她”字的存废上升为正题。《新人》宣战两个月后，刘半农才在“学灯”上回应，发明“她”字主要出于翻译的需要③。然而“她”只能算“眼的文字”，还不是“耳的文字”，无法在读音上与“他”字区分开。无论在《新青年》内部商榷时，还是在《新人》挑起的辩论中，刘半农作为“她”字的始作俑者，迟迟没有表态，实践上也落后于人。在他那首著名的《教我如何不想她》问世之前④，新文学的拥护者早已纷纷将“她”字从文学翻译引入新诗、小说的创作中。⑤

一个人称代词的性别区分看似琐屑，刘半农在此问题上的敏锐与迟疑，或缘于他身份转换后未克服的认同危机。在“她”字问题的总结陈词中，刘半农对《新人》的批判提出抗辩：

> 寒冰君说，这是刘半农的错！又说，刘半农不错是谁错？我要向寒冰君说：我很肯认错；我见了正确的理解，感觉到我自己的见解错

① 参见积石、秀水对寒冰《这是刘半农的错》的附议。

② 1920年4月27日《时事新报》“学灯”栏，转载于《新人》第1卷第2号，1920年5月。

③ 刘复：《她字问题》，1920年6月6日作于伦敦，原载1920年8月9日《时事新报》“学灯”栏，转载于《新人》第1卷第6号。

④ 刘半农：《教我如何不想她》，1920年9月4日作于伦敦，《扬鞭集》上卷，北京，北新书局，1926年，第90—92页。

⑤ 参见黄兴涛：《“她”字的文化史》，三“1920年4月以前‘她’字早期实践考述”。

> 了，我立刻认全部的错；若是用威权来逼我认错，我也可以对于用威权者认部分的错。
>
> 我从前很会骂人，现在忏悔了。我愿寒冰君知道，那是刘半农的错。
>
> 我见过带墨晶眼镜的县官，拍着桌子说，张三，这是你的错！李四，你不错是谁错！现在我一想到，就觉得身上带着些耻辱；因为我和那县官，在同一空气中生活着。[①]

1920年留学英伦、专攻语音学的刘半农，已不是在上海卖文为生的刘半侬。对于咄咄逼人的“新人”，刘半农显出老将风范，作一个揖说，那是刘半农的错，而这是寒冰君的错。

跟王无为对陈独秀的攻击相比，寒冰对刘半农的批判还算温和的。《新人》第三号上王无为指名道姓地说：“陈独秀，无为固不齿其为人。”[②]此言一出，自然招来质疑，要他说明不齿陈氏为人的理由[③]。王无为用“白马非马”的逻辑诡辩，说陈独秀是“学阀”，地位高于常人，不敢引为同类[④]。这番挑衅起因于陈独秀对《新人》“上海淫业问题号”的批评。王无为原拟就戴季陶蓄婢之事出一专号，恐惹起派系纠纷，就改出娼妓问题号。其“废娼运动”以改造社会经济制度、根绝娼妓来源为归宿点，无奈找不到参考材料，只好就上海娼妓情形做一粗略调查[⑤]。

新人社旨在实现一个没有娼妓奴婢、没有中间剥削、没有贫富悬殊的理想社会，故从废婢、废娼运动着手。王无为切入文化运动的角度，不是

---

① 刘复：《她字问题》，1920年8月9日《时事新报》“学灯”栏。

② 王无为此言见《新人社消息》，《新人》第1卷第3号。

③ K. W. C：《何谓不是“人”？》（通讯），1920年7月31日作。德荣：《质所疑》，8月7日，《新人》第1卷第5号，1920年8月。

④ 王无为致K. W. C答书《论人格》（1920年8月4日），致德荣《释所疑》（8月11日），《新人》第1卷第5号。

⑤ 王新命：《新闻圈里四十年》，第48节“新人社的成立”，第184—185页。

白话文，也不是时兴的无政府主义，而是所谓“人格”。他对文化运动家的批评，多从个人品行着眼，揭露头面人物的言行不一，同时关注下层社会的道德状况。他关心的下层社会，不是一般平民，而是士农工商之外的寄生阶层，尤其是“颠连无告、宛转呻吟于恶制度以下的可怜人”，包括他自身：

> 这一种人的自由权利，都被人剥夺了，虽然还在那痛苦中生活，但他的自由意思，已经被地位完全束缚，毫无展布的余地；他的生存权利，也完全受金钱的支配，毫无发扬的希望。①

王无为对娼妓的同情，不免有自伤自怜之意。他所以热衷于废娼运动，或有救人以自赎的动因。在解剖自己的人格时，王无为一面坚信其罪恶“比一般最纯洁的青年还要少”②，一面又怀疑自己无法摆脱“文娼”的地位。

王无为鼓吹“废娼运动”的用心，并未得到新文化领袖的认可。在陈独秀眼里，《新人》“上海淫业问题号”就是一册“黑幕”大观。《新人》被他归入红男绿女的小说家及黑幕文人的投机事业中③。王无为听说陈独秀“黑幕”二字的口头批评，大动肝火，回敬以“学阀”的封号④。

继“上海淫业问题号”，王无为又拟作《娼妓论》，还预备成立“废娼会”，他的“废娼运动”至1920年7月底离沪赴湘才告一段落。在《赴湘留别书》中，王无为宣告暂时脱离《新人》，去长沙协办湖南《民国日报》。此番长沙之行，王无为怀揣更大的雄心，计划将湖南变成文化运动的大本营。留别书的末尾，不满三十岁的王无为回顾自己的文字生涯，称

---

① 王无为：《文化运动与废娼运动》，1920年8月9日作于上海，《新人》第1卷第5号，1920年8月。

② 德荣：《质所疑》（通讯），《新人》第1卷第5号。

③ 陈独秀：《论上海社会》（《新青年》第8卷第1号）、《再论上海社会》（《新青年》第8卷第2号）。

④ 王无为致K. W. C答书《论人格》。

“前半的光阴，消磨于诗云子曰，是在福建消磨的；后半的光阴，消磨于东三省及上海墨汁中间”①。1930 年代王无为重返上海，接续《新人》未竟的志业，与孙寒冰等人提倡中国本位的文化运动。

王无为批评新文化权威时，教导青年读者“不要取一种以人为本位的信仰”，因为在人身上太过认真，就会忽略人身以外的问题②。其实《新人》也有同样的弊病，为了破除对“学阀”的信仰，王无为、孙寒冰都过分计较个人的对错，而不够关注问题本身的是非。这使得《新人》对文化运动的批评，在《新青年》同人看来，“徒令后之人谈历史者，多一些有趣味的材料耳”③。

从王无为、成舍我等人的角度看，新文化的权力结构是金字塔形的，北大派、研究系高踞金字塔的顶端，新人社则处于被无视、被遗忘的底层。《新人》与《新青年》之间的权势落差，或许可以通过与这两个圈子都有交集的刘半农，用他的身份转换及“五四”前后的自我改造来度量。

---

① 王无为：《赴湘留别书》，《新人》第 1 卷第 6 号，1920 年 9 月。

② 王无为致 K. W. C 答书《论人格》。

③ 1920 年 8 月 16 日钱玄同致周作人信，《钱玄同文集》第六卷，北京，中国人民大学出版社，2001 年，第 26 页。

第三章
新文化人的自我改造

一、从“半侬”到“半农”

如果把五四新文化运动比作一场大规模的交响乐，这场交响乐吸纳、吞噬、放大了个人的声音，而且“把每一个人的声音都变了它的声音”[1]。要打开五四新文化的研究空间，则需区分这场交响乐的不同声部，进而从时代的大合唱中辨识出个人独特的声线。在所谓“态度的同一性”背后，隐伏着不同的思想脉络与精神气质，因而有必要考察参与合唱者此前此后的生命轨迹，以丰富我们对五四新文化的认知。[2]

正如鲁迅所说，“刘半农”这个名字所以为人熟知，多半是因为他“跳出鸳蝴派，骂倒王敬轩，为一个‘文学革命’阵中的战斗者”[3]。胡风撰文介绍《半农杂文》，希望读者通过这一文献望见五四时代的一个侧影，看看“在战士之一的刘先生的活动里面，‘五四’的时代精神呈现出了怎样的姿态”[4]。然而将个人的生命轨迹定格于历史的关键时刻，纳入“时

---

① 张爱玲：《谈音乐》，《苦竹》月刊第1期，1944年10月。

② 汪晖在《预言与危机：中国现代历史中的“五四”启蒙运动》（《文学评论》1989年第3期）中提出，在缺乏统一的方法论基础、缺乏内在的历史和逻辑的前提下，是什么力量使千差万别的学说、个性各异的人们组成了一个“新文化运动”？五四新文化运动的参与者，在分明的歧异中保持着较之歧异更为分明的“同志感”，这种“同志感”是如何形成的？

③ 康伯度（鲁迅）：《趋时和复古》，《申报·自由谈》1934年8月15日。

④ 胡风：《“五·四”时代的一面影》，《文学》月刊1935年第4卷第4号。

代精神”（Zeitgeist）中表述，往往忽略了各人身上携带着“别一世”的记忆。新文学阵营中的“战斗者”，只是《新青年》同人对外作战时形成的集体认同，多少抹去了各人的前史及个人气质中与战士形象不符的生动性。[①]

《半农杂文》被胡风视为五四时代的侧影，看似“杂而不专，无所不有”，实则经过严格筛选，“非但有整篇的挑选，而且在各篇之内，都有字句的修改，或整段的删削”。[②] 除了后期专业论文不在收录之列，刘半农上海卖文时期大量的小说译作，以及加入新文学阵营后在通俗文学刊物上发表的作品，只象征性地保留了1915年刊于《中华小说界》的一篇希腊拟曲《盗讧》。[③] 该文在收入文集时，不仅题目有所改动，还删去了开头对晚霞、古塔、夕阳“古色灿然”的描摹。这种删改或是“旧文学的毒”的反作用。刘半农曾向钱玄同坦言：

> 先生说“本是个顽固党”。我说我们这班人，大家都是“半路出家”，脑筋中已受了许多旧文学的毒。——即如我，国学虽少研究，在一九一七年以前，心中何尝不想做古文家，遇到几位前辈先生，何尝不以古文家相勖；先生试取《新青年》前后所登各稿比较参观之，

---

① 刘半农在《半农杂文自序》（《人间世》1934年第5期）中反思个人与时代的关系，他认为个人思想情感的变迁，是受时代影响所发生的自然的变化，不必抹杀了自己专门去追逐时代。“时代中既容留得一个我在，则我性虽与时代性稍有出入，亦不妨保留，借以集成时代之伟大”。若完全抹杀小我的特性，时代的有无也就存疑了。

② 同上文。

③ 半侬：《希腊拟曲·盗讧》，1915年6月作，《中华小说界》第2年第10期，1915年10月；收入《半农杂文》第一册（北平，星云堂书店，1934年），改题《两盗》（拟拟曲）。上海卖文时期，刘半农所作《欧陆纵横秘史》《黑枕巾》《猫探》《帐中说法》等翻译小说，以“小说汇刊”的形式由中华书局出版。在中华书局1914至1916年间刊行的《中华小说界》上，几乎每期都有他翻译或创作的中短篇小说，此外，他还有部分作品散见于《礼拜六》《小说海》《小说大观》《小说月报》《中华学生界》《中华妇女界》等刊物上。在正式加入新文学阵营后，仍陆续有少量的小说译作登在《小说大观》《小说海》《小说画报》等刊物上，所以，《我之文学改良观》中刘半农在批判“鸳蝴派”的同时仍不得不承认自己亦曾是“红男绿女”小说家之一员。

即可得其改变之轨辙。——故现在自己洗刷自己之外，还要替一般同受此毒者洗刷，更要大大的用些加波力克酸（引者注：carbolic acid），把未受毒的清白脑筋好好预防，不使毒菌侵害进去……①

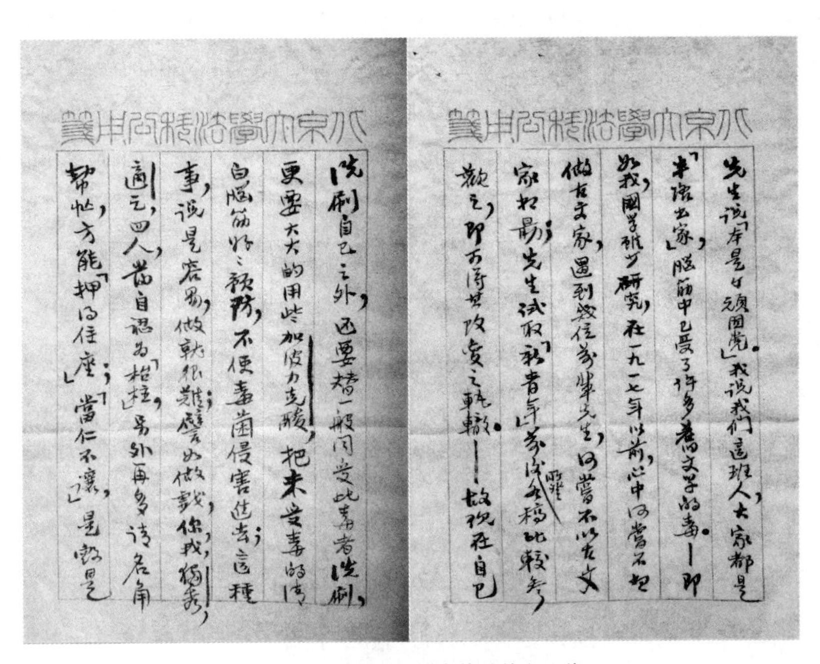

北京大学法科用笺

先生说"本是个颓图党"。我说我们这班人，大家都是"半路出家"，脑筋中已受了许多旧文学的毒。——即如我，国学虽少研究，在一九一七年以前，心中何尝不想做古文家，遇到几位前辈先生，何尝不以古文家相期；先生试取"新青年"前后所登文稿比较参观之，即可得其改变之轨辙。——故现在自己

北京大学法科用笺

洗刷自己之外，还要替一般同受此毒者洗刷，更要大大的用些加波力克酸，把未受毒的清白脑筋好好预防，不使毒菌侵害进去；这种事，说是容易，做就很难；譬如做戏，你我，独秀，适之，四人，当自认为"台柱"，另外再多请名角帮忙，方能"押得住座"；"当仁不让"，是我们

1917 年 10 月 16 日刘半侬致钱玄同信

图片来源：《鲁迅博物馆藏近现代名家手札》（三）

刘半农急需"洗刷"的与其说是他文字中残留的"旧文学的毒"，不如说是《新青年》同人眼里穿鱼皮鞋的上海才子形象。《盗讧》本是效仿周作人所译"希腊拟曲"②。这则"拟'拟曲'"得以幸存，或为纪念刘半农

① 1917 年 10 月 16 日刘半侬致钱玄同信，《刘半农研究资料》，天津，天津人民出版社，1985 年，第 135—136 页。

② 启明（周作人）：《希腊拟曲二首》，《中华小说界》1914 年第 10 期。译者小序云："拟曲者亦诗之一种，仿传奇之体，而甚简短，多写日常琐事，妙能穿人情之微。"

与周作人的这段文学前缘。二人初次见面，周作人“蓄浓髯，戴大绒帽，披马夫式大衣，俨然一俄国英雄”，刘半侬从这位“畏友”身上照映出自己的“上海少年滑头气”。[①]

从“半侬”到“半农”的更替，可视为一个“再社会化”（re-socialization）的过程。自我改造需要他者的参与，且须是“有意义的他者”（significant others）。“有意义的他者”是通往新世界的向导，只有通过与重要他者的持续对话，才能建构起自我蜕变的假象。个人世界的切换（switch worlds），不仅需要主体高度投入，还要求参与互动的他者共同缔造一个有效的可信结构。从这个意义上说，刘半农的自我改造，只能在《新青年》的思想“实验室”中完成，需要《新青年》同人的积极配合。[②]

刘半农曾给钱玄同写信说，文学革命既已开场，“譬如做戏，你，我，独秀，适之四人，当自认为台柱，另外再多请名角帮忙，方能‘押得住座’”；“‘当仁不让’，是毁是誉，也不管他”。[③] 当来路不同的角色排演一出新戏时，后台的沟通往往会泄露前台热闹中潜伏的危机。钱玄同后来跟周作人私下抱怨：

> 摆伦生平有一种恶习：就是没有屹然自立的雄心，处处要依赖人。我以为我们应该要服膺圣训“君子和而不同”一语。譬如朋友气味相合，“以文会友，以友辅仁”，这是很好的。要是有依赖他人的行为，有结党成群的意味，别说干坏事，就是干好事亦不足取。励寿前此屡说“我们几个谬种”，屡遭尹默之匡正，我以为尹默是不错的。即如“双簧”等行为，偶尔兴到，做他一次，尚无妨事，然不可因此

① 刘半农：《记砚兄之称》，《双凤凰砖斋小品文》（五十四），《人间世》1934 年第 16 期。

② 参见彼得·L. 伯格、托马斯·卢克曼：《现实的社会建构：知识社会学论纲》，第三章“作为主观现实的社会”，吴肃然译，北京，北京大学出版社，2019 年，第 193—197 页。

③ 1917 年 10 月 16 日刘半侬致钱玄同信。

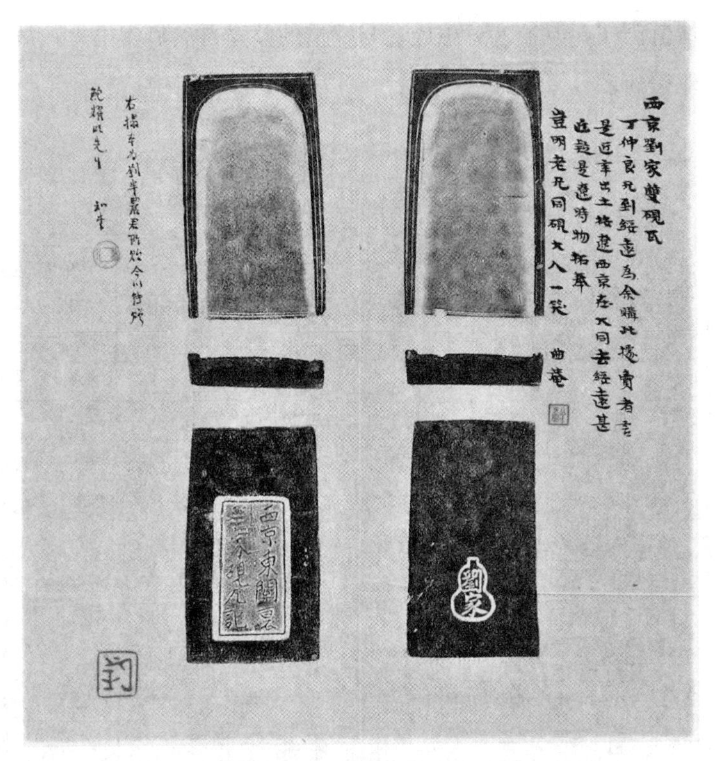

刘半农与周作人以“砚兄”相称，此乃刘赠周之砚瓦拓片

> 便生结党成群之心理。①

“摆伦”“勋寿”均指刘半农②。刘半农与钱玄同曾是文学革命阵营中的亲密战友，“双簧信事件”的成功，与其说是靠思想观念的契合，不如视为对外宣传的策略。加入《新青年》阵营前，各自不同的生命轨迹、思想背景及写作实践，无形中制约着两人台前幕后的默契度。“五四”退潮后，

---

① 1920 年 9 月 19 日钱玄同致周作人信，《钱玄同五四时期言论集》，沈永宝编，上海，东方出版中心，1998 年，第 207 页。

② 刘半农自称“摆伦”（拜伦），据周作人《曲庵的尺牍》：“若在写信那时则正穿鱼皮鞋子，手持短棍，自称摆伦时。”（《过去的工作》，香港，新地出版社，1959 年）

战友的情谊仍在，但各人思想底色与性情的差异自然显露出来，故“有生之年，即抬杠之日”。①

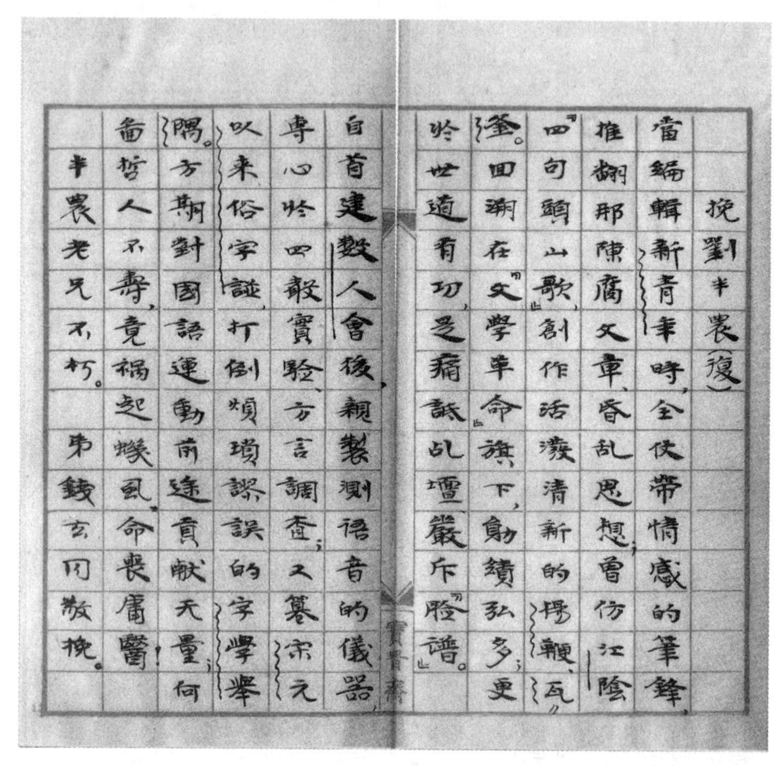
挽劉半農（復）

當編輯新青年時，全仗帶情感的筆鋒，推翻那陳腐文章、昏亂思想；曾仿江陰“四句頭山歌”，創作活潑清新的揚鞭、瓦釜。回溯在“文學革命”旗下，勳績弘多；更於世道有功，是痛詆乩壇，嚴斥“臉譜”。

自首建數人會後，親製測語音的儀器，專心於四聲實驗、方言調查；又纂宋元以來俗字譜，打倒煩瑣謬誤的字學舉隅。方期對國語運動前途貢獻無量；何圖哲人不壽，竟禍起蟣虱，命喪庸醫！

半農老兄不朽。

弟錢玄同敬挽。

钱玄同挽刘半农联，钱玄同自编手书《挽联集》（1936 年）

刘半农脱离《新青年》赴欧留学，或因在北大遭到以胡适为首的“英美派”之轻视。② 据 1919 年 1 月 24 日钱玄同日记：

① 《疑古玄同与刘半农抬杠——“两个宝贝”》（通信），《语丝》周刊 1926 年第 85 期；收入《半农杂文》第一册，改题为《与疑古玄同抬杠》。

② 关于刘半农赴欧留学的原因及“五四”前后其与胡适的关系，商金林《胡适与刘半农往来书信的梳理和解读》（《中国现代文学研究丛刊》2019 年第 7 期）提出不同的解释。

半农来，说已与《新青年》脱离关系，其故因适之与他有意见，他又不久将往欧洲去，因此不复在《新青年》上撰稿。半农初来时，专从事于新学。自从去年八月以来，颇变往昔态度，专好在故纸堆中讨生活。今秋赴法拟学言语学，照半农的性质，实不宜于研究言语学等等沉闷之学。独秀劝他去研究小说戏剧，我与尹默也很以为然，日前曾微劝之，豫才（引者注：鲁迅）也是这样的说。他今日谈及此事颇为我等之说所动。①

然而刘半农并未听从《新青年》同人的劝说，仍选择了“沉闷”的言语学，而非他性之所近的小说戏剧。对于刘半农在北大的尴尬处境及改行之缘由，周作人日后回忆：

刘君初到北大还是号半侬，友人们对他开玩笑，说侬字很有《礼拜六》气，他就将人旁去了。可是在英美派学者中还有人讥笑他的出身，他很受了一点激刺，所以在民八之后他决心往欧洲游学，专攻语言学，得了法国博士学位回来。同他要好的朋友可惜他的改行，可是他对于文学的兴趣仍然旺盛，时有发表。②

在另一篇回忆文章中，周作人直接点出讥笑刘半农出身的“英美派学者”就是“胡适之辈”：

不过刘半农在北大，并不是一帆风顺的。他在预科教国文和文法概论，但他没有学历，为胡适之辈所看不起，对他态度很不好，他很受刺激，于是在“五四”之后，要求到欧洲去留学。他在法国住过好

---

① 1919年1月24日钱玄同日记，《钱玄同日记》（整理本）上册，杨天石主编，北京，北京大学出版社，2014年，第343页。

② 鹤生（周作人）：《刘半农与礼拜六派》，1949年3月22日上海《自由论坛晚报》。

几年，专攻中国语音学，考得法国国家博士回来，给美国博士们看一看，以后我们常常戏呼作刘博士，但是他却没有学者架子，仍旧喜欢写杂文，说笑话。[1]

1921年5月，刘半农（中排左一）与蔡元培、章士钊、张奚若、
陈源及徐志摩、傅斯年、张道藩等人在英国合影
图片来源：《猗欤新命：纪念新文化运动一百周年》

1926年刘半农归国不久，应老友成舍我之招，主持《世界日报副刊》，宣称“刘先生的许多朋友，老的如《新青年》同人，新的如《语丝》同人，也都已答应源源寄稿”。[2] 钱玄同看到副刊预告，并不买账，去信

① 启明（周作人）：《刘半农》，1958年5月17日《羊城晚报》。此文作于胡适思想批判运动之后，对“胡适之辈”的态度或受时代风气的影响。

②《本报创办副刊预告》，1926年6月22日北京《世界日报》。

抗议说不愿自己的文字“与什么《明珠》、什么《春明外史》等为伍”。[1]刘半农解释说这一副刊与张恨水主编的《世界日报·明珠》副刊不相干，但他接受钱玄同不客气的“抬杠”，并把二人的通信发在《语丝》上。[2]

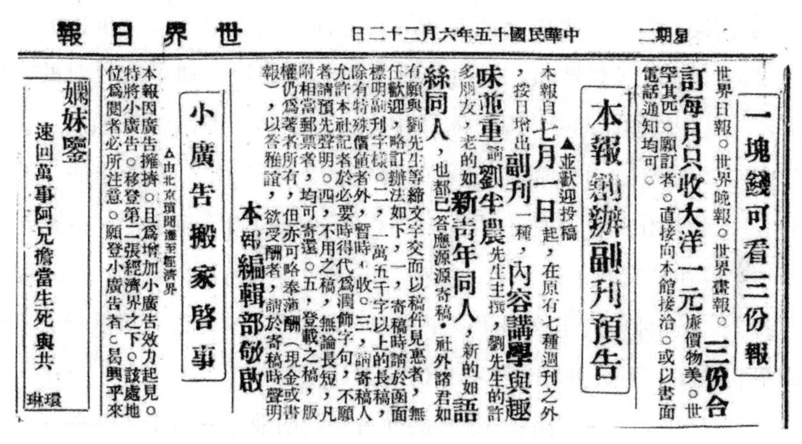
星期二　中華民國十五年六月二十二日　世界日報

一塊錢可看三份報

世界日報。世界晚報。世界畫報。三份合訂每月只收大洋一元廉價物美。世罕其匹。願訂者。直接向本館接洽。或以書面電話通知均可。

本報創辦副刊預告

▲並歡迎投稿

本報自七月一日起，在原有七種週刊之外，按日增出副刊一種，內容講學與趣味並重。請劉半農先生主撰，劉先生的許多朋友，老的如新青年同人，新的如語絲同人，也都已答應源源寄稿。社外諸君如有願與劉先生等締文字交而以稿件見惠者，無任歡迎，略訂辦法如下，一，寄稿時請於函面標明副刊字樣。二，一萬五千字以上的長稿，除有特殊價值者外，暫時收。三，請寄稿人允許本社記者於必要時得代為潤飾字句，不願者請預先聲明。四，不用之稿，無論長短，凡附相當郵票者，均可寄還。五，登載之稿，版權仍為著者所有，但亦可略奉薄酬（現金或書報），以答雅讀，欲受酬者，請於寄稿時聲明

本報編輯部敬啟

小廣告搬家啟事

△由北京頭開遷至經濟界

本報因廣告擁擠。且為增加小廣告效力起見。特將小廣告。移登第二張經濟界之下。該處地位為閱者必所注意。願登小廣告者。曷興乎來

嫺妹鑒

速回萬事阿兄擔當生死與共

環琳

1926 年 6 月 22 日《世界日报》创办副刊预告，出自刘半农之手

刘半农接手《世界日报副刊》，又把自己陷入两个圈子的夹缝中。完成自我改造的前提是“隔离”，特别是与之前所在的圈子隔离。从“半侬”到“半农”的自我更替，需要从鸳蝴派的圈子以及维系这一圈子的精神结

① 1926 年 6 月 24 日钱玄同致刘半农信，《疑古玄同与刘半农抬杠——“两个宝贝”》，《语丝》1926 年第 85 期。

② 胡适与钱玄同之间发生过类似的“抬杠”。1925 年钱玄同在《国语周刊》的预告中挂出吴稚晖和胡适的招牌，招致胡适抗议。胡适不愿挂名“主撰”，因《国语周刊》是《京报》的副刊之一。钱玄同承认《京报》之副刊，“其性质本是不伦不类：徐凌霄之《戏剧》，鲁迅之《莽原》，冯玉祥之《西北》，这三种报轮流出板，可谓不伦之至矣”，“大家都不过借这地位办报以图省事而已”。（1925 年 6 月 7 日钱玄同致胡适信，原载《胡适遗稿及秘藏书信》第 40 册，转引自秦素银《钱玄同致胡适信、片四十七通》，《鲁迅研究月刊》2016 年第 12 期）按钱玄同的解释，副刊和报纸的关系是极松散的，不存在主义的一致性。那他又何必因看不起《世界日报》及张恨水主持的《明珠》副刊，而拒绝刘半农的约稿。此条材料承夏寅提示，特此致谢。

构中彻底脱离[1]。刘半农回国后答应成舍我的邀请，或许自认为早已完成新旧世界的切换；而在钱玄同看来，刘半农的“隔离期”尚未结束，其与鸳蝴派中人藕断丝连，还想拉《新青年》《语丝》同人入伙，这是不能容忍的。[2]

《发刊词》里，刘半农强调副刊的自主性，想以个人风格抗拒大环境的“污染”。[3] 从创刊号起，副刊连载了刘北茂翻译、刘半农校对的《印度寓言》，以及他自己的外国民歌译作；又相继刊出专门性较强的《民间文学中的“死”》、作为辞典稿本的《打雅》和周作人等所作的《续打雅》。过于学理化的文字并不适合副刊相对轻松的阅读氛围。尽管刘半农将副刊定位在“寓教于乐”上，但在“讲学”与“趣味”之间，他还是偏重“讲学”。这种偏向未必出于“书呆子的结习”，或是刻意袚除钱玄同鄙夷的报刊之文“不负责任、没有目的的恶趣味”。

《世界日报副刊》“半间不架”的面目，说明业已“戴上方顶帽子”的刘博士尚未克服他的认同危机。这段编辑生涯仅维持了半年多，算是“战士”归来后的一次告别演出。在北大研究所国学门恳亲会上，刘半农追述其求学经历并谈及将来的工作，称只需把学问看作自我的坟墓，即使不成功，也就是最大的成功。[4] 皈依学术未尝不是刘半农“从鸳鸯蝴蝶派之泥沼中悔回而挣扎着，无片刻不在怅然于去日之伤痂而奋抗直起，将生命划成直线”的又一次努力。[5]

---

① 参见《现实的社会建构：知识社会学论纲》，第 196—197 页。

② 刘半农初到北大时，钱玄同去拜访他，闲谈间成舍我闯进来要钱，主人勃然道，前天刚拿去两块，怎么就没了。刘半农留欧回来，应成舍我之招编辑《世界日报》副刊，钱玄同重提此事，说想不到现在刘博士反倒做了成大老板的伙计。（参见周作人：《成舍我与刘半农》，1950 年 1 月 22 日《亦报》，收入《饭后随笔》）

③ 刘复：《也算发刊词》，北京《世界日报副刊》第 1 卷第 1 号，1926 年 7 月 1 日；收入《半农杂文》第一册，第 273—275 页。

④ 刘复：《我的求学经过及将来工作》，1925 年 10 月 18 日演讲，《北京大学研究所国学门周刊》第 1 卷第 4 期，1925 年 11 月 4 日。

⑤ 汪铭竹：《刘半农论》，《创作与批评》第 1 卷第 3 期，1934 年 9 月。

自我改造不可能通过从“半侬”到“半农”的改名完成，它意味着不间断的自我审查与批判，包括对过往经验的彰显或封存，对原有身份的修饰或隐匿，对昔日之我的升华或潜抑[①]。这是一场持续的拉锯战，结果极不确定。从这一意义上，或许能突破对刘半农“战士”身份的狭隘理解，在他不断变换的面具背后，始终隐藏着一个顽强、果敢的战斗的自我。

二、“耻辱的门”

1921 年在欧洲留学的刘半农写了首长诗，题为《耻辱的门》，后序中说自己见过上海、北京的许多公娼和私娼，到伦敦又目睹辟卡迪里一带满街的私娼，抵巴黎后，耳目所及竟无从说娼字，因卖娼一类的事已成大多数人维持生计的必要手段。[②] 刘半农没有对此表示一种绅士的哀矜，而从第一人称的视角，呈现一位被生活所迫不得不出门卖娼的女子“生命中挣扎得最痛苦的一秒钟”。

在刘半农笔下，娼女低微的呻吟、哀婉的倾诉、无奈的辩解无不预设了一个高高在上的旁观者。这旁观者可能是任何缄默无情地注视着为命运之手所拨弄的不幸者的泛化的“你”，包括不幸者自己。因此，“我”与“你”的关系很暧昧，“你”或是道德律的化身，或只是理想自我的一个幻影。“我”主动模仿“你”的腔调：

> 你转动着黄莺般灵妙的嘴与舌，/说人格，说道德，/说什么，说

---

① 徐讦认为：“从礼拜六小说的半侬到言语学家半农，这个变动是他生命史最光荣之一页；这在中国学术界中能有这样能力的人是并不多。可是，当别人以此为痛疮疤说他时，他终以为可耻来否认的。……他憎恶过去自己是到‘非自己’的成［程］度了。”（迫迂：《今人志·刘复（半农）》，《人间世》1934 年第 9 期。“迫迂”是徐讦的笔名，此文收入《念人忆事——徐讦佚文选》，香港，岭南大学人文学科研究中心，2003 年。此条材料承宋希於提供旁证，特此致谢）

② 刘半农：《耻辱的门·后序》，1921 年 7 月 16 日作于巴黎，《扬鞭集》中卷，北京，北新书局，1926 年，第 140—141 页。

> 什么，……/唉！不待你说我就知道了；/而且我的宝贵它，/又何必不如你？[1]

“我”拒斥旁观者的审视，用空洞的“什么”架空了“你”的说教，却流露出对于自己不配说的高贵的字眼，诸如“人格”“道德”的渴求与珍视。于是，“我”与“你”的界线变得模糊：“到我幸运像你时，亦许我也就同你一样了！”

不幸者和幸运者的形象似乎叠合在一起，当“我”跻身幸运者的行列时，能否摆脱前世的记忆，抹去耻辱的烙印，做个纯粹的旁观者？事实上，“我”即便重获新生，也无法救赎被隔在“耻辱的门”内的死魂灵，那将是始终尾随“我”的影。

卖娼者内心深处的挣扎，带有诗人当时处境的投影。刘半农初抵英伦，国内的公费资助因政局动荡忽然中止，为维持一家三口的生活，他不得不卖文为生。[2] 夜以继日的写作虽可暂时缓解现实生活的压力，自我期许与谋生方式之间的冲突却加剧了刘半农的道德焦虑。卖文为生对刘半农而言，何尝不是“出了这一世，走入别一世，钻进耻辱的门，找条生存的路”[3]。《稿子》开篇的独白便是他在谋食与谋道之间挣扎的精神写照：

> 你这样说也很好！/再会罢！再会罢！/我这稿子竟老老实实的不卖了！/我还是收回我几张的破纸！/再会罢！/你便笑弥弥的抽你的雪茄；/我也要笑弥弥的安享我自由的饿死！/再会罢！/你还是尽力的“辅助文明”，“嘉惠士林”罢！/好！/什么都好！/我却要告罪，/

---

① 刘半农：《耻辱的门》，《扬鞭集》中卷，第135—136页。

② 关于刘半农在英法留学期间的生活，他的女儿刘小蕙有较详细的回忆，是理解诗人这一时期诗歌创作的重要背景资料。参见刘小蕙：《父亲刘半农》，上海，上海人民出版社，2000年。

③ 刘半农：《耻辱的门》，《扬鞭集》中卷，第138页。

我不能把我的脑血，/做你汽车里的燃料！[①]

卖稿被拒加重了“我”的耻辱感，诗中“再会罢”三字反复出现，正是“我”急于挣脱这种羞辱的努力。从“也很好”“好”到“什么都好”，愈发强硬的语调泄露了“我”混合着懊恼、苦涩、激愤的情绪。密集的惊叹号支撑起“我”迅速膨胀的自尊，却笼罩在“自由的饿死”的阴影下。病中的妻、映在玻璃后孩子苍白的小脸、没有光的家都逼迫“我”出卖自由与尊严，正如卖娼者的申辩：“但饥饿总不是儿戏的事，而人生的归结，也总不是简单的饿死罢！”[②]

对流落异邦的刘半农而言，“辅助文明”“嘉惠士林”之类的大词在饥饿面前何其软弱无力，恰在此时国内曾与他并肩战斗的《新青年》同人也有“贫贱而谈仁义，亦足羞也”之叹。1921年钱玄同给周作人写信说：

“谋道不谋食”这句话，本来有些不近人情。……我颇愧，我不能做君子；我此时谋未来之“食”之心甚炽；我总觉得原来之“食处”饭缘已满，非别谋一“食处”不可矣。[③]

周作人在《娼妇礼赞》中感叹世事无如吃饭难，卖淫乃“寓饮食于男女之中”，在现今什么都是买卖的世界，卖文为生者与娼妇有何区别？[④] 刘半农赴欧留学，何尝不是为“取得一种相当的手续”，使其在“谋食”与“谋道”间能有一定选择的自由。这是他寻求了“将近十年”的那个梦，

① 刘半农：《稿子》，1920年6月23日作于伦敦，《扬鞭集》上卷，北京，北新书局，1926年，第66—67页。

② 刘半农：《耻辱的门》，《扬鞭集》中卷，第136页。

③ 1921年6月12日钱玄同致周作人信，《钱玄同文集》第六卷，北京，中国人民大学出版社，2000年，第44页。

④ 难明（周作人）：《娼妇礼赞》，《未名》半月刊第2卷第6期，1929年3月。

然而似乎愈寻愈清醒："不要再说自由了，这点儿自由我有么？"[①] 刘半农于穷病交加中感到世界本是由许多"讨厌的老调"堆积起来的一出戏。[②] 异邦纷杂的市声使他恍然回到自己生活过的另一个国际都市——上海。隔着"耻辱的门"，他似乎又看到了"她"，虽看不清面目，却看见"玫瑰般的唇，白玉般的体"，"周身浴着耻辱的泪，默默的埋入那黑压压的树林里"。[③]

1921年，一则题为"宁可不娶小老嬷，不可不看《礼拜六》"的广告在上海引起一场笔墨官司。这场混战以《时事新报·文学旬刊》和《晶报》为主要阵地，除了围绕各自的文学观而展开激辩外，还涉及"文娼""文丐"这两个称谓。新文学阵营中，叶圣陶也曾是"红男绿女"小说家之一员，他将这句广告词视为"礼拜六派"对自身、对文学，更是对他人的一种"普遍的侮辱"。[④] 这种耻辱感源于新文学的自我定位：

> 文学总是人类最高的精神产物，文学的地位，总是超于物质之上，文学总不是满足人类的肉欲的要求的。那么文学的事业，是何等高贵，文学者的人格，应该何等尊重，便不难想见了。[⑤]

而"礼拜六派"将小说比作满足肉欲的工具，情愿出卖自己的人格，给"神圣清白"的文学玷上难以洗刷的污点。郑振铎认为社会需要"血和泪"的文学，旧文人却只知捞钱、应酬、彼此中伤，不但是"文丐"，简直是

---

① 刘半农：《梦》，1923年6月28日作于巴黎，《扬鞭集》中卷，第188—189页。
② 刘半农：《病中与病后》，1921年1月作于伦敦，同上书，第94页。
③ 刘半农：《回声》，1921年2月10日作于伦敦，同上书，第110页。
④ 圣陶（叶圣陶）：《侮辱人们的人》，《时事新报·文学旬刊》第5号，1921年6月20日。
⑤ 蠢才（胡愈之）：《文学事业的堕落》，《时事新报·文学旬刊》第4号，1921年6月10日。

"文娼"![1]

较之"文丐""文娼"一类的蔑称，也有调和论者一面肯定只有新文学家找到"文学的门径"，但对于"不得其门而入"的旧文人，除了良心的责备、灵魂的呵斥外，新文学家有责任引他们走上正途，新旧文学调和的可能在于旧文学的新文学化。[2] 新旧调和论者所谓的"门"，与其说是文学与非文学的分界，不如说是道德的门槛。旧文学的新文学化，不仅是文学层面的改造，更意味着道德观念的重塑。

新文学家以拯救者的姿态，想唤起礼拜六派对于"耻"的自觉；哪料对方大大方方地接受了新文学馈赠的头衔，不以为耻，反以为荣。在礼拜六派看来，鄙视"文丐"的新文学家何尝不是靠一支笔来挣得衣食住，只要以卖文为生，就有"丐"的性质。所以礼拜六派自命为"文丐"而不讳，非但不讳，且引以为傲。[3] 青社成员胡寄尘戏仿郑板桥《道情》唱出身为"文丐"的自豪："自家文丐头衔好，旧曲翻新调，不爱嘉禾章，不羡博士帽，俺唱这道情儿归家去了。"[4]

郑板桥《道情》末尾唱道："风流家世元和老，旧曲翻新调，扯碎状元袍，脱却乌纱帽，俺唱这道情儿归山去了。"胡寄尘将"状元袍""乌纱帽"换作"嘉禾章""博士帽"，更贴合近代文士的命运转折。废科举从根本上改变了文人的社会上升渠道，从政教相维到政教分离，游离于体制外的读书人不得不"与一般人生出交涉"。士阶层破产以后，"文丐"或"文娼"的出现，意味着"谋道"与"谋食"难以两全。

---

① 参见西谛（郑振铎）:《血和泪的文学》，《时事新报·文学旬刊》第6号，1921年6月30日。西（郑振铎）:《消闲?!》，《时事新报·文学旬刊》第9号，1921年7月30日；C. S.:《文娼》，转引自《鸳鸯蝴蝶派文学资料》下册，芮和师、范伯群等编，福州，福建人民出版社，1984年，第740页。

② 厚生（黄厚生）:《调和新旧文学进一解》，《时事新报·文学旬刊》第6号。西谛（郑振铎）:《新旧文学的调和》，《时事新报·文学旬刊》第4号。西谛（郑振铎）:《新旧文学果可调和么?》，《时事新报·文学旬刊》第6号。

③ 文丐:《文丐的话》，《晶报》1922年10月21日。

④ 寄尘（胡寄尘）:《文丐之自豪》，《红杂志》1922年第28期。

三、 陆沉中的自我救赎

“文丐”这一头衔本是鸳蝴派的自嘲，1917 年刘半农在章回小说《歇浦陆沉记》中即以“文丐”自居，第一回回目为“说穷经文丐发牢骚，竞长寿博士登广告”[①]。这部小说实乃刘半农决意“跳出鸳蝴派”，为其北上筹措旅费而作[②]，情节设计及遣词造句都颇为粗糙。虽属游戏笔墨，不近情理，却有无限感慨牢骚蓄乎其中，以此“为普天下卖文为活之人放声一哭，且欲使普天下人咸知笔墨生涯，远不逮乞食生涯之心安意适也”。[③]

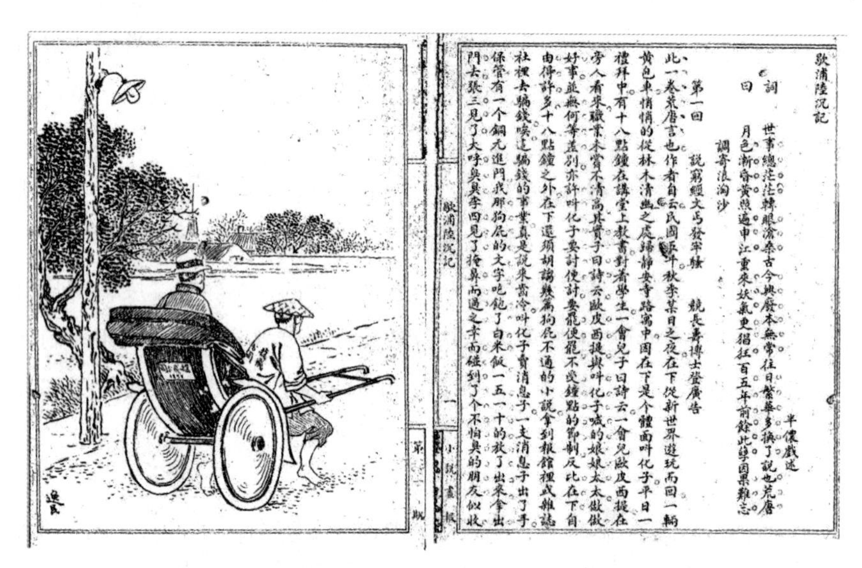
歇浦陸沉記　半儂戲述

詞　世事總茫茫轉眼滄桑古今興廢本無常往日繁華多換了說也荒唐
曰　月色漸昏黃照遍申江重來妖氣更猖狂百五年前餘此劫因果難忘
調寄浪淘沙

第一回　說窮經文丐發牢騷　競長壽博士登廣告

此一卷荒唐言也作者自云民國五年秋季某日之夜在下從新世界遊玩而回一輛黃包車悄悄的從林木清幽之處歸靜安寺路寓中因在下是个體面叫化子平日一禮拜中有十八點鐘在講堂上教書對着學生一會兒子曰詩云一會兒歐皮西提在旁人看來職業未嘗不清高其實子曰詩云歐皮西提與叫化子喊的娘娘太太做做好事並無何等差別亦許叫化子要討便討要罷便罷不受鐘點的節制反比在下自由得許多十八點鐘之外在下還須胡謅幾篇狗屁不通的小說拿到報館裡或雜誌社裡去騙錢唉這騙錢的事業真是說來齒冷叫化子貪消息子一支消息子出了手保管有一个銅元進門我那狗屁的文字吃飽了白米飯一五一十的放了出來拿出門去張三見了大呼臭臭李四見了掩鼻而過之幸而碰到了个不怕臭的朋友似收

歇浦陸沉記　一　小說畫報　第一期

刘半侬《歇浦陆沉记》第一回，《小说画报》1917 年第 1 期

---

① 半侬：《歇浦陆沉记》，《小说画报》第 1—5 号，1917 年 1—5 月。

② 包天笑：《编辑小说杂志》，《钏影楼回忆录》，香港，大华出版社，1971 年，第 381 页。

③ 半侬：《〈福尔摩斯侦探案全集〉跋》，1916 年 5 月作，《福尔摩斯侦探案全集》，上海，中华书局，1916 年。

作者在小说开篇自嘲为“体面叫化子”，把诌小说与叫化子卖“消息子”做比较：

> 唉，这骗钱的事业，真是说来齿冷。叫化子卖消息子，一支消息子出了手，保管有一个铜元进门。我那狗屁的文字，吃饱了白米饭，一五一十的放了出来，拿出门去，张三见了，大呼真臭，李四见了，掩鼻而过之，幸而碰了个不怕臭的朋友，似收狗屎的江北人一般收了去也，还须左挑右剔，横扼竖捺，岂不是在下的买卖还远不如叫化子卖消息子么？[①]

刘半侬以戏谑的笔调勾勒出一个自轻自贱的“文丐”形象，毫不掩饰卖文为生者“钱不讳癖”外的另一面：“谑不避虐”。无论是刘半侬的自嘲，还是胡寄尘对郑板桥《道情》的戏仿，都可视作一种闹剧化的叙事策略，以自甘堕落的口吻对抗严肃文学的说教，从而消解以“文丐”自居的羞耻感。[②] 但他们难以找到一个自洽的道德立足点，终究只能在瓦解成见的同时又与之妥协，甚至变相承认新文化的权威。鸳蝴派对“文丐”的接纳或抗拒，流露出不同程度的道德焦虑。附着在“文丐”上的耻辱感，源于他人眼中之我与理想自我之间的反差。而戏谑的闹剧或可弥合这种反差，是对“耻辱的门”的消极抵抗。

然而，即使在小丑的闹剧中，残缺的理想自我仍不时跳出来发表自己的高见。作者陈述写作动机时，就不小心露出“穷士”的面孔。《歇浦陆沉记》是以中华民国一百六十五年，老学究符其仁和黄包车夫方二在冷观居主人陆圃香的带领下游历上海之见闻，影射当时社会的种种怪现状。偌

---

① 半侬：《歇浦陆沉记》，第一回“说穷经文丐发牢骚，竞长寿博士登广告”，《小说画报》1917 年第 1 期。

② 参见王德威：《“谴责”以外的喧嚣——试探晚清小说的闹剧意义》，《想象中国的方法：历史・小说・叙事》，北京，生活・读书・新知三联书店，2003 年。

大一个上海，被总结为“饮食男女”四个字，其境内的物质文明无不被视作“制造畜生世界的原料”。整部小说虽只是“我”这个只能分利不能生利的“社会之蠹”所做的噩梦，但梦里陆圃香、符其仁、方二的角色设计却从不同侧面折射出一个“穷士”的内心戏。

作为串联情节的关键人物，陆圃香在民国四年“慕西运动大会”上的亮相有些出人意料：“戴了一顶夹纱圃香帽，穿着件旧绉纱夹衫，大袖旧宁绸夹马褂，杏花缎夹套裤，足踏一双半新旧的尖头粉底京靴。”[①] 这幅打扮暗示其留洋归来后在清廷为官的经历。大会第三天，古颜道貌的陆圃香换了一身“簇新的少年衣服”，由复古转而趋时，摆出洋博士的派头。而一百五十年后，这位“趋时”先锋却退出名利场，蜗居于“古董街”的白石洋房，成了“冷眼观世”的隐士。

由陆圃香的一则广告引出小说另两个主人公：符其仁和方二。“符其仁”之名表明这位三家村子曰店的“长衫朋友”服膺儒家伦理。方二则代表“天赋”的道德品性：“看他外面不过穿了件七补八衲，拖一片，挂一块的破衣服，却不知道这一件破衣服之中反保护着一个天赋的良心，上帝所赐做人的人格咧。”叙述者“我”在楔子里对车夫说，你们做苦力的真可怜，将来不入十八层地狱的只有你们一班人。方二最终却“富贵移志”，沦为“畜生界”的代表。最后，冷观居中符其仁怒打方二的情节，或象征着儒家伦理对天赋良心的规训，小说以这种方式将二者整合在一起，在想象中构筑起一个完人的形象。

当戏述者“我”脱下“文丐”的面具，以“士”的姿态出现时，嘈杂的闹剧瞬间转化为悲剧。“我”借陆博士之口预言歇浦的陆沉，不是地理意义上的陆沉，而是所谓天理的陆沉。这部反乌托邦小说以一幅末日图景收尾：

---

① 半侬：《歇浦陆沉记》，第一回。

> 一座锦绣似的商埠，已渐渐沉下，远近有万顷洪涛，如万马奔腾一般，直涌上来，及波浪已没到了屋脊之上，电灯已隐于水底，如池子里映着明星一般，而水中人犹兴高采烈，欢笑声及笙歌声直透云表而起。一会儿，声消影灭，但剩一片碧波，与中天的冷月相映，发为寒光。①

陆博士带着符其仁、方二乘飞艇逃脱劫难，当他看到自己诅咒的花花世界化为一片碧波时，却又“挥泪不已”。这或许是悲哀的泪，是星光死尽的夜里飘荡的呻吟；或许是耻辱的泪，用以洗刷“别一世”的污垢；又或是作者自怜之泪：“一卷荒唐言，无限酸辛泪。歇浦如有人，应解书中意。”②

在一个即将陆沉的世界里如何自我救赎，是刘半农早期小说创作的基本主题。《歇浦陆沉记》中，陆博士的飞艇及时出现，以机械降神的手法看似解决了这个问题。事实上，1913 年刘半农在《小说月报》上发表的侦探小说《假发》，已触及这一主题。小说带有自传色彩，以他抵沪之初在新剧团体开明社的经历为背景，核心情节为：剧社斥重金购买的假发忽然不翼而飞，社中同人怀疑是平日不大合群的“我”和“我”的兄弟所为；面对众人的猜忌，“我”毅然当掉自己的婚戒和兄弟的手表，跑茶馆，访剧团，顺藤摸瓜，揪出真凶，还己清白。③

《假发》遵循刘半农总结的侦探小说“索”“剔”“结”的三字箴言，即案发后，先对表面之现象、内部之假设、事前之表示、事后之行动，不论巨细，搜索靡遗；再去粗取精、去伪存真；最后经周密布置而一举破案。在刘半农看来，侦探事业乃是集合各种专门知识而成的“混合科学”，“决非贩夫走卒，市井流氓，所得妄假其名义，以为啖饭之地”；侦探小说

---

① 半侬：《歇浦陆沉记》，第十回“冷观居二老决斗，黄歇浦一夕陆沉”，《小说画报》1917 年第 5 期。

② 同上。

③ 半侬：《假发》，《小说月报》第 4 卷第 4 号，1913 年 8 月 25 日。

则是将其中精妙之学理，托诸小说家言，无异于启发民智的教科书。[1] 然而值得注意的是，“假发”案的发生与发展，始终以“我”维护自家清白的强大意念为支撑。小说主人公所以化身为侦探，正如刘半农为《福尔摩斯侦探案全集》作的跋语所云：

> 或曰：福尔摩斯何以能成其为福尔摩斯？余曰：以其有道德故，以其不爱名不爱钱故。……故以福尔摩斯之人格，使为侦探，名探也；使为吏，良吏也；使为士，端士也。[2]

即使后来刘半农倒戈一击，站在新文学的立场上批评通俗小说，他也认为侦探小说的思想虽极简陋，“却未能算得坏了良心”。[3] 对于道德、人格、良心的执着，是《假发》作为侦探小说的叙事动力。

《假发》中刘半农塑造了一个在鱼龙混杂的新剧界洁身自好的“端士”形象，而在现实舞台上他却多扮演“顽童”的角色。[4] 刘半农抱着以通俗文艺改良社会之心踏入新剧界，但当新剧逐渐褪去舶来品的光环，很快堕为“诲盗诲淫多不管，一心只想赚铜钱”的文明戏。[5] 新剧演出一般没有固定的剧本，实行幕表制。为了卖座，演员在剧中常插入滑稽的噱头，以博取观众欢心。郑正秋《新剧经验谈》就说：“脚色多滑稽，难得骨子戏。

---

① 半侬：《〈福尔摩斯侦探案全集〉跋》，《福尔摩斯侦探案全集》，上海，中华书局，1916年。

② 同上。

③ 刘复：《通俗小说之积极教训与消极教训》，1918年1月18日在北京大学文科研究所小说科演讲，《太平洋》月刊第1卷第10号，1918年7月。

④ 徐半梅：《顽童刘半农》，《话剧创始期回忆录》，北京，中国戏剧出版社，1957年，第46—48页。

⑤ 出自《歇浦陆沉记》第七回符其仁在吟咏社收藏“近世文学”的第四陈列室中所见“新上海竹枝词”，前一联为“开通民智有新剧，新剧人才塞满天”。

小生怕花旦，花旦怕老生，老生怕滑稽。”[①]“为笑笑而笑笑”的滑稽虽揭露出人情世态的丑恶，但不免流于油滑、轻薄。

刘半农早期创作的一篇滑稽小说以日记体道出“顽童”的心态转变。[②]《顽童日记》采用嵌套式的叙事结构，在白话正文前有一段文言小序，戏称译自西洋名著，作者不详，原文滑稽百出，且多别字、不通语，“酷似顽童之手笔”。这种假托译述的叙事策略，借滑稽者言道出著者的真意。作者称此文是对原作不忠实的意译，与读者达成某种阅读契约，以掩饰流利的白话与“顽童”非理性的言动之间的内在矛盾。小说中顽劣成性的“我”在病后变得异常安静，从两个姐姐的谈话得知自己的生病反而使全家觉得安稳。在家人眼中，顽童病中的变态才是生活应有的常态。“我”因一时淘气又招致家人埋怨，于是想等病好后逃出去做伶人或水手，可以随心所欲，不再忍受不公平的待遇。

顽童病愈后并未逃走，固守本色，继续捣乱，但已由一个天真的顽童蜕变为顽童的饰演者。当“我”以姐姐的口吻在爱慕者所赠的照片上题写戏谑的批语时，小说以文白差异建构起来的一庄一谐的嵌套式语体忽然紊乱，正文中冒出诸如“尔胡有此不雅观之口”之类的文言句式。这是顽童丧失天真后的声音，也就是假扮译者的“顽童刘半农”所开的玩笑。顽童的滑稽，不在于“顽童”这个角色本身，而在于扮演者与角色之间的扞格。

《假发》和《顽童日记》分别代表了刘半农在上海卖文期间最热衷也相对擅长的小说类型：侦探小说、滑稽小说。[③] 假如撇开具体的程式、技巧，这两类小说的叙事动力都是为了给因道德焦虑而失序的个人生活，提

---

① 郑正秋：《新剧经验谈》，《鞠部丛刊》，周剑云编，上海，交通图书馆，1918 年，第 54 页。

② 半依：《顽童日记》，《中华小说界》第 1 年第 6 期，1914 年 6 月。

③ 另一位鸳蝴派背景的新文学小说家张天翼所偏爱的通俗小说类型也是滑稽小说和侦探小说，曾塑造东方福尔摩斯徐常云。参见魏绍昌：《质变的典型》，《我看鸳鸯蝴蝶派》，香港，中华书局，1990 年。

供戏剧性的补偿。但仅是一种象征性的补偿，以堕落为逃逸。“顽童”并未出走，要等陆博士的飞艇来带他逃离这个戏内外颠倒错乱的世界。然而，天地大舞台，人生小剧场。“小丑”改唱了“黑头”，可能仍被视为“小丑”，也无法摆脱心头“端士”与“顽童”这两个鬼。

四、“瓦釜”之声

刘半农的可贵之处在于他能把今日之我与昔日之我的交战上升为一种普遍的道德关切，将难以直接吐露的心声融入“数千年来受尽侮辱与蔑视，打在地狱底里而没有呻吟的机会的瓦釜的声音”中[①]。洪长泰《到民间去》一书提出，是否因为刘半农与鸳蝴派的前缘，使其成为新文学家中留意通俗文学，尤其是通俗小说的第一人？[②] 从“半侬”到“半农”的自我改造，其间有革命性的断裂，也有更深层的延续。

刘半农加入《新青年》阵营后，并未把他通俗小说的写作经验带入新文学创作中，而将其转化为文学研究的独特资源。1918 年 1 月在北大文科研究所小说研究会上，刘半农做了题为《通俗小说之积极教训与消极教训》的演讲。[③] 他对“通俗”的界定——“合乎普通人民的、容易理会的、为普通人民所喜悦所承受”——指出这类小说向（to）大众、为（for）大众的性质。通俗小说面对的“普通人民”由充满差异的欲望个体构成，因此不需要追求“萧然独立的艺术之境”[④]，反要磨平棱角，满足一般社会的审美需求，以保证它的可预期性：可预期的受众、可预期的效果、可预期的回报。

相对于囿于特定文化阶层的新小说，通俗小说被刘半农视为“上中下

① 刘半农：《〈瓦釜集〉代自序》，《语丝》第 75 期，1926 年 4 月。
② 洪长泰：《到民间去——1918—1937 年的中国知识分子与民间文学运动》，上海，上海文艺出版社，1993 年，第 56 页。
③ 刘半农：《通俗小说之积极教训与消极教训》，《太平洋》月刊 1918 年第 1 卷第 10 号。
④ 启明（周作人）：《小说与社会》，《绍兴县教育会月刊》1914 年第 5 号。

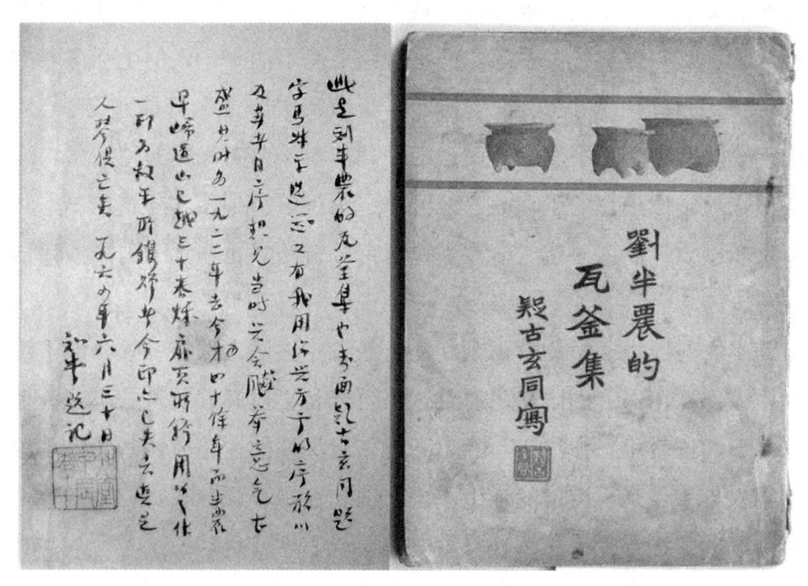

刘半农《瓦釜集》，钱玄同题写封面，周作人晚年题记

三等社会共有的小说”。周作人则认为通俗文学的思想或源于民间，或为文士对平民思想的改造①。在周作人看来，文学系层累的构造，纯文学只是顶端的一小部分，民间自创的“原始文学”及受纯文学影响、由低级文人写作的“通俗文学”构成了文学的地基②。在周作人的文学图式中，通俗文学位于底层，被视作纯文学与原始文学的混合物。

刘半农肯定通俗小说对世道人心的影响，认为通俗小说自有其严肃性，通俗小说家也应有道义担当。看重通俗文学对普通民众的影响力，是新文学家将其纳入文学范畴的缘由。仍以周作人对通俗文学的态度作参照，其论及日本江户时代的平民文学，认为这类流行于底层社会的小说是

---

① 周作人讲、翟永坤记：《关于通俗文学》，1932 年 2 月 29 日在北大国文系讲演，《现代》第 2 卷第 6 期，1933 年 4 月。

② 周作人：《中国新文学的源流》，第一讲“关于文学之诸问题”，北平，人文书店，1932 年。

游戏而非文学，而小说家也多以“戏作者”自居。[1] 周作人倡导的“平民文学”，“不是专做给平民看的，乃是研究平民生活——人的生活——的文学”。指导大众的“平民文学”，自然不必“田夫野老”都能领会。[2] 周作人侧重于从通俗文学中发掘国民劣根性，相对于曲高和寡的纯文学，通俗文学更接近国民思想的平均数。他区分了两种看待通俗文学的方式：猎奇的窥探和医学诊断。通俗文学被当作有待分析的病历，置于国民性话语的审视下。

刘半农对通俗文学的价值判断与《新青年》同人保持一致，但不可能像周作人那样用医者的眼光来打量这个自己备尝过其间甘苦的事业。他在居高临下的说教中，往往于不经意间流露出深切的情感体认。通俗小说之于刘半农，不仅是不得已的谋生手段。他在侦探小说《匕首》中声称，要创作中国的侦探小说需了解“三教九流”的心理及举动：

> 即通人达士之斥为三教九流而不屑与交者，亦无不待之以礼，惟不为其同化而已。故知我者谓为入虎穴以探其子，不知我者且斥我为自侪于下流，我固莫之或恤也。[3]

刘半农抱着“不入虎穴焉得虎子”的心态进入民初小说界，《匕首》中掺有许多对“下流社会”习俗的细描，如对江浙间航船行规的介绍：

> 未几，舟启行，水声潺然，杂以船家之推梢扳梢声。（两舟相遇，必先远远招呼，以防抵触。推梢者，谓各走左首也。扳梢则各走右首。）

括号内的说明游离于故事情节之外，类似于戏剧电影中的旁白。这篇小说

---

① 周作人：《日本近三十年小说之发达》，《新青年》第5卷第1号，1918年7月15日。
② 仲密（周作人）：《平民的文学》，《每周评论》第5期，1919年1月19日。
③ 半侬：《匕首》，1913年作，《中华小说界》第1年第3期，1914年3月。

以说书人的口吻，由捕快老王向船客一一道来，其中穿插了大量的切口，如“底子”（船）、“皮子”（衣服）、“老娘”（包裹）、“四脚子”（马褂）、“火烧宝塔”（烛台）、“叫机子”（表）、“贤良”（贼之师）、“吃粮”（从军）等。刘半农将这些隐语编织进侦探小说这一舶来品中，逐一对译，偶尔添上一句煞风景的注解：“此系捕快家及下流社会之切语。研究侦探者，不可不知。”隐语与注释并置，彼此拆解，暴露了讲故事的人混入三教九流之中是别有企图的。通俗小说的格套似乎难以承载刘半农改造下层社会的自我期许。

刘半农在北大小说研究会上的第二次演讲，主题是比通俗小说更不入流的“下等小说”。[①] 所谓“下等小说”包括大鼓、宝卷、唱本、俚曲（时调山歌）、白话小说等，涵盖了民间文学的多数门类。刘半农对“下等小说”的定义，不是以小说题材或受众为标准，而着眼于这类文学的社会处境，确切地说是写作者的处境：“为社会所唾弃、被社会所侮辱的。”从通俗文学再降一级，关注被唾弃、被侮辱的“下等小说”，不能说与刘半农的“文丐”出身无关。刘半农对通俗文学、下等小说的关照，既顺应了当时“眼光向下”的社会思潮，也缘于从他早年卖文为生的经历中深切体会到与研究对象共通的境遇。

民间文学的开拓者从事研究的旨趣各不相同，周作人着眼于国民性批判，顾颉刚偏向学理的观照，而刘半农则融注了更多的个人情感与道德关切，他对民间文学的兴趣集中在歌谣上。刘半农认为歌谣源于天性的自然流露，不同于文人学士的表演。有意的表演，不失之于拘，即失之于假；自然的流露，方可见出个人的真相。[②] 从“绝假纯真”的歌谣中，刘半农想照见一个“洗去铅华”的自我，然而，浮现在他眼前的可能恰是“粉面朱唇”的昔日之我：

---

① 刘半农：《中国之下等小说》，《北京大学日刊》1918 年 5 月 21—25、27—31 日，6 月 1、3、4 日。

② 刘复：《〈国外民歌译〉自序》，《国外民歌译》第一集，北京，北新书局，1927 年。

自然的颜色，/从此可以捐除了；/榴火般红的脂，/粉壁般白的粉，/从此做了我谋生的工具了。[1]

堕落为“文娼”的昔日之我，被隔在“耻辱的门”内无法救赎，像目连戏中的女吊，被打入人间地狱而没有呻吟的机会，不得不以死为代价，将她所承受的屈辱化作一段悲鸣：“奴奴本是良家女，将奴卖入勾栏里；生前受不过王婆气，将奴逼死勾栏里。阿呀，苦呀，天哪！将奴逼死勾栏里。”[2] 无论沉沦的“她”，或超脱的“他”，只是偶然做了个悲哀的中点，而悲哀的来去聚散穿透一切幸运者与不幸者的心，又不为人所知晓，这或许才是人世间无法逾越的“耻辱的门”。[3]

五、“战士”与“文娼”

绍兴目连戏中，横死的女鬼在戏台上弯弯曲曲地走了个“心”字后，缓缓唱道：“奴奴本是杨家女，呵呀，苦呀，天哪！……”或是出于对这个“比别的鬼魂更美、更强”的女子的怜惜，鲁迅隐去女吊被卖入勾栏的经历，但仍为她勾出一副浓脂艳抹的脸孔，“石灰一样白的脸，漆黑的浓眉，乌黑的眼眶，猩红的嘴唇”，这是女吊用以魅惑人的手段，也是她生前无法卸去的假面。带着前世的污垢，女吊宁愿放弃“复仇女神”的尊荣，而以“讨替代”的方式，告别藏污纳垢之所在，干干净净重新做人。

较之在人与鬼的围观中娓娓诉说心曲的女吊，反而是鲁迅梦魇中那位为抚育孩子而出卖自身的母亲最终化身为复仇者。饥饿、苦痛、惊异、羞

---

① 刘半农：《耻辱的门》，《扬鞭集》中卷，第132—133页。

② 参见《鲁迅全集》第6卷对《女吊》中唱词的注释〔13〕“杨家女”，北京，人民文学出版社，1981年，第621页。

③ 刘复：《在墨蓝的海洋深处》（诗），1923年7月4日作于巴黎，《文学周报》第118号，1924年4月；收入《扬鞭集》中卷，第191页。

辱、欢欣的压迫，亲人的指责与诅咒，驱使这个垂老的娼妇迈出“耻辱的门”，赤裸地矗立于无边的荒野上，向天吐露非人间的“无词的言语”。她“伟大如石像，然而已经荒废的、颓败的身躯”更符合鲁迅心中的复仇者形象。[①] 无论是被逼死于勾栏的女吊，还是出门卖娼、终遭背弃的母亲，都是挣扎于“黑暗的闸门”内的牺牲者。这些在薄暗中飘荡或于深夜里疾走的魂灵，牵引着鲁迅的目光，他以为自己未必会受到蛊惑，但又甩不掉她们，或许他根本就不曾逃出那个鬼影幢幢的国度。

在鲁迅这里，“黑暗的闸门”的重量来自传统文化，也来自他背负的鬼魂。[②] 对二者的警觉，是鲁迅对内对外持续战斗的力量之源。由此可以理解刘半农由“趋时”转向“复古”以后，鲁迅为何深感愤懑。[③] 昔日文学革命阵营里的并肩战斗者，如今却在打油诗中揪住“后进”青年试卷上的几个别字大做文章。鲁迅《“感旧”以后》一文援引刘半农对“倡化文明”的别解：“倡即‘娼’字，凡文化发达之处，娼妓必多，谓文化由娼妓而明，亦言之成理也。”以“娼”释“倡”，在鲁迅看来，是刘半农从“旧垒”中来，积习太深所致。[④] 鲁迅对这一问题的敏感，缘于白话中残存的“古文习气”与思想上所中的“庄周韩非”之毒。摆脱不开这些“古老的鬼魂”，是鲁迅以“中间物”自居的原因。[⑤]

鲁迅、刘半农，一个至死戴着“战士”的面具，一个似乎过早地从“趋时”转向“复古”。但两人的大半生实则都在战斗中清洗自己：肩住“黑暗的闸门”，或彷徨于明暗之间；钻入“耻辱的门”，或迈过这道门槛回首“别一世”。“耻辱的门”或许是无法逾越的自我改写的限制，但也驱使着五四新文化人在成为部分的他者的同时成为自己。

---

① 鲁迅：《颓败线的颤动》，《语丝》第 35 期，1925 年 7 月 29 日。

② 参见夏济安：《黑暗的闸门：中国左翼文学运动研究》，第 4 章“鲁迅作品的黑暗面”，香港，香港中文大学出版社，2016 年。

③ 康伯度（鲁迅）：《趋时和复古》。

④ 丰之馀（鲁迅）：《“感旧”以后（下）》，1933 年 10 月 16 日《申报·自由谈》。

⑤ 参见鲁迅：《写在〈坟〉后面》，《鲁迅全集》第 1 卷。

第四章
交换广告中的新文化联盟

从社会史、书籍史的角度，勾勒新文化的传播途径及势力范围，其困难在于缺乏出版、发行方面的原始材料。但有一种随处可见的非档案材料可资利用，即报刊上作为插页或用来补白的“交换广告”（exchange advertising）[①]。广告不仅是商业之媒介、人事之媒介，也是有力的文化媒介。相对于付费的商业广告，“交换广告”即多种广告媒介互为对方发布广告而不产生相关费用。近年来已有以出版广告、发刊词等为线索，重写中国现代文学史的尝试[②]。本章以报刊之间的交换广告为切入口，结合新文化出版物的发行网络，考察“五四”前后形成的杂志联盟及阅读共同体。[③]

一、新文化的“地方代理”

作为新文化在上海的重要据点，“五四”时期亚东图书馆代派的月刊

① 广告是近代报刊中的常见材料，但长期被研究者所忽视，遂成为“视而不见”的材料。晚清民国报刊电子数位化的过程中，作为插页或夹缝中的广告也经常被遗漏。

② 如钱理群《〈新青年〉知识分子群体的形成：以杂志广告为线索》（《北京社会科学》2013年第3期）及其主编《中国现代文学编年史：以文学广告为中心》（北京，北京大学出版社，2013年）。报刊广告对于文学史的利用价值，参见夏晓虹：《晚清报刊广告的文学史意义》，《南京师范大学文学院学报》2008年第4期。

③ “五四”前后以《新青年》为中心的杂志联盟及其依赖的发行网络，与清末民初业已成熟的以商务印书馆、中华书局为后台的书刊销售网络之间的竞合关系，有待另文讨论。

有《新青年》《国民》《新潮》《北京大学月刊》等十七种，周刊也有《每周评论》《星期评论》《新生活》《星期日》等十多种[①]。连国民党系统的《建设》杂志也以亚东图书馆为总代派处。《建设》第二卷第五号的内封，印有一则“交换广告”的启事。据说当时报刊之间交换广告，互登相同大小的地位，一概不算钱。值得注意的是，《建设》这则启事第三条规定：

> 非有关“新文化运动”者，主张军国主义者，辩护资本主义者，概不交换。[②]

这条规定说明“五四”前后报刊之间的交换广告，不完全是遵循等价交换的经济互惠原则。交换广告的前提是新文化联盟内部“主义”的对外一致性。

《建设》杂志的总代派处，是位于上海棋盘街的亚东图书馆，其他“地方代理”有：

> 上海泰东图书局、审美书馆、群益书社、北京《益世报》、北京大学李大钊同学生区声白、广州青年会孙哲生、开封《心声》杂志、成都《星期日》报社、长沙《体育周报》、同育学校胡博苏、厦门《江声日报》、杭州第一师范施存统、保定育德中学、济南齐鲁通信社、武昌中华大学梁绍文、香港《香江晨报》、绍兴教育馆、云南金凤花园包星立。[③]

从地域分布上看，《建设》杂志的销售范围，不限于北京、上海等文化中

---

① 汪原放：《回忆亚东图书馆》，第五章“‘五四’前后”，上海，学林出版社，1983年，第41页。

② 同上。据说这则启事出自朱执信之手。

③ 录自《建设》杂志在《新青年》第7卷第1号（1919年12月1日）上的交换广告。

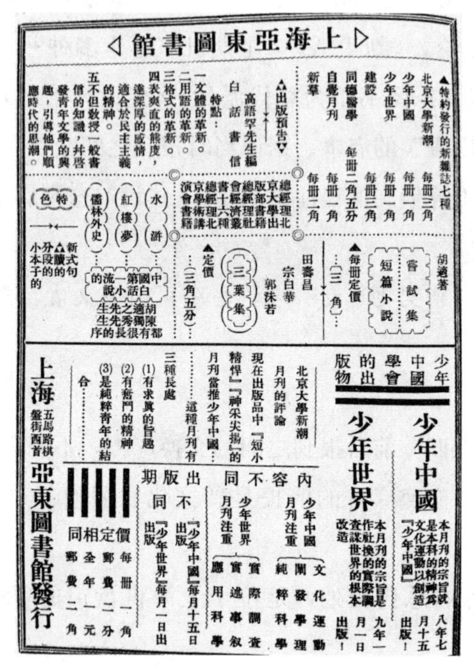

上海亚东图书馆出版、发行书刊广告

心，已渗透进沿海城市及相对封闭的内地社会。其在各地的代派处，性质不一：有书局，如泰东图书馆、群益书社；有报馆，如《益世报》《心声》《星期日》《体育周报》等；有学校，如北京大学、杭州一师、育德中学等；有个人，如李大钊、区声白、孙哲生、施存统等。《建设》杂志的发售网络，尤其是形形色色的地方代理，反映出“五四”以后新文化横向扩张的迅猛势头。

只盯着北京、上海两地，容易放大新文化的实际影响力。根据交换广告及杂志版权页上罗列的各代售处，可以大致勾勒出新文化运动的“边界”。由此带入社会学、地方史的视野，循着新派报刊的销售网络，追问新文化究竟通过何种渠道传播到省城乃至市镇一级，进而渗入半开化的内地社会，哪些机构及个人充当了这场运动的“地方代理”（local agent）?①

《新青年》杂志被视为新文化运动的头号“金字招牌”，自然是交换广告的聚集地。1919年底出版的《新青年》第七卷第一号上刊出一则启事，对交换广告的款式做了规定：

> 交换广告的请注意！现在杂志种类既多，交换广告的事，很繁重了。广告原稿款式不合的，须要代为排列，排列功夫过大，于印出日期，很有妨碍。以后各报寄与本志的广告，请列为直式，因为本志以后的广告，都要排直式的原故。交换广告，也请寄本志发行所。②

《新青年》自第四卷起改为同人杂志，图书广告逐渐减少，更多刊出杂志广告，特别是杂志之间的交换广告③。对交换广告的款式要求，是为了节约排印成本，与《新青年》直排的版式相协调。广告之多寡，往往与杂志的销路成正比。这则启事也折射出“五四”以后杂志界骤然繁荣的局面，以及《新青年》在新文化阵营中的地位。

一则交换广告的基本构成有：杂志的宗旨及自我定位、出版机构或依托的社团、创刊年月、某期要目、定价及邮费、总发行所及地方代理等信息。以《新社会》旬刊的交换广告为例，主标题上冠以“社会研究”“社会批评”的醒目字样，凸显刊物特色。内容简介中交代《新社会》由北京社

---

① 瞿骏指出地方上的五四运动不应视作中心城市的辐射、延展，除了抽象的思想，还需关注围绕书报前后左右的“具体方面”和随时潮起伏辗转的“实际人生”，追问新文化如何“到手”、地方读书人的主体性如何展现、怎样从地方返观中心等问题。参见瞿骏：《勾画在“地方”的五四运动》，《中共党史研究》2019年第11期。

② “交换广告”启事，《新青年》第7卷第1号，1919年12月1日。

③ 《新青年》采用交换广告的形式，可追溯到创办者陈独秀晚清的办报经历。1902年陈独秀曾筹办《爱国新报》，声言“凡发告白者，如系关于文明事业概不收费”。参见谢明香、王华光：《〈新青年〉的广告运营及策略定位：从〈新青年〉广告运营看群益书社的经营之道》，《编辑之友》2010年第11期。

会实进社出版，旨在讨论改造旧社会、创造新社会的办法[①]。《新社会》的刊名及广告词，说明“社会改造”已成为“五四”以后舆论界关注的焦点。

与《新青年》声气相求的《新潮》杂志，1919 年 10 月刊出两条启事：

> 本志的代派处，还不见多；所以阅者要定报时，很有不便的地方；而且代派处定数既多，邮寄时往往延搁，比较直接定购的要迟几天。代派处的性质，适宜于零买；而不适宜于长期定阅。希望诸君要定常年的，按照本志价格，汇款到“北京汉花园国立北京大学出版部”。那么，每号一出版，便可用最快的时间，寄给诸君翻阅了。
>
> 本志销数既多，登载广告的效力，自然很广[②]。如有要登广告的，请来信写明地址，即将详章寄上。[③]

事实上，《新潮》的代卖处已覆盖北京、上海、天津、苏州、南京、长沙、广州、绍兴、杭州、梧州、济南、开封、武昌、成都、重庆、南昌、汕头、漳州乃至日本东京[④]。仅长沙一地就有四处：储英源《体育周报》社、朝宗街湘雅医学校、群益图书社、保节堂街胡博苏。在苏州也有五家：振新书社、国民图书馆、文怡书局、角直镇教育会、小说林书社。除书局、学校、报社外，个人充任“地方代理”的情况仍较常见，如日本东京的代卖处为牛込区鹤卷町新中学舍童启颜，广州有东山江岭西街二号童春风，南昌是三义祠十三号康作琼。《新潮》杂志也借自身的号召力为这些“地

---

① 《新社会》旬刊的交换广告，载于《新青年》第 7 卷第 1 号。

② 《新潮》的销数，据罗家伦回忆，初版只印一千份，不到十天再版印了三千份，不到一个月三版又印了三千份，亚东书局印成合订本又是三千份。（《蔡元培时代的北京大学与五四运动》，罗家伦 1931 年口述遗稿，马星野笔记，《传记文学》1989 年第 54 卷第 5 期）

③ 本社启事（四）（五），《新潮》第 2 卷第 1 号，1919 年 10 月 30 日。

④ 《新潮》代卖处，录自《新潮》第 2 卷第 2 号版权页，1919 年 12 月 1 日。

新潮的代賣處如下——

北京：中華書局；東安市場賓宴華樓青雲閣各書莊。

上海：羣益書社；亞東圖書館。

日本東京：牛込區鶴卷町新中學舍童啓顏先生。

天津：中華書局；新華書局。

蘇州：振新書社；國民圖書館；文怡書局；角直鎮教育會。

南京：高等師範日刊處。

武昌：中華大學惲代英先生。

長沙：儲英源體育週報社；朝宗街湘雅醫學校；羣益圖書社；保節堂街胡博蘇先生。

廣州：高等師範學生貿易部；雙門底上街共和編譯分局。

紹興：墨潤堂書莊；大路教育館。

杭州：聯橋袁震和綢莊；第一師範學校書報販賣部；浙江省教育會。

梧州：大南門通學書局。

濟南：院前十一號齊魯通訊社。

開封：青雲街心聲社。

《新潮》代卖处

方代理”打广告：

> 各地著作家，出版家及报业欲以新的出版品或报纸在太原，济南和长沙发售的，请速通函和左列三个团体接洽：一、新共和学会（国立山西大学校），二、齐鲁书社（山东济南城内）；三、文化书社（湖南长沙湘宗街五十六号）。[1]

济南齐鲁通信社在《新潮》上刊出欢迎新出版物广告，宣称代派各处的新出版物，已搜集了数十种，“惟此地僻陋，见闻不广，以后各处凡有介绍新思潮及改良旧社会的出版物出现”，“务请函知本社，并赐给样本”，定当竭力推广[2]。从《新潮》上的广告可窥见地方文化运动的动向，如山西

---

① 《新潮》第3卷第1号，1921年10月1日。

② 济南齐鲁通信社欢迎新出版物广告，《新潮》第2卷第1号。齐鲁通信社的创办者是北大新潮社发起人之一、少年中国学会成员徐彦之。据1919年7月10日徐彦之致王光祈、曾琦信，称回济南创办齐鲁通信社，“一方向外通信，一方还代派书报，向内输入”。（《少年中国》第1卷第2期，1919年8月）

《平民周刊》的广告词云：“诸君欲晓得娘子关里文化运动的进程和担负这责任的先驱者吗？请看太原出版的《平民周刊》。”①

但《新潮》杂志社的销售策略，并不主张由代派处转寄零卖，而劝读者向北大出版部直接订阅。1919 年 12 月《新潮》第二卷第二号登出“北京大学出版部特别启事”：

> 现在外面有许多出版物，未得本部同意，遽列本部为代理或寄售处。今特登《新潮杂志》、《北京大学日刊》，及上海《时事新报》声明，凡未得本部负责人认可，概不得将本部列为代理或寄售处。其未先经本部认可代售，而径行将书报送来者，本部亦概不收受。再可向本部直接订购之杂志，仅《新潮》一种，合并声明。②

《新潮》作为北大新青年的思想阵地，多刊登北大自家出版品的广告：如《北京大学日刊》“记载校内近事极详，而校内教员学生之著作亦日有登载，诚为研究学问或欲知本校情形，不可不看之报”③；又如“中国文化运动的中心点在哪里？你要知道吗？不可不看《北京大学学生周刊》，他的宗旨是发展学术、改造社会”④。此外还有“新潮丛书”“北京大学丛书”的广告，后者包括胡适《中国上古哲学史大纲》、周作人《欧洲文学史》、梁漱溟《印度哲学概论》等。除了北大自家出版品，《新潮》也间或替新文化运动的盟友打广告，如为研究系背景的《时事新报》发布改版信息⑤。

不论《新青年》还是《新潮》上的杂志交换广告及新书预告，多少带有捆绑销售的意味。其广告词喜用“不可不看”的句式：看《新青年》

---

①《平民周刊》广告，《新潮》第 3 卷第 1 号。

②《北京大学出版部特别启事》，《新潮》第 2 卷第 2 号，1919 年 12 月 1 日。

③《北京大学日刊》广告，《新潮》第 2 卷第 2 号。

④《北京大学学生周刊》广告，《新潮》第 2 卷第 2 号。

⑤《时事新报》大扩充广告，《新潮》第 2 卷第 2 号。

者，不可不看《每周评论》；看《每周评论》者，不可不看《新潮》……由此形成一个新文化的杂志联盟及阅读共同体。

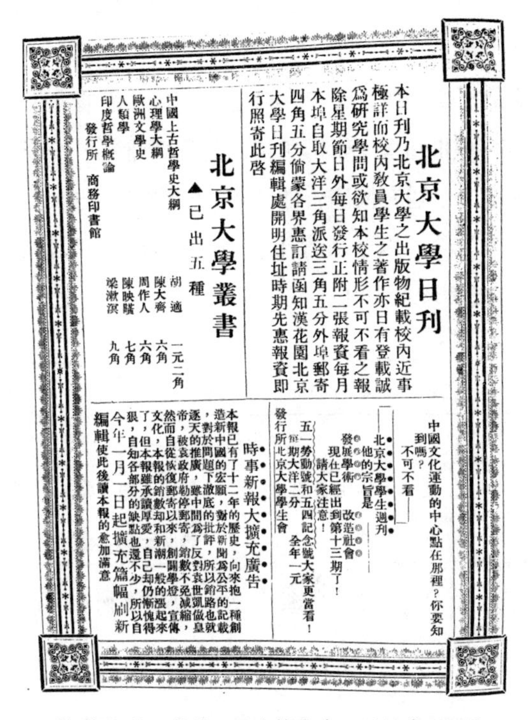

北京大學日刊

本日刊乃北京大學之出版物紀載校內近事極詳而校內教員學生之著作亦日有登載誠爲研究學問或欲知本校情形不可不看之報除星期節日外每日發行正附二張報資每月本埠自取大洋三角派送三角五分外埠郵寄四角五分倘蒙各界惠訂請函知漢花園北京大學日刊編輯處開明住址時期先惠報資即行照寄此啓

北京大學叢書 ▲已出五種

中國上古哲學史大綱 胡適 一元二角
心理學大綱 陳大齊 六角
歐洲文學史 周作人 六角
人類學 陳映璜 七角
印度哲學概論 梁漱溟 九角
發行所 商務印書館

中國文化運動的中心點在那裡？你要知到嗎？不可不看

北京大學學生週刊

他的宗旨是 發展學術 改造社會

現在已經出到第十三期了！請大家注意！

五一勞動號和五四記念號大家更當看！

每期大洋二分 全年一元

發行所 北京大學學生會

時事新報大擴充廣告

本報已有了十二年的歷史，向來抱一種創造新中國的宏願，對於新聞爲公平的記載，對於問題下徹底的批評，所以銷路也就逐天的推廣，雖中間爲了反對袁世凱做皇帝，被袁政府勸停郵寄，銷數不免減縮，然而自從恢復郵寄以來，創闢學燈，宣傳文化，本報的銷數却和新潮一般的漲起來了，但本報雖承讀厚愛，自己却仍慚愧得狠，自知各部分的缺點也還不少，所以自今年一月一日起擴充篇幅，刷新編輯，使此後讀本報的愈加滿意

《新潮》第 2 卷第 2 号交换广告，1919 年 12 月

二、“五四”前后的杂志联盟

《新青年》对交换广告的规定，虽未明确宣称“非有关新文化运动者”概不交换，但其刊载的广告，基本上都在新文化的势力范围之内。交换广告的启事旁边是关于交换杂志的告白：

交换杂志的请注意！凡与本志交换的报，请发下两份，一份请寄北京北池子箭竿胡同九号本报编辑部。一份请寄上海棋盘街群益书社本志发行所。本志也是奉寄两份，便于各报社把一份收藏，一份翻看。但本志都由上海发行所发寄，新交换的各报，请特别注意！①

由此可知，无论是交换广告还是交换杂志，都由《新青年》杂志的发行所上海群益书社承办，而非北京编辑部负责。与《新青年》交换赠阅的杂志，大多就是在《新青年》上登交换广告的杂志。从交换广告及交换杂志目录，可大致钩稽出“五四”前后以《新青年》为中心的杂志联盟。以 1920 年 1 月《新青年》收到的交换杂志为例：

期刊名称	发行地址	价目、邮费
北京发行		
新潮（月刊）	北京大学出版部	每册三角、每卷五册一元二角
国民（月刊）	北京北池子 53 号本社	每册三角、全年十二册三元
新生活（周刊）	北京后门内东高房17号	每册铜子四枚、邮寄三分半
法政学报（月刊）	北京太仆寺街法政专门学校	每册二角、半年六册一元
曙光（月刊）	北京西河沿 220 号本社	每册一角、全年十二册一元
晨报（日刊）	北京丞相胡同四号本社	每册铜子四枚、每月本京七角外埠八角五分
工读（半月刊）	北京翊教寺高等法文专修馆	每份铜子二枚、邮寄大洋二分
少年（半月刊）	北京师范附属中学少年学会	每份铜子二枚、邮寄大洋二分
新社会（旬刊）	北京南弓匠营社会实进会	每份铜子二枚、邮寄大洋二分

① “交换杂志”启事，《新青年》第 7 卷第 1 号，1919 年 12 月 1 日。

（续表）

期刊名称	发行地址	价目、邮费
工学（月刊）	北京高等师范学校工学会	每册六分、全年八册四角
平民教育（周刊）	北京高等师范平民教育社	每号铜子二枚、邮寄二分
* **北京大学学生周刊**	北京大学学生会	每份铜子三枚、邮寄三分
* **通俗医事月刊**	北京后孙公园七号本社	每册一角、全年十二册一元
上海发行		
建设（月刊）	上海法界环龙路46号本社	每册三角、半年一元六、全年三元
解放与改造（半月刊）	上海新学会	每册一角、半年一元、全年二元
少年中国（月刊）	上海五马路亚东图书馆	每册一角、全年十二册一元
星期评论（周刊）	上海爱多亚路新民里本社	每份铜子二枚、邮寄二分
中华教育界（月刊）	上海棋盘街中华书局	每册一角五、全年一元五角
太平洋（月刊）	上海商务印书馆	每册二角、全年十册一元八角
黑潮（月刊）	上海霞飞路太平洋学社	每册一角五分、每卷五册六角
科学（月刊）	上海大同学院内中国科学社	每册二角五分、全年二元五角
时事新报（日刊）	上海望平街本社	每份三分
美术	上海西门图画美术学校	每册六角
新教育（月刊）	上海西门新教育共进社	每册二角、全年十册一元八角
兴华（周刊）	上海吴淞路10号本社	全年五十册一元
青年进步（月刊）	上海昆山花园4号本社	每册二角、全年一元五角
圣约翰学生报（半月刊）	上海樊王渡圣约翰大学	每份铜子二枚
* **新群**（月刊）	上海五马路亚东图书馆	每册二角、半年一元一角、全年二元
* **新妇女**（半月刊）	上海西门方斜路188号	每册铜子五枚、全年小洋十角

（续表）

期刊名称	发行地址	价目、邮费
* 少年世界（月刊）	上海五马路亚东图书馆	每册一角、全年十二册一元
广州发行		
民风日刊	广州城内南朝街30号	每份铜子一枚、每月邮寄三角
民风周刊	广州东堤荣利新街22号	每册五分、每月二角
杭州发行		
教育潮（月刊）	杭州浙江省教育会	每册一角三、全年十册一元二
校友会十日刊	杭州第一师范学校	非卖品
* 钱江评论（周刊）	杭州上集营巷32号	每号铜子二枚、邮寄二分
长沙发行		
体育周报	长沙储英园23号本社	每份铜子三枚、全年八角
小学生（半月刊）	长沙马王街修业学校（高小部学生自治会）	每份铜子二枚、邮寄二分
岳云周刊	长沙经武门本社	每份铜子二枚、邮寄二分
湖南教育（月刊）	长沙议会东街19号	每册一角六、全年十册一元四
其他地方发行		
新生命（半月刊）	天津真学会	每册铜子三枚
闽星（半周报）	福建漳州新闽学书局	每月二角、每册三仙
* 新空气（周刊）	成都商业场内支街大丰隆号	每份铜子二枚
* 向上（半周刊）	武昌中华大学部向上社	每份铜子一枚、邮寄一分半
* 社会新声（半月刊）	武昌中华大学书报经理部	每册铜子四枚、邮寄四分

（加*号者为《新青年》第7卷第3号新增）

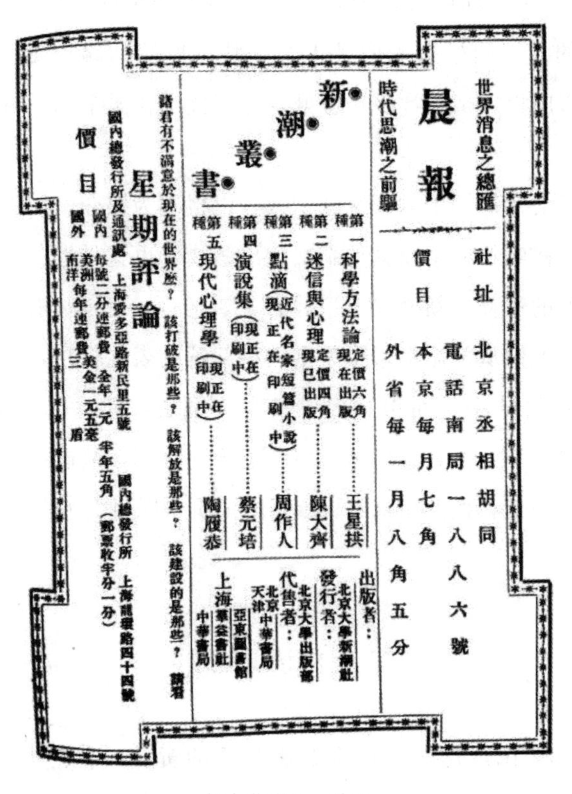

新文化联盟之缩影

以《新青年》为中心的杂志联盟，按地域划分，则显现出新文化发展的不均衡性。除北京、上海外，文化运动相对活跃的是广州、杭州、长沙等地。据《新青年》转载的地方社会调查，长沙自从受五四运动的鼓动，一班稍有知识的人——各校教职员及学生，都被卷入“新潮”。长沙出版的新派杂志中，开风气之先的要数一位小学体操教员黄醒创办的《体育周报》①。《体育周报》在《新青年》上登的交换广告是口语体，其

① 《长沙社会面面观》，（三）“新文化运动”，《新青年》第7卷第1号，1919年12月1日。

“发行的意思，是研究体育的真理真价；引那些向十八、十九世纪的路上寻体育法的人，回过头来向廿世纪、廿一世纪的路上走”①。同时黄醒又把《体育周报》杂志社作代派处，专门代卖新派杂志，将新思潮引入湖南。

被卷入新文化运动中的边缘知识人，以报刊为媒介，形成一个松散的阅读共同体。接触新文学及其他新文化出版物，也就是地方知识青年寻求社会上升渠道的过程。新文化的追捧者主要是有一定读写能力和知识储备的学生群体，他们从新派书报中学到一种新鲜的表达技巧，由此融入这个看不见的对话群体中。而报刊提供的交流渠道，如《新青年》通信栏、《时事新报》“学灯”栏、《民国日报》“觉悟”副刊，给这些狂热的读者暗中允诺了一个身份转换的机遇：从匿名的消费者跃升为新文化的参与者乃至代言人。

三、阅读共同体

1919年的中国出版界，迎来杂志结盟的黄金时代。据郑振铎观察，“五四”以前，受欧洲停战影响，出产了好些定期出版物；“五四”后，在爱国运动的刺激下，新思想的传播速度加快，杂志也愈出愈多，仅1919年11月就有二十余种月刊、旬刊、周刊面世。与杂志数量激增相对的，却是市面上谈鬼神、论“先知术”的各种奇书及黑幕小说的流行。按郑振铎统计，1919年出版物中，杂志数量最多，其次是黑幕小说及各种奇书，最缺乏哲学科学类的研究专著。出版界空前繁荣的同时滋生出大量泡沫：杂志种类虽多，却没有专门研究作依托；貌似新颖的报刊言论，多是辗转抄袭来的②。“五四”以后杂志的泡沫化增长，既是知识饥渴的表征，也

---

①《体育周报》广告，《新青年》第7卷第1号。

② 郑振铎：《一九一九年的中国出版界》，《新社会》第7号，1920年1月1日。

预示着急速膨胀的新文化有可能沦为“快餐文化”。

五四新文化的“培养皿”，实则是一种新的阅读文化，而报纸杂志充当了近代阅读文化转型的加速器。用胡适的说法，晚清以降“只有三个杂志可代表三个时代，可以说是创造了三个新时代：一是《时务报》；一是《新民丛报》；一是《新青年》。而《民报》与《甲寅》还算不上”[①]。“杂志造时代”的说法，更早是罗家伦提出的：

> 《新民丛报》《民报》现在虽不足数，而在他们的时代，的确有历史上的价值。请问十年前的“新党”，有几个不是《新民丛报》造的？十年前的“革命党”，有几个不是《民报》造的？……至于现在文学革命、思想革命的潮流，又何曾不是《新青年》等几个杂志鼓起来的呢？[②]

发端于《时务报》《新民丛报》及《民报》的媒介革命，至“五四”前后进入新时代。“五四”前夕的中国杂志界，被罗家伦分为四派：一曰“官僚派”，即中央及地方政府的机关报，系官方“档案汇刻”；二曰“课艺派”，多载策论式的课艺及无病呻吟的赋得诗；三曰“杂乱派”，又名“上下古今派”或“半新不旧派”，以商务印书馆的《东方杂志》为代表；四曰“学理派”，其中“脑筋浑沌的”如商务印书馆的《教育杂志》《学生杂志》《妇女杂志》为“市侩式”，《国粹学报》《中国学报》《洪宪学报》等为“守旧式”。“学理派”中“头脑清楚的”，有政论类的《甲寅》《太平洋》，科学类的《科学》《学艺》，及社会思想文学类的《新青年》《新潮》等。罗家伦站在新文化的立场上，为“五四”前夕的中国杂志界绘出一幅指掌图[③]。

---

① 胡适：《与高一涵等四位的信》，《努力周报》第75期，1923年10月。
② 1920年5月28日罗家伦复熊子真（熊十力）信，《新潮》第2卷第4号，1920年5月。
③ 罗家伦：《今日中国之杂志界》，《新潮》第1卷第4期，1919年4月。

从阅读史的角度考察新文化运动的生意，关注的不是现代“文学”观念的移植，或书写系统的变革，而是文学的阅读方式、消费模式有何改变[1]。阅读史视野中的新文化运动，聚焦于一般读物的传播过程及普通读者的阅读经验，而非经典的作家作品。在文化生产的“试运行”阶段，更需要投合受众心理，引导阅读风尚。新文学的创作者、新文化的广大追随者，正是以报刊为媒介的新型阅读文化培育出来的。

社会学意义上的阅读，不是个体的认知行为、封闭的室内行为，而是镶嵌于特定社会语境中的文化建构，一种多媒介的交流实践。如果把“阅读文化”视为一个复杂的社会系统，制约这个系统的基本因素有：文本类型、阅读环境及阅读状态，但关键是能否形成新的阅读共同体（reading community）。看得见的阅读共同体，伴随着面对面的交流，以学校、社团、读书会等组织为依托；看不见的阅读共同体，以报刊为媒介，依赖投稿、通信等为情感纽带。无论现实的还是想象的阅读共同体，居于核心地位的都是读者的自我认同、自我期许，即读者以为他是谁，期待成为怎样的人，属于哪个社会文化阶层[2]。

新文化史研究者已开发出若干组重要的区分标识（indicator）来整合长时段的阅读史，如默读与诵读、精读与泛读、私人阅读与公共阅读、宗教阅读与世俗阅读。除了这些宏观的区分外，还应寻找某一特定时空主导

---

① 法国新史学将书籍史带入年鉴学派所进行的一系列社会经济史的研究主题范围内。他们不耽于对书目学的细节研究，而是力图发现长时段书籍生产、消费的一般模式。他们对珍本、善本书不感兴趣，转而着力探究最一般的书籍，以发掘普通读者的阅读经验。参见罗伯特·达恩顿（Robert Darnton）：《何为书籍史?》，屈伯文译，《新史学》第十辑，郑州，大象出版社，2012年，第145页；罗歇·夏蒂埃（Roger Chartier）、达尼埃尔·罗什（Daniel Roche）：《书籍史》，《史学研究的新问题、新方法、新对象：法国新史学发展趋势》，北京，社会科学文献出版社，1988年。

② 对于“阅读文化”的系统分析，参见 William A. Johnson, “Toward a Sociology of Reading in Classical Antiquity,” *The American Journal of Philology*, vol. 121, no. 4 (Winter, 2000), pp. 593 - 627。

某一读者共同体的阅读范式[①]。哈贝马斯曾描述18世纪末德国“文学公共领域”的形成过程：

> 一般的阅读公众主要由学者群以及城市居民和市民阶级构成，他们的阅读范围已超出了为数不多的经典著作，他们的阅读兴趣主要集中在当时的最新出版物上。随着这样一个阅读公众的产生，一个相对密切的公共交往网络从私人领域内部形成了。读者数量急剧上升，与之相应，书籍、杂志和报纸的产量猛增，作家、出版社和书店的数量与日俱增，借书铺、阅览室（Lesekabinetten），尤其是作为新阅读文化之社会枢纽的读书会也建立了起来。[②]

而新文化召唤出的阅读共同体，需置于“五四”前后的社会结构中考察其形成的契机。“五四”前夕，傅斯年批评中国一般社会，“社会其名，群众其实”。在他看来，“名称其实”的社会，“总要有个细密的组织，健全的活动力”。以此为标准，即便是北京高校的学生生活，“也是群众的，不是社会的”[③]。“五四”以后傅斯年宣称，“无中生有的造社会”是青年的第一事业：

> 所谓造有组织的社会，一面是养成“社会的责任心”，一面是“个人间的粘结性”，养成对于公众的情义与见识、与担当。总而言之，先作零零碎碎的新团结，在这新团结中，试验社会的伦理，就以

---

① Roger Chartier, “Texts, Printing, Readings,” *The New Cultural History*, Edited by Lynn Hunt, University of California Press, 1989.中译本参见罗杰·夏尔提埃：《文本、印刷、阅读》，《新文化史》，林·亨特编，姜进译，上海，华东师范大学出版社，2011年，第156页。

② 哈贝马斯（Jürgen Habermas）：《公共领域的结构转型》，“1990年版序言”，曹卫东等译，上海，学林出版社，1999年，第3页。

③ 傅斯年：《社会—群众》，《新潮》第1卷第2号，1919年2月。

这社会的伦理，去粘这散了板的中华民国。[1]

受过社会学训练的何思源也注意到五四运动以后“社会共同化”（socialization）的趋势。称之为“社会共同化”而非“社会共同体”，因其是一个正在发生的过程而非结果，“是动的不是静的，是活的不是死的，是有多种功用的不是独一的”。“五四”以后，“社会共同化”的显著表征，当属“新青年”的崛起，即学生群体中“我们”的观念和情感日益发达。对于学生界中“我们”意识（we-feeling）的生成，何思源解释说，“五四”以前北京学生没有联合行动，缺少集体意识：

> 近来抗令罢课、打曹汝霖、关总统府，内里组织，外边通电。后来的结果，于是人人都有“我们学生”的一种观念。就生出学生一体的意思出来了。这种情形就是学生界中的社会共同化。[2]

当五四运动由“武化”转轨为文化运动时，街头抗议中生成的“我们”意识也随之转化为文化领域“社会共同化”的凝聚力。[3]

阅读史研究不仅关注谁在读、读什么、何时何地读，还要回答为什么读、如何读等问题。为报刊长期供稿或办报刊的人，多半也是报纸杂志的热心读者。以参与《新青年》编辑工作的钱玄同为例，从他的日记可知“杂志造时代”之说并非虚言。[4]

以1917年《新青年》随陈独秀北上为分界线，1917、1918这两年，

---

① 傅斯年：《青年的两件事业：孟真寄自伦敦》，《晨报》1920年7月5日。参见王汎森：《傅斯年早期的“造社会”论——从两份未刊残稿谈起》，《中国文化》1996年第14期。

② 何思源：《社会共同化》，1921年1月26日作，《新潮》1921年第3卷第1号。

③ 何思源认为促成“社会共同化”的基本要素是：社会的遗物（social heritage，即固有的思想观念）、社会组织（social organization）、社会的鼓动和需要（social stimuli and demands）。

④《钱玄同日记》（整理本），杨天石主编，北京，北京大学出版社，2014年。

钱玄同购阅的杂志，除《新青年》外，只有基督教青年会系统的《进步杂志》，清末吴稚晖、李石曾办的《新世纪》，《留美学生季报》及《东方杂志》这几种。1919 年以后，钱玄同购阅报刊的热情骤涨，泛览《国民公报》《时事新报》《新潮》《建设》《解放与改造》《少年中国》《新中国》及日本《新村》等。1920 年钱玄同购阅的范围，不止京沪两地的出版物，同时关心地方文化运动的动向，如广州《民风》、福建《闽潮》、河南《青年半月刊》、杭州《钱江评论》。然而 1921 年以后，钱玄同阅读报刊的热情明显消退，1921 年日记中提及的杂志仅《改造》一种。

学人日记能为阅读史提供的细节，不仅是看什么，还包括从哪儿买、在哪儿看、什么时候看。钱玄同购买报刊的途径，并非长期订阅而是随性零买的，主要通过报馆、大学、书店（如青云阁、东安市场）以及编者赠阅。在哪里看、何时看，不同的阅读环境对应于不同的阅读状态。杂志对钱玄同而言，多半是澡堂读物，或于枕上观之。如 1919 年 9 月 13 日钱玄同“出至《益世报》馆买《建设》一、二两册”，“七时至澄华园洗澡剪发，看《建设》杂志文三篇”①。又如同年 10 月 23 日“至青云阁购《少年中国》妇女号”，“七时至澄华园洗澡，看《少年中国》”②。1920 年 1 月 2 日下午“五时出门洗澡。看《新青年》，从五时看到十二时”。

较之杂志，报纸的信息量更大，阅读方式更多样化。1919 年 1 月 7 日钱玄同看《国民公报》上蓝公武致傅斯年的一封信，“说《新青年》中有了钱玄同的文章，于是人家信仰革新的热心遂减去不少”③。1 月 8 日翻阅上海《时事新报》，其中有讽刺他的漫画。1920 年 1 月 15 日钱玄同“取去年五月以前之《晨报》末页，检录其文，作一目录，以备检查”④。1922 年 2 月 17 日“到《晨报》馆购得十年十二月、十一年一月之《晨报副镌》

---

① 1919 年 9 月 13 日钱玄同日记，《钱玄同日记》（整理本）上，第 347 页。
② 1919 年 10 月 23 日钱玄同日记，同上书，第 354 页。
③ 1919 年 1 月 7 日钱玄同日记，同上书，第 339 页。
④ 1920 年 1 月 15 日钱玄同日记，同上书，第 361 页。

北京东安市场书店。图片来源：华北交通写真档案

各一册"[①]。可见报纸也不一定是全年订阅、逐日翻看的。

为节约阅读成本，许多读书人都有到公园看报的习惯。如 1919 年 9 月 24 日钱玄同日记载下午 6 时"在中央公园阅报"。中央公园的茶座是文化人的聚集地。茶座散落在苍翠柏荫下，坐在藤椅中捧着茶杯，仰望柏树枝间的蓝天白云，映着一角红色宫墙，或与友人闲话，或默坐听蝉玄想，或随手翻翻报纸。这种闲适的氛围像袅袅茶烟一样浮动着，是北京作为文化古城的魅力所在[②]。钱玄同是中央公园的常客，他总是独自一人，仰天而坐，不与人周旋，即便遇见朋侪，也熟视无睹，属于"独乐"派[③]。在公园里喜欢独处的钱玄同，看报便是他最好的消遣。

至于如何在公园阅报，许钦文回忆 1924 年鲁迅在中央公园来今雨轩

① 1922 年 2 月 17 日钱玄同日记，《钱玄同日记》（整理本）上，第 394 页。

② 邓云乡：《燕京乡土记》，上海，上海文化出版社，1986 年，第 131—133 页。

③ 谢兴尧：《中山公园的茶座》，《宇宙风》第 19 期，1936 年 6 月。

吃茶看报的情形：当时中央公园有卖报人，背着装报纸的布袋，一手擎着一沓报纸，在茶摊里转来转去，见到静坐着的知识分子模样的人，便凑上前去，把一沓报纸放到他们面前，不说一句话，顾自离去，再从布袋中掏出一沓报纸来四处转悠。那沓报纸中，除北京出版的以外，有上海《申报》《新闻报》和天津《益世报》等。喝茶的人翻完那沓报纸，只需放一枚铜元在那些报纸上面，卖报人转回来，就把那沓报纸连铜元一起收走，不费一辞。这种看报的办法，可省去许多订报的钱。许钦文称鲁迅家里只订了北京《晨报》和一份晚报，但要了解各方消息，故常到中央公园去喝茶[①]。

四、 民初杂志界

以《新青年》为中心的杂志联盟，其依赖的阅读共同体并非完全是文学革命或五四运动造就的。民初杂志界已为新文化运动培养了一批潜在读者及经验丰富的写作者。青年恽代英即其中的佼佼者，因其兼有三重身份：既是杂志的读者、作者，又有编杂志的经历。主张“佣读主义”、信仰职业神圣的恽代英，是民初杂志界培养的热心读者兼投稿专业户。“五四”以后，他创办的利群书社遂成为新文化运动的地方代理。[②]

作为民初杂志界的忠实读者，恽代英与《新青年》的关系耐人寻味，并非取仰视的态度[③]。对于《新青年》同人提倡的文学革命，恽代英并未随声附和，他以为中国文学是一种“美术”，古文、骈赋、诗词乃至八股皆有其价值，若就通俗而言，则以上各种文体皆不合用[④]。但“文学是文

---

① 许钦文：《来今雨轩》，《新文学史料》第三辑，1979 年 5 月，第 77 页。

② 参见李培艳：《从自我养成到社会改造：对恽代英五四时期“小团体”实践的考察（1915—1921）》，2010 年北京大学中文系中国现代文学专业硕士学位论文。

③ 参见罗智国：《从日记看恽代英对新文化的阅读与反应》，《齐鲁学刊》2014 年第 3 期。

④ 1917 年 9 月 27 日恽代英日记，《恽代英日记》，北京，中共中央党校出版社，1981 年，第 153 页。

学，通俗文是通俗文”，《新青年》倡导的白话文在恽代英看来属于“通俗文”，不能因此痛诋有美术意味及表情之用的古诗文。其“欲造一种介乎雅俗间之文字，不假修饰，专以达意为贵”①。恽代英认为国人的病根在于无研究兴味、研究能力，“今乃断断争新文学、旧文学，新名词、旧名词，实尚第二层事也”②。

至于《新青年》提出的思想革命，恽代英也不甚赞同，他以为不妨用旧思想推行新思想，没必要好奇立异，将旧思想一概抹杀，以启争辩③。恽代英趋重实用之学，故不认同蔡元培的大学理念：

> 蔡孑民先生告北京大学诸生言，大学生专研学问与专门之重实用者有别。故大学生宜专心学业。余意不然。（一）先生以为必如此学术乃昌乎？则学术而不顾实用，不证之实用，必非实学。（二）大学生不重实用，非国家设立翰林院，则将来何以为生。④

生计问题时刻萦绕在青年恽代英心中，是驱使他投身杂志界的现实压力。因此以中才自居的恽代英没有选择为学问而学问的道路，而主张致用之学，欲使学术、事业“拍合为一”，“以学术治事业，以事业修学术”⑤。恽代英立志投身教育界、言论界，“以引导人自任”⑥，做梁启超、胡适那样的国民导师。故其不愿专研高深之学，因“凡人见识高者，较社会高数

---

① 1917年11月16日恽代英日记，《恽代英日记》，第183页。
② 1919年1月13日恽代英日记，同上书，第463页。
③ 1919年4月27日恽代英日记，同上书，第530页。
④ 1917年1月19日恽代英日记，同上书，第19页。这段话是针对1917年1月9日蔡元培《就任北京大学校长之演说》。
⑤ 1917年3月14日恽代英日记，同上书，第49页。
⑥ 1917年2月11日恽代英日记称：“上学后注意谦恭，切勿以引导人自任。”这一反省恰说明恽代英在学校及小团体中，处处“以引导人自任”。

步，对于引导社会最相宜，如太高则不为社会所能知解”①。杂志界成为恽代英将“学术事业拍合为一”的试验场。

要跻身杂志界，先得成为杂志的忠实读者。恽代英日记中有“智育”一栏，多记读报刊的所思所感，如1917年1月2日：

> 阅《东方》（十月）七篇。阅《东方》（十一月）一篇。阅《体育》一篇。
>
> 《东方》十月，《动的文明与静的文明》篇颇有见地，《欧战主因与旧式政策之灭亡》，尤先得我心。②

《东方杂志》是民初杂志界的权威，《动的文明与静的文明》一文即主编杜亚泉所作。恽代英1917年计划订阅《东方杂志》《妇女杂志》《教育杂志》《科学》，列入待定之列的有《大中华》《教育界》《学生界》③。阅读杂志成为青年恽代英最主要的知识来源，给他提供了“走异路，逃异地，去寻求别样的人们”的跳板。④

在谋生的压力下，恽代英将投稿作为日常生活的经济来源。其回顾辛亥革命前后的投稿经历：“于革命前即投杂稿于《中西报》，革命后投稿《群报》”，“又投稿《消闲录》《中华民国公报》”，“后投《义务论》于

---

① 1917年2月4日恽代英日记，《恽代英日记》，第28页。引导人的主张需贴近一般社会的见解，1914年1月25日胡适日记谓“今日吾国之急需，不在新奇之学说，高深之哲理，而在所以求学论事观物经国之术”，如“归纳的论理”“历史的眼光”“进化的观念”才是救国之良药、起死之神丹。（《胡适日记全编》1，曹伯言整理，合肥，安徽教育出版社，2001年，第222—223页）

② 1917年1月2日恽代英日记，同上书，第8页。

③ 1917年2月10日恽代英日记，同上书，第31—32页。

④ “走异路”云云，语出鲁迅《〈呐喊〉自序》，《鲁迅全集》第1卷，北京，人民文学出版社，1981年，第415页。

《东方》，为投稿之一新纪元”[1]。投稿成功对他而言，“乃职业成功之小影也”[2]。1917年恽代英追述此前投稿失败之经历：

> 投《群报》一篇（忘名）、投《国民新报》一篇（《学生之言》）、投《中华民国公报》一篇（忘名）、投《民报》五篇（名不具）、投《时报·余兴》二篇（名不具）、投《东方》一篇（《中国之思想界》）、投《学生》二篇（《伦理问答》、《学生之自觉》）、投《东方》一篇（《物质实在论》，此篇售于《新青年》）、投《小说界》二篇（《披砂录》，此篇曾登《民报》；《女学生》，此篇投《妇女时报》及《民报》均失败）。[3]

自从恽氏发明附邮资索还稿后，即便投稿失败，仍可改投别处，如《物质实在论》被《东方杂志》退稿后，又成功“售”于《新青年》。这篇投稿失败之记录，见证了恽代英从地方刊物、从报屁股文章写起，努力融入杂志界主流的过程。

恽代英从民元以来四处碰壁的投稿经历中，逐渐找到自己擅长的话题，主攻妇女问题及教育问题。1917年正月，恽代英拟定投稿计划：

> 除已作《论女权》《女子自立论》外，尚须或作或译投三篇稿于《妇女时报》；又作或译一二篇投《妇女杂志》；又作《改良私塾刍议》投《中华教育界》；又辑旧译二篇，并《清华学校纪略》，赠《光华学报》；能更译数篇投《中华妇女界》更佳。[4]

---

① 爱澜阁日记，《恽代英日记》，第6—7页。
② 同上书，第6页。
③ 1917年2月14日恽代英日记，同上书，第34页。
④ 1917年正月日记·行事预记，同上书，第7—8页。

既以妇女问题、教育问题为主攻方向，上海有正书局发行的《妇女时报》、商务印书馆的《妇女杂志》《教育杂志》以及中华书局发行的《中华妇女界》《中华教育界》便成为恽代英投稿的主要目标。1917 年 2 月恽代英作文提倡“佣读主义”，拟投给《教育杂志》，引起教育界同人的关注，“以开教育史上之新纪元”[①]。他投稿不单是为了将个人观念公之于世，也是以此为敲门砖，“得与教育界大人君子相结纳，或为他日结纳之资”[②]。

恽代英提倡“佣读主义”，即把投稿当作谋生手段，试图在生计上完全自立，“除饭食仰给家庭外，余均设法自任”[③]。所以选择往何处投稿时，恽代英不光考虑杂志的知名度，还要衡量收入高低，是付现金还是以书券代稿酬。他屡屡为《妇女杂志》《小说时报》写稿，即因这两家的稿酬是现金[④]。即便得到《东方杂志》的肯定，在欣喜之余，恽代英仍想“尚须另觅一二现金酬稿地方”，每月至少须有 10 元以上之现金收入，方不致拮据[⑤]。当得知一般中学教员的授课报酬还不如自己投稿所得，更坚定了他实行“佣读主义”的信念。1917 年 5 月恽代英盘点前四个月的投稿成绩，共投稿 20 篇，已售 14 篇，得现金 46 元、书券 22 元。书券按七折计，合现洋 15 元 4 角，共得洋 61 元 4 角，平均每月收入 15 元 3 角半，离他每月投稿收入 30 元的理想还有一定距离[⑥]。

恽代英既不愿做教书匠，选择以投稿为业，而其投稿之杂志多在上海，因此他打算毕业后赴沪谋求立足之地。凭恽代英各方面的能力本不难在故乡谋得一份差强人意的工作，过上优于常人的生活，他所以“走异路、逃异地”，只因“不愿就卑小生活，更不愿仰人鼻息，就一种呼尔而

---

① 1917 年 2 月 18 日恽代英日记，《恽代英日记》，第 36 页。
② 1917 年 2 月 22 日恽代英日记，同上书，第 38 页。
③ 1917 年 2 月 11 日恽代英日记，同上书，第 32 页。
④ 参见 1917 年 2 月 22 日恽代英日记，同上书，第 38 页。
⑤ 1917 年 2 月 27 日恽代英日记，同上书，第 41 页。
⑥ 1917 年 5 月 6 日恽代英日记，同上书，第 80 页。

与，蹴尔而与之生活”[1]。为摆脱此等生活，恽代英时时不忘“职业神圣”四字，欲择取“最有希望而可以自见之事”[2]。民初杂志界正好满足了恽代英的职业理想与生活理想，给了他既可“自见”又足以谋生的平台。

要成长为一个全方位的杂志人，少不了上手编杂志的经历。恽代英在为外地杂志长期撰稿的同时，也预备接手母校《光华学报》的编辑工作。从他拟定的编辑方案即可见出恽代英的学术眼光及经营策略：“封面刊要目，报上登要目广告。绝对不要无价值论文。学事共居八分之一。不分门类。务求与学生功课有益。”[3] 但《光华学报》作为地方性的校报毕竟读者有限，恽代英接手之初便意识到该杂志前途无望：“凡学报能销售至二三千份，决无够本之日，而武汉一隅，安从得此销数?”[4] 恽代英自然不愿困守一隅，他想“在京沪托人销售，广登告白”[5]，以扩大读者面。受人牵制，恽代英未能帮《光华学报》走出“课艺派”的困境，但他拟定的编辑方案及营销策略，已显示出对杂志这种媒介的全面把握。

“五四”以前恽代英编杂志的另一次尝试，是为《妇女时报》编辑毕几庵筹办《良友》杂志。恽代英以投稿人的身份为有正书局改组杂志，不免有越俎代庖之嫌，他所以积极向毕几庵进言，无非是找机会展现自己的编辑能力，以巩固其生计基础。恽代英致毕几庵信中道出自己理想中的杂志，是仿效《新青年》或基督教青年会办的《进步》杂志，乃至《东方》《大中华》之体例，包含世界、国家、社会、学校、青年、妇女及其他一切问题[6]。杂志名拟作“良友”，顾名思义，望其“为各人之良友，为人

---

① 1917年6月12日恽代英日记，《恽代英日记》，第98—99页。

② 1917年6月12日恽代英日记，同上书，第98页。

③ 1917年2月16日恽代英日记，同上书，第40页。

④ 1917年8月8日恽代英日记，同上书，第127页。

⑤ 同上。

⑥ 1917年5月30日恽代英复毕几庵书，《来鸿去燕录》，张羽等编注，北京，北京出版社，1981年，第15页。

各方面之良友”[①]。“良友”的定位，源于恽代英对杂志功能的基本理解，即贴近一般人及其生活的方方面面。

为了使杂志贴近生活，成为普通读者之“良友”，恽代英设想就各种问题反复讨论，广泛搜集不同意见。往复讨论的文字，均可收入“读者俱乐部”，特别有价值的则录为论文。恽代英称“西报多此例，实为使杂志与读者生一种关系之法”[②]。要使杂志与普通读者发生关系，除以讨论问题为主的“读者俱乐部”外，恽代英计划定期举行征集函文，并设通信栏，为读者解决学理或生活上的难题[③]。为营造“看得见”的阅读共同体，让读者与编者、读者与读者之间，不单用文字交谈，恽代英还想在杂志插图中每期登载读者相片，不分男女，让难以面对面交流的读者更有亲近感[④]。

恽代英以为替书局办杂志，不能“徒尚理想”，“不顾营业利害”[⑤]。编者须有极强的写作能力，能担任无限制的译撰工作；须有高尚的思想、识见，以确保杂志的学术品味；又须投合社会心理，抓住普通读者之喜好[⑥]；然最紧要的是“须使杂志与读者生一种极密之关系，愈密愈佳”[⑦]。恽代英关于《良友》杂志的种种设想，虽只是空中楼阁，但他迟早会继续此等运动，且已能独立支撑起一个杂志。等“五四”以后新思潮席卷各地，在民初杂志界磨炼已久的恽代英伺机而起，成为新文化运动中身手矫健的弄潮儿。

单从思想史的角度研究新文化运动，容易高估其实际影响范围。从交换广告入手，考察“五四”前后形成的杂志联盟与阅读共同体，有助于厘

---

① 1917年6月1日恽代英日记，《恽代英日记》，第93页。
② 1917年6月8日恽代英再复毕几庵书，《来鸿去燕录》，第18—19页。
③ 1917年6月1日恽代英日记，《恽代英日记》，第93页。
④ 1917年6月1日恽代英日记，同上书，第94页。
⑤ 1917年6月7日恽代英日记，同上书，第96页。
⑥ 同上。
⑦ 1917年6月8日恽代英再复毕几庵书，《来鸿去燕录》，第17页。

清新文化运动的边界。以 18 世纪启蒙运动的发生史为参照，罗伯特·达恩顿（Robert Darnton）批评研究者将启蒙运动夸大到连其创始者都无法辨别的地步。他提议转换研究策略，把因过分膨胀而边界模糊的启蒙运动，收缩到适当的时空范围内，再从其策源地巴黎出发，考察启蒙思想向外传播的途径①。这种紧缩而后专注于传播媒介的研究策略，同样适用于盘点新文化运动的生意。

不容否认，交换广告这类信息载体的阐释限度，若单独使用此类“扁平材料”，只宜做面上的考察，难以据此进行深度发掘。因而必须叠加社会学、地方史、阅读史、生活史的多重视野，才能勾勒出“五四”前后新文化的运动模式及实际影响范围。

---

① 参见罗伯特·达恩顿（Robert Darnton）：《华盛顿的假牙：非典型的十八世纪指南》第一章，杨孝敏译，北京，商务印书馆，2014 年。

第五章
重构文学革命的前史

关于文学革命发生史，最有意识的建构者无疑是胡适。其深知掌握了前史，无异于掌握了文学革命的叙事权。因前史已暗中设置了正史的起点、主角及情节走向。与其说前史是正史的引子，不如说正史是前史的影子。

从作于1919年的《尝试集》自序，到1922年为《申报》作《五十年来中国之文学》，再从1933年作为《四十自述》一章的《逼上梁山》，到1935年为《中国新文学大系·建设理论集》撰写导言，并将《逼上梁山》收入集中，命名为“历史的引子”，胡适完成了他对文学革命发生史的个人建构。“逼上梁山”的故事，随着新文学的经典化，被新文学的追随者及日后的文学史所采纳，成为文学革命前史的通行版本。

“逼上梁山”当然是有意为之的历史建构，但这篇自述是由书信、日记、打油诗、思想札记等“无意”的材料，或者说意图各异的材料编织而成。胡适以文学革命的发生为旨归，将这些散乱的原始材料，组织成Me-first的自叙传。其对原始材料的加工、剪辑，在某种程度上是一个去脉络化（decontextualization）、再“焊化”的建构过程。本章以文学革命的胡适叙事为底本，以留美学界的志业选择为参照，将有意为之的历史建构，拆解为零砖碎瓦，细察其拼接弥缝的痕迹。[①]

① 文学革命应视为“把不同的思路捆扎在一起的绳子”，逐一检讨参与者此前此后的个人史，参见王风：《文学革命的胡适叙事与周氏兄弟路线》，《中国现代文学研究丛刊》2006年第1期。

《尝试集》是胡适被“逼上梁山”后“实地试验”的结果，从其成书过程可看出“文学革命”这个断裂点是如何被制造出来的。此前学界对《尝试集》的经典化已有诸多深入的考辨，却多少忽略了《去国集》作为附录的意义。[①]《尝试集》不是单纯的白话诗集，而是新诗与旧体诗词并存的编排形式。《去国集》看似只是一个可有可无的“阑尾”，其实与《尝试集》一样经过胡适的精心改编。[②]

收入《去国集》及《尝试集》中的诗词，初刊于《留美学生年报》《留美学生季报》“文苑”栏[③]。“文苑”栏的活跃分子除了胡适，还有他的朋友任鸿隽、杨铨、唐钺、江亢虎、陈衡哲，及日后加入学衡派并与新文化运动唱对台戏的吴宓、胡先骕等。如若将被经典化的《尝试集》及被视同“阑尾”的《去国集》，按写作时序放回新大陆的旧文苑中，放回胡适的朋友圈及论敌当中，不难发现《逼上梁山》屏蔽的杂音，或可重构文学革命的前史。

一、 最后之因还是个别之因

《逼上梁山》为何要用个人传记的形式来讲述文学革命的发生史？这种叙事方式是针对新文化运动的另一位主将陈独秀，从唯物史观的立场对文学革命何以发生、何以成功所做的总结。换言之，《逼上梁山》不是单纯讲故事而已，背后隐藏着史观之争，是被陈独秀的唯物史观“逼”出来的。

---

① 参见陈平原：《经典是怎样形成的：周氏兄弟等为胡适删诗考》，《鲁迅研究月刊》2001年第4期、第5期。

② 参见本章附录一“《去国集》篇目删定”。姜涛认为《去国集》不只是承载旧诗亡魂的化石，其对“尝试”态度的呈现似乎更为全面，包含着更丰富的历史可能性。（《“新诗集”与中国新诗的发生》第五章，北京，北京大学出版社，2019年）

③《留美学生年报》，1911年7月创刊，由留美学生会编辑、发行，在上海出版；1914年3月改为《留美学生季报》，卷期另起，仍在上海出版，由中华书局发行，朱起蛰、任鸿隽、胡适等历任主编。

1935年胡适在《中国新文学大系·建设理论集》导言中点明《逼上梁山》可视为对陈独秀的一个答复，这篇自述"忠实"地记载了文学革命怎样"偶然"在国外发难的历史，间接回应了陈独秀基于经济史观得出的"必然论"[①]。《逼上梁山》背后的史观之争，发端于1923年陈独秀与胡适在"科学与人生观"论战中围绕"唯物史观"的往复辩论。胡适坚持"唯物史观至多只能解释大部分的问题"，陈独秀则希望他百尺竿头更进一步，承认"只有客观的物质原因可以变动社会，可以解释历史，可以支配人生观"[②]。

胡适自然不肯更进一步，归顺唯物史观。他与陈独秀的分歧在于所谓"客观的物质原因"除了经济因素外，能否包括知识、思想、教育、言论等"心"的因素。如若把"心"看作"物"的一种表现，承认知识、思想、教育、言论也可以变动社会、解释历史、支配人生观，胡适以为这就是"秃头的历史观"，不必扣上"唯物史观"的帽子[③]。在他看来，陈独秀其实是一个"不彻底的唯物论者"，一面说"心即物之一种表现"，一面又把"物质的"等同于"经济的"。

以史学家自居的胡适，不赞成一元论的史观。他主张历史有诸多个别之因，"我们虽然极端欢迎'经济史观'来做一种重要的史学工具"，同时也不能不承认思想、知识也属于"客观"原因[④]。胡适虽不是唯物史观的忠实信徒，但统观1920年代前期的中国知识界，无论政治立场、思想背景有何差异，都多少受到唯物史观的熏染。1924年陈衡哲给胡适写信称：

---

① 胡适：《〈中国新文学大系·建设理论集〉导言》，1935年9月3日作，《中国新文学大系·建设理论集》，上海，上海良友图书印刷公司，1935年，第15页。

② 陈独秀：《〈科学与人生观〉序》，1923年11月13日作，《新青年》季刊1923年第2期。

③ 胡适：《〈科学与人生观〉序》，附注"答陈独秀先生"，1923年11月29日作于上海，《科学与人生观》，上海，亚东图书馆，1923年，第31页。

④ 同上。

> 你说我反对唯物史观，这是不然的；你但看我的那本《西洋史》，便可以明白，我也是深受这个史观的影响的一个人。但我确不承认，历史的解释是 unitary（一元的）的；我承认唯物史观为解释历史的良好工具之一，但不是他的惟一工具。[①]

陈衡哲对唯物史观的承认，是有前提、有限度的，这亦即胡适在科玄论战中对陈独秀的答复。陈独秀此时则是坚定的一元论者，站在唯物史观的立场上，所谓“客观的物质因素”，自然以经济为骨干，制度、宗教、思想、政治、道德、文化、教育，都是经济基础所决定的上层建筑[②]。

作为文学革命、思想革命的倡导者，陈独秀自然承认思想、知识、言论、教育是改造社会的重要工具，但他把这些“心”的因素当作经济的“儿子”。而持多元史观的胡适则更看重“心”的因素，将知识、思想等视为与经济平起平坐的“弟兄”。“物”与“心”之间、经济与思想、知识、言论、教育之间究竟是父子关系，还是平等相待的兄弟关系，这是陈、胡二人的根本分歧所在。

在与胡适围绕唯物史观的往复论辩中，陈独秀解释白话文何以在短时间内站稳脚跟：

> 常有人说：白话文的局面是胡适之陈独秀一班人闹出来的。其实这是我们的不虞之誉。中国近来产业发达人口集中，白话文完全是应这个需要而发生而存在的。适之等若在三十年前提倡白话文，只需章行严一篇文章便驳得烟消灰灭，此时章行严的崇论宏议有谁肯听？[③]

---

① 1924 年 5 月 28 日陈衡哲致胡适信，《胡适来往书信选》上，北京，社会科学文献出版社，2013 年，第 184 页。

② 陈独秀：《答适之》，1923 年 12 月 9 日作，《科学与人生观》，第 37 页。

③ 同上书，第 40 页。“此时章行严的崇论宏议”指章士钊《评新文化运动》，发表于上海《新闻报》1923 年 8 月 21、22 日。

作为文学革命的主将，陈独秀将白话文运动的成功归因为“产业发达、人口集中”，胡适当然不乐意，这是刺激他写作《逼上梁山》的原因之一。1927年胡适在纽约与美国史学家查尔斯·比尔德（Charles A. Beard）泛论历史，他提出：

> 历史上有许多事是起于偶然的，个人的嗜好，一时的错误，无意的碰巧，皆足以开一新局面。当其初起时，谁也不注意。以后越走越远，回视作始之时，几同隔世！①

胡适随后以中西文字之起源、显微镜的发明、缠足的流行、英国下午茶的由来为例，佐证其偶然论。比尔德教授由此得出一个公式：Accident + Imitation = History（偶然 + 模仿 = 历史）②。有趣的是，这位比尔德教授的成名作是《美国宪法的经济观》，可见经济决定论对他的影响，未必是胡适意义上的偶然论者③。《逼上梁山》对文学革命发生史的阐释模式，完全可用“偶然 + 模仿 = 历史”这个公式来概括。这篇自述若换个题目，不妨名为“偶然”。④ 但这个“偶然”是被陈独秀的唯物史观，被历史一

---

① 1927年1月25日胡适日记，《胡适日记全编》4，曹伯言整理，合肥，安徽教育出版社，2001年，第495—496页。

② 同上。

③ 参见罗荣渠：《查尔斯·比尔德及其史学著作》，《美国历史通论》，北京，商务印书馆，2009年。

④ 胡适的偶然论与赫伯特·巴特菲尔德（Herbert Butterfield）对历史的理解有暗合之处。巴特菲尔德认为历史的价值在于恢复过去生活的丰富性，“我们不能通过把人和个性因素、偶然、瞬间的或局部的事件以及情境的因素统统蒸发掉来获得历史的本质”。历史学家“只有在一个由事实、人物和种种偶然组成的世界中才会如鱼得水。对他来说，最重要的是由时间和情境的作用而织成的网络。组成他故事素材的，正是种种偶然、种种联系以及各种事件奇妙的并存。他所有的技艺都要用于重新捕捉一个瞬间，抓住个别和特殊，确定一个偶然变故”。（《历史的辉格解释》，张岳明、刘北成译，北京，商务印书馆，2012年，第40—41页）历史学家将读者带入更多细节之中，置于具体的生活场景当中，用偶然性颠覆价值判断。在这个意义上，历史书写近乎游记，描述的是生活的进程，而非生命的目的。

元论“逼”出来的。

在写《逼上梁山》的前一年，胡适还在与唯物论者争辩经济一元论能否成立，历史解释能否一劳永逸，诉诸“最后之因”？胡适始终反对一元论的史观，他以为“史家的责任在于撇开成见，实事求是，寻求那些事实的线索，而不在于寻求那‘最后之因’，——那‘归根到底’之因”①。一元论者习惯用“归根到底”的句式为历史下结论，其找到的“最后之因”，无论是上帝，还是经济因素，都有牵强附会之嫌。

一般认为唯物主义取消了个人的独创性，与自由概念是不相容的。但普列汉诺夫指出个人在历史中的作用，取决于其活动能否构成“必然事变链条中的必然环节”②。对必然性的认识，非但不会束缚个人自由，反而会激发坚毅的实际行动。否认自由意志的人，往往比他的同时代人有更强大的自我意志。在唯物论者的意识构造中，自由与必然性是同一的，真正的自由是从必然性中生长出来的③。胡适所看重的偶然的个别之因，在唯物论者看来，只出现在各个必然过程的交会点上。伟大事变、伟大人物之所以伟大，正因其充当了某个历史时机的象征符号。抓住历史时机的人，改变的只是事变的个别样貌，而不是运动的总体趋势。从这个意义上说，因新文化运动暴得大名的胡适、陈独秀，不过是充当了历史必然性的工具。

科玄论战过去十余年后，胡适在《中国新文学大系·建设理论集》导言中老调重弹，针对陈独秀的唯物史观，提出文学史上的变迁“其中各有多元的，个别的，个人传记的原因，都不能用一个‘最后之因’去解释说明”④。为了强调个人在历史中的重要性，胡适援引南宋理学家陆九渊的

---

① 1932年4月27日胡适致杨尔璜函，《胡适中文书信集》2，台北，“中央研究院”近代史研究所，2018年，第294页。

② 普列汉诺夫：《论个人在历史上的作用问题》，王荫庭译，北京，商务印书馆，2010年，第6页。

③ 同上书，第12页。

④ 胡适：《中国新文学大系·建设理论集》导言，第15页。

话说："且道天地间有个朱元晦、陆子静，便添得些子；无了后，便减得些子。"[①] 他认为文学革命的发难者不必妄自菲薄，把一切归功于"最后之因"。套用陆九渊之言，胡适想说："且道天地间有个胡适之、陈独秀，便添得些子；无了后，便减得些子。"然而胡适挪用此言，曲解了陆九渊的原意。把这句话放回上下文中，主张"心即理"的陆九渊恰要消解个人在历史中的作用：

> 一夕步月，喟然而叹。包敏道侍，问曰："先生何叹？"曰："朱元晦泰山乔岳，可惜学不见道，枉费精神，遂自担阁。奈何！"包曰："势既如此，莫若各自著书，以待天下后世之自择。"忽正色厉声曰："敏道敏道，恁地没长进，乃作这般见解！且道天地间有个朱元晦、陆子静，便添得些子？无了后，便减得些子？"[②]

回到师徒对话的情境中，"添得些子""减得些子"是反诘而非正面肯定。冯友兰对这段语录的理解，或更贴近象山原意："有了朱元晦、陆子静，天地不添得些子，无了亦不减得些子，则朱元晦、陆子静之泰山乔岳，亦不过如太空中一点浮云，又有何骄盈之可言？"[③] 胡适将陆九渊的反问读作自我肯定，未必是有意的误读，正可见出其胸中之执念。

胡适称《逼上梁山》是用他自己保存的一些史料来记述文学革命的发

---

① 胡适：《中国新文学大系·建设理论集》导言，第 17 页。1927 年 8 月 11 日胡适致钱玄同信，检讨文学革命之得失。钱玄同回想"五四"时期所发"谬论"，多半都成忏悔之资料。而胡适以为大可不必忏悔，"我们放的野火，今日已蔓烧大地，是非功罪，皆已成无可忏悔的事实。昔日陆子静的门人有毁朱元晦者，子静正色说道：'且道世间多个朱元晦陆子静，是甚么样子；少个朱元晦陆子静，又成个甚样子。'（原文记不得了。）如今只好说，'世间添个钱玄同，成个甚么样子！少个钱玄同，又成甚么样子！'此中一点一滴都在人间，造福造孽惟有挺着肩膀担当而已"。

② 陆九渊：《象山先生全集》卷三十四，上海，商务印书馆，1935 年，第 413 页。标点为笔者所加。

③ 冯友兰：《新世训：生活方法新论》，第五编"守冲谦"，重庆，开明书店，1940 年，第 119 页。

生史：

> 这个思想不是“产业发达，人口集中”产生出来的，是许多个别的，个人传记所独有的原因合拢来烘逼出来的。从清华留美学生监督处一位书记先生的一张传单，到凯约嘉湖上一只小船的打翻；从进化论和实验主义的哲学，到一个朋友的一首打油诗；从但丁（Dante）却叟（Chaucer）马丁路得（Martin Luther）诸人的建立意大利、英吉利、德意志的国语文学，到我儿童时代偷读的《水浒传》《西游记》《红楼梦》：——这种种因子都是独一的，个别的；他们合拢来，逼出我的“文学革命”的主张来。[①]

“产业发达，人口集中”是陈独秀为文学革命归纳的“最后之因”，胡适认为在“最后之因”的统摄下，无法解释个体差异：陈独秀为何与林琴南不同？胡适为何与梅光迪、胡先骕不同？为消解陈独秀的“最后之因”，胡适从个人生活史中筛选出种种个别之因来论证文学革命发生的偶然性。

胡适一辈子都坚持这个论调，在各种场合不厌其烦地讲述“逼上梁山”的故事，情节编排略有出入，但总可以归结为一句话：文学革命的发生完全是一连串偶然。湖上翻船是第一个偶然，任鸿隽作诗是第二个偶然，招致胡适批评是第三个偶然，任鸿隽居然没有反驳是第四个偶然，梅光迪跳出来骂胡适是第五个偶然[②]。文学革命的主张就是由这一连串偶然“烘逼”出来的。“烘逼”这个动词透露出叙事者在这些偶然的个别之因上施加的作用力。问题在于如果说文学革命的发生纯属偶然，如何证明五四白话文运动的必然性？胡适不得不在个别之因外，求助于历史进化论，用长时段的历史必然性来弥补偶然论在发生学上的无目的性，这是他写作

① 胡适：《中国新文学大系·建设理论集》导言，第17页。

② 胡适：《提倡白话文的起因》，1952年12月8日在台北文艺协会欢迎会上讲演，《胡适演讲集》上册，台北，胡适纪念馆，1970年。

《白话文学史》为文学革命寻求历史依据的动因。

二、 科学救国抑或文学救国

回到历史现场，与胡适追述的文学革命前史交错并行的另一条故事线索，是科学共同体的诞生史①。胡适文学革命的主张，与其说是被偶然的个别之因“烘逼”出来的，不如说是被科学救国、实业救国的强势话语催逼出来的。以科学社的诞生史为参照，“逼上梁山”的故事或许有另一种讲法，在一个个“偶然”背后，真正起作用的结构性因素是：“科学救国”与“文学救国”这两种志业选择在清末民初留美学界的地位升降。

此间同学赵元任周仁胡达秉志章元善过
探先金邦正杨铨任鸿隽等一日聚谈于一
室有倡议发刊一月报名之曰科学以提
倡科学鼓吹实业审定名词传播知识
为宗旨其用心至可嘉许此诸君如
赵君之数学物理心理胡君之物理数学秉金
过三君之农学皆有所成此美留学界之
大病在于无有国文杂志不能出所学以饷
国人得此或可救此失也不可不记之
适之室中读书图
民国三年六月
此即前所记之室中读书图 叔永所摄

1914 年 6 月胡适“室中读书图”，任鸿隽摄；题诗云：“异乡书满架，中有旧传经。”同页日记载赵元任、杨铨、任鸿隽等人发起《科学》月刊事
图片来源：《亚东遗珍》

① 科学话语共同体的诞生，参见汪晖：《现代中国思想的兴起》下卷，第二部“科学话语共同体”，北京，生活·读书·新知三联书店，2015 年。

1917年6月胡适归国前夕，作诗纪念他留美时期的一段文学因缘，自称“数年来之文学的兴趣，多出于吾友之助”，若无任叔永（鸿隽）、杨杏佛（铨），定无《去国集》；若无任叔永、梅觐庄（光迪），定无《尝试集》[①]。任、杨是与胡适诗词唱和的“伴当”[②]，任、梅则是将胡适“逼上梁山”的论敌[③]。

梅光迪、任鸿隽、杨铨留美时期合影（从左到右）
图片来源：《啼痕：杨杏佛遗迹录》

① 胡适：《文学篇》（别叔永、杏佛、觐庄），1917年6月1日，《胡适日记全编》2，曹伯言整理，合肥，安徽教育出版社，2001年，第592—593页；原载《留美学生季报》第4卷第4号，1917年12月，无“文学篇”这一诗题；收入《尝试集》第一编，文字更口语化，如“‘烟士披里纯’，大半出吾友”改为“作诗的兴味，大半靠朋友”。

② 胡适《尝试集》自序称，民国成立后，任鸿隽、杨铨同来绮色佳（Ithaca），自此有了“做诗的伴当”。

③ 胡适在《新青年》上阐述自己的文学主张时，多次以南社为反例。有趣的是，杨杏佛、任鸿隽、梅光迪、胡先骕都是南社成员。参见沈永宝：《“文学革命八事”系因南社而立言》，《复旦学报》1996年第2期。

三个朋友中，任鸿隽一身兼二任，既是胡适的诗友又是他的劲敌。虽然任鸿隽在文学革命发生史中看似只是一个友情客串，其留美时期的活动以科学社为中心，但若回到这班朋友赋诗论文的现场，任的文学热情丝毫不输胡适[1]，其诗文修养甚至在胡之上[2]。胡适曾对任鸿隽夸口说，“寄此学者可千人，我诗君文两无敌”[3]，承认任鸿隽是“留学界中第一古文家”[4]。若以旧风格含新意境而论，任诗的水平亦远超胡适。只是“文学”在任心目中，不过是自娱、酬人的“小技”，而非救国之正途。

与任、胡二人关系密切的陈衡哲晚年回忆[5]，留美学生受戊戌政变、庚子国难的刺激，大都有实业救国的志愿，1914 年秋她赴美读书，那时留美学界“正激荡着两件文化革新的运动”，其一是胡适提倡的白话文运动，其二是任鸿隽提倡的科学救国运动[6]。这段回忆未免有倒放电影之嫌，胡适的白话试验在朋友圈中处处碰壁，系孤军作战，并未在留美学界形成“运动”；实业救国、科学救国倒代表了多数留美学生的心声。[7]

同为留美学界的风云人物，任鸿隽与胡适志趣各异，他们在文学上颇

---

① 按《留美学生季报》1914—1918 年间发表的诗词统计，任鸿隽 41 首，胡适 36 首，杨铨 31 首。

② 任鸿隽的古典诗文修养与科举时代的严格训练有关，他早年的教育经历参见《前尘琐记》（廿五岁以前的生活史片段）。据其长女任以都回忆，她幼年时，任鸿隽天天晚上教她读旧诗，还编过一本《课儿诗选》。

③ 胡适：《将去绮色佳留别叔永》（民国四年八月廿九夜），《胡适日记全编》2，第 265—266 页；原载《留美学生季报》第 4 卷第 3 号，1917 年 9 月，题为《民国四年将去绮色佳、叔永以诗赠别。作此奉和、即以为别》，文字略有改动。

④《白话文言之优劣比较》，《胡适日记全编》2，第 417 页。辛亥革命以后，任鸿隽曾任中华民国临时政府秘书处总务组秘书，为孙中山草拟《告前方将士文》《祭明陵文》等，故胡适誉之“翩翩书记大手笔”。

⑤ 任鸿隽、陈衡哲与胡适的交谊，参见陈平原：《那些让人永远感怀的风雅》，《书城》2008 年第 4 期。

⑥ 陈衡哲：《任叔永先生不朽》，1962 年作，《任以都先生访问纪录》附录，台北，“中央研究院”近代史研究所，1993 年，第 192 页。

⑦ 详见杨翠华：《任鸿隽与中国近代的科学思想与事业》，台湾《“中央研究院”近代史研究所集刊》第 24 期上册，1995 年 6 月。

多交集，然而文学在二人志业规划中的位置迥然不同[①]。如胡适写给任鸿隽的赠言“君期我作玛志尼，我祝君为倭斯韈”[②]，自注云：“玛志尼Mazzini意大利文学家，世所称‘意大利建国三杰’之一也。倭斯韈Wilhelm Ostwald德国科学大家。”[③] 胡适另一位“做诗的伴当”杨铨，也是科学救国、实业救国的信奉者[④]。他在写给胡适的赠别之作中表明自己的志向：“名山事业无分，吾志在工商。不羡大王（指托辣司）声势，欲共斯民温饱，此愿几时偿。各有千秋业，分道共翱翔。”[⑤]

重实学、轻虚文，是清末民初留美学界的普遍风气[⑥]。陈衡哲称那时

---

① 任鸿隽在《五十自述》中对文学革命发生史的记述十分简要，与胡适的版本出入不大。从笔调上看，胡浓墨重彩，任则轻描淡写，把文白之争视为其留学生活的一段插曲而已。

② 胡适：《民国四年将去绮色佳、叔永以诗赠别。作此奉和、即以为别》，《留美学生季报》第4卷第3号，1917年9月。

③ 注释见胡适《去国集》，《尝试集》再版本，上海，亚东图书馆，1920年，第39页。

④ 杨铨1912年赴美留学，就读于康奈尔大学机械工程专业，也是科学社发起人之一，任《科学》月刊编辑部长。参见许为民：《杨杏佛年谱》，《中国科技史料》1991年第2期。杨铨《遣兴》诗有序云：“自与同人发起科学，日用译述，不能为诗，虽间欲一读古人诗，亦不可得。每星期三有机厂工作三小时。正午放工进食，食后有暇，常得徜徉厂后实斯顿桥，观瀑布，逸性悠然，顿忘劳苦。十一月四日值肃风起，爽气袭人，乃得五绝二十字，亦见劳人之清兴耳。”（《留美学生季报》第2卷第1号，1915年3月）由诗序可知科学、实业与文学在杨铨留学生活中的占位。

⑤ 杨铨：《水调歌头·适之将去绮城书此赠之》，《留美学生季报》第2卷第4号，1915年12月；参见1915年8月28日胡适日记，《胡适日记全编》2，第265页。胡适作《沁园春·别杨杏佛》用对话体（dialogue）转述杨铨此言：“君言是何言欤，祗壮志新来与旧殊。愿乘风役电，戡天缩地（科学目的在于征服天行以利人事）。颇思瓦特，不羡公输。户有余糈，人无菜色，此业何尝属腐儒。吾狂甚，欲与民温饱，此意何如。”

⑥ 留美学界偏重实学，与官方规定有关。1903年梁启超访美时发现学技术如工程及相关科目的中国留学生太少（《新大陆游记节录》）。1908年后清政府对留学生的科目选择有严格规定，强调实用技术的学习。该年清廷下旨要求所有官费留学生学习工程、农业及自然科学等科目，自费学生如要申请官方资助也需学习这些实用科目。一年以后制订的庚款留学计划要求80%的庚款留学生学习工程、农业和采矿。1910年又颁布一系列规定，要求重视实用科目，限制学习法律和政治的人数。结果，在赴美中国留学生中学习技术科目的人占大多数。参见叶维丽：《为中国寻找现代之路：中国留学生在美国（1900—1927）》（第二版），周子平译，第二章“专业人士：困境与希望”，北京，北京大学出版社，2017年，第59页。

任鸿隽、梅光迪、胡适、杨铨留美时期合影，任鸿隽题诗。图片来源:《亚东遗珍》

的青年深受“实业救国”宣传的影响，总以为救国的根本不在政治，而在科学与教育、实业与学问①。科学救国、远离政治是留美学生的总体取向，而文学非救国之急务，虚文更是导致中国积贫积弱的病根。以留美学界的整体氛围为参照，胡适“为大中华，造新文学”的誓言，确实是与众不同的志业选择。从“文章真小技”到“文章革命何疑”，胡适的态度转变折射出文学革命被科学救国的强势话语“烘逼”出来的前史。②

在留美出身的社会学家潘光旦看来，留学生好似园艺家用嫁接法培育出来的杂交品种。作为东西文化的“凑体”，留学生是一种极复杂的社会动物：明明是甲文化甲种族的产物，却不能不在乙文化乙种族内作相当之顺应。日常生活里种种琐碎的顺应功夫，比繁重的课业更难对付。不无悖

① 陈衡哲:《人才与政治》,《独立评论》1932 年第 29 号。

② “文章革命何疑”及“为大中华，造新文学”，均出自胡适《沁园春》誓诗，1916 年 4 月 13 日初稿，《胡适日记全编》2，第 372 页。

论的是，当留学生在乙文化乙种族作顺应之际，又不能不时时反顾自身的文化母体，以免顺应过度，绝了将来的后路。①

清末民初对留学生的期许，不一定以学为主②。出洋留学大都为求专门知识，然而遭逢乱世，学非所用。留学生归国后产生的社会影响，不全靠从书本或课堂上习得的专门知识。曾任《留美学生季报》总编辑的张宏祥认为留学界应担负革新思潮之责，“虽吾人分科专攻，各有所职，而革新思潮之责，实为吾人所同。以吾人寄迹异邦，见闻较广，知彼知己，优劣易判故也”③。留学生要成为一种“文化导力”，除了一定的知识储备，更倚赖其在留学期间与异文化接触，不知不觉所形成的种种思想观念与行为习惯。这些从日常琐碎的顺应功夫中养成的观念与习惯，不仅暗中左右着留学生自身的生活轨迹，势必波及身外之社会，形成某种新的风气或思潮。④

1910年代留美学界重实学、轻虚文的风气，源于对国内形势的误判，以为民国肇始，百废待举，摧枯拉朽的破坏时代业已过去，即将迎来全方位的建设时代。建设时代亟需专门知识、实用技能，而非蹈空之学。然而民初留美学生期盼的建设时代似乎仍遥不可及，从政治、经济、思想、文化各方面看，破坏时代有方兴未艾之势，隐然有更大的破坏要来。1917年胡适在归国日记中感叹“数月以来，但安排归去后之建设事业，以为破坏事业已粗粗就绪”；“何意日来国中警电纷至，南北之分争已成事实，时势似不许我归来作建设事”⑤。

1911年《留美学生年报》创刊号介绍美国留学界情形，强调“建设主义”是留美学界之一大特色。所谓“建设主义”有三重意涵：其一，留美学生多修实用之学，实用之学即建设之学；其二，美国为“大建设之

---

① 潘光旦：《今后之季报与留美学生》，《留美学生季报》第11卷第1号，1926年3月。
② 参见罗志田：《学无常师》，《读书》2010年第7期。
③ 张宏祥：《留学界革新思潮之责》，《留美学生季报》第4卷第4号，1917年12月。
④ 参见潘光旦：《今后之季报与留美学生》。
⑤ 胡适：《归国记（民国六年六月九日至七月十日）》，《胡适日记全编》2，第597页。

国”，建设精神处处可见，在此留学不能不受此影响；其三，中国即将步入建设时代，铁路开矿政治法律，莫非建设事业[1]。美国为“大建设之国”，是留学生抵美之初的直观印象：

> 美国新创之国也，哥仑布未至之前，美土实红人游猎之所，一自欧民移植，文化遂乃大兴。蔓草荒榛，悉成沃壤；崇岭峻谷，举作重城。举地铁轨，作龙蛇之走；连云巨厦，干霄汉而矗。若电机，若铁道，举此等等，无一非近百年内发生之物。[2]

新兴之国、新辟之土，事事待建设，不可不重实用之学。故美国人多务实，立说以致用为归，其特长不在理想之学。若论理想之学，美国不及英德法等老牌帝国；若论实用之学，英德法皆不及美国。美国既以工程实业立国，中国赴美留学者自然以选修专门工程及实业者居多。据1911年留美学界之专业统计：

> 一、选修人数25人以上
>
> 通常大学科50人，铁路工程50人，农业38人，科学34人，矿学27人
>
> 二、选修人数15—25人
>
> 商业23人，机器工程23人，化学工程19人，电学工程15人，理财15人
>
> 三、选修人数5—15人
>
> 法律12人，政治11人，教育10人，化学9人，造船8人，医学

① 朱庭祺：《美国留学界》，《留美学生年报》庚戌年第一期，宣统三年辛亥六月（1911年7月）。据《留美大学学生表》（《留美学生年报》1913年1月）登记信息，朱庭祺为上海人，毕业于北洋大学；1906年赴美就读于哈佛大学，专攻理财学，1912年获硕士学位。

② 侯景飞：《康奈尔大学》，《留美学生年报》1913年1月。

6人，语言6人

四、选修人数1—5人

神学4人，哲学3人，音乐2人，牙医1人，森林1人，建筑1人[①]

此种择业取向反映出辛亥革命前后留美学生的时代认知与自我定位。胡适留美之初即发现“此间吾国学子大半习Engineering（工程），虽亦有一二俊乂之士，然余子碌碌，无足与语者，国文根柢尤浅”[②]。据他观察，“留美学生中好学生甚多，惟人才则极寡，能作工程师、机械匠者甚多，惟十之八九皆‘人形之机器’耳”[③]。

胡适赴美之初的志业选择，亦受制于留美学界重实学、轻虚文的总体氛围。若论性之所近，胡适更亲近文学，然而受实业救国思潮影响，1911年初他给好友许怡荪写信道：

弟初志习农，后以本年所习大半属文学，且自视性与之近，颇有改习arts之意，今则立定志向，不再复易矣。其故盖以弟若改科，必专习古文文字，然此是小技，非今日所急。……“文学救国”，今非其时，故不欲为。[④]

胡适违背个人性情，立志学农，因此时在他心目中“文章真小技，救国不

① 朱庭祺：《美国留学界》，第一章“留学界之学业”。

② 1911年2月7日胡适致许怡荪函，《胡适许怡荪通信集》，上海，上海人民出版社，2017年，第15页。此函落款日期为“辛亥二月初七日”，《胡适许怡荪通信集》及潘光旦主编《胡适中文书信集》将其系于1911年3月7日，据宋广波考证，应作于1911年2月7日。参见宋广波：《考释胡适致许怡荪五通书信》，《中国文化》2019年第1期。

③ 1914年6月5日胡适致许怡荪函，《胡适许怡荪通信集》，第44页。

④ 1911年2月26日胡适致许怡荪信，同上书，第17页。着重号为笔者所加。

中用”[①]。在国将不国的压力下，胡适把“文学”搁在次之又次的位置上，申言“今日第一要事，乃是海军，其次则陆军之炮弹，其次则大政治家，大演说家，皆可以兴国，至于树人富国，皆是末事”[②]。在实学与虚文之间，取实学；在实力与实业之间，取实力；在硬实力与软实力之间，取海军及陆军炮弹代表的硬实力。这虽是胡适一时过激之言，却也表明“文学”被排除在救国之急务以外。

以文学为志业，在清末民初信奉实业救国的留美学界要承受相当大的心理压力，这从胡适的好友梅光迪身上看得尤为明显。梅光迪性情孤傲，不善交际，始终与留美学界格格不入，其在日常琐碎的顺应功夫上远逊于胡适。留美之初梅光迪对文学的态度亦颇纠结，既以自家的诗文修养为傲，又不肯以文士自居。他曾向胡适坦言，其“初来时亦欲多习文学，而老学生群笑之，以为文学不切实用，非吾国所急，今始知老学生之不可靠矣”[③]。“老学生”对文学的轻蔑，给胡、梅二人在择业上造成或明或暗的心理压力。梅光迪为文学辩护的策略是强调“文以人重”[④]、学以文传，他声明“愿为能言能行、文以载道之文学家，不愿为吟风弄月、修辞缀句之文学家”[⑤]。梅光迪觉察出胡适受实业救国思潮的影响，“年来似有轻视文人之意”，故屡次在书信中为自己的文学观辩解。

梅光迪虽不愿以“文士”自居，但他始终视胡适为“文士”。胡适赴美留学之际，梅于临别赠言中称文学乃余事，期待胡适学成归国缔造共

---

① 胡适：《文学篇》。从救国的角度，梅光迪起初亦赞成胡适的志业选择，谓：“救国之策莫先于救贫，救贫尤当从振兴农业入手。自此，举国平民有所托命矣。足下其东方之托尔斯泰乎？”（1910年梅光迪致胡适第一函，《梅光迪文录》，沈阳，辽宁教育出版社，2001年，第111页）

② 1911年5月19日胡适致许怡荪信，《胡适许怡荪通信集》，第21页。

③《梅光迪文录》，第149页。

④ 同上书，第112页。

⑤ 同上书，第149页。

和，“焉知事功不能与华盛顿相映”？[①] 当胡适转修哲学时，梅光迪极表赞成，谓治哲学者尤当治文学，胡适之改科“乃吾国学术史上一大关键”，望其“将来在吾国文学上开一新局面”[②]。

1915 年胡适在送梅光迪往哈佛大学的赠别诗中，第一次用“文学革命”这个词。这首送别诗引发的争论，被胡适叙述为文学革命的导火索。尤堪玩味的是，在“文学革命其时矣”这句宣言的前后，两次出现“梅生梅生勿自鄙”。胡适劝梅光迪“勿自鄙”，其实也是给自己鼓劲打气。“文学革命其时矣”的宣言，由“梅生梅生勿自鄙”引逗出来，令其“自鄙”的压力源自民初留美学界崇尚科学、崇尚实力的风气：“同学少年识时势，争言‘大患弱与贫。吾侪治疾须对症，学以致用为本根’。”[③]

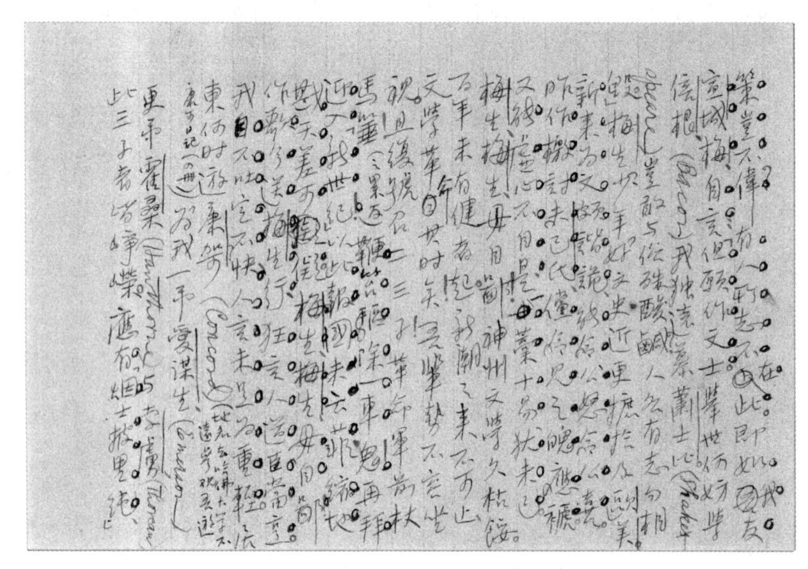

胡适《送梅觐庄往哈佛大学》，1915 年 9 月 17 日胡适日记。图片来源：《亚东遗珍》

---

① 梅光迪：《序与胡适交谊的由来》，《胡适遗稿及秘藏书信》第 33 卷，合肥，黄山书社，1994 年，第 481 页。

② 1912 年 3 月 5 日梅光迪致胡适函，《梅光迪文录》，第 120—121 页。

③ 胡适：《送梅觐庄往哈佛大学》，《留美学生季报》第 2 卷第 4 号，1915 年 12 月。

这首诗中夹杂了11个外来词，胡适自诩为“文学史上一种实地试验”[①]。这种“破体”的形式试验，可看作开门揖盗之举。“牛顿（Newton）”“客尔文（Kelvin）”“爱迭孙（Edison）”等与旧诗体极不协调的外来词，出自识时务为俊杰的“同学少年”之口，代表了“科学救国”的强势话语。“自言‘但愿作文士，举世何妨学培根（Bacon），我独远慕沙士比（Shakespeare）。岂敢与俗异酸咸，士各有志勿相毁’”[②]，与其说是梅光迪的心声，毋宁说是胡适的自白。“士各有志勿相毁”不正暗示梅、胡二人以文学为志业，在“学以致用”的风气之下遭受的轻视诋毁？[③]

1916年当胡适酝酿“文学革命”之际，梅光迪宣布从今以后“与文学专业断绝关系”，只把文学当一种学问而非美术，借之发表人生哲学以为“救世之具”[④]。不同于胡适“为大中华、造新文学”的宏愿，梅光迪愈发趋重宗教、伦理、历史等方面，而不以纯文学家自期[⑤]。至于胡适召唤的文学革命，梅以为“吾辈及身决不能见”，“欲得新文学，或须俟诸百年或二百年以后耳”[⑥]。

在“逼上梁山”的故事中，梅光迪被塑造为文学革命的反对派。胡、梅之间的激烈争执，正缘于二人都以文学为志业，均为留美学界之“异端”。不愿与胡适正面冲突的任鸿隽，其对科学与文学的定位更符合留美学界的主流倾向。1914年任《留美学生季报》主笔的任鸿隽批评留学生

---

① 1915年9月17日胡适日记，《胡适日记全编》2，第284页。

② 胡适日记所存诗稿，文字略有出入：“自言‘但愿作文士。举世何妨学培根，我独远慕萧士比。岂敢与俗殊酸咸，人各有志勿相毁。”此诗收入《去国集》，删去“岂敢与俗殊酸咸，人各有志勿相毁”。

③ 唐钺给梅光迪的送别诗可作佐证：“物质与精神，于国均有造。胡为承学士，互诟效姑嫂。”（唐钺：《送梅觐庄之哈佛大学兼示叔永杏佛》，《留美学生季报》第2卷第4号，1915年12月）

④ 1916年3月14日梅光迪致胡适函，《梅光迪文录》，第161页。

⑤ 1916年3月19日梅光迪致胡适函，同上书，第163页。

⑥ 1916年3月14日梅光迪致胡适函，同上书，第161页。

“侈言建设而忘学界”，他将学界比作“暗夜之烛”“众瞽之相”，认为学界之有无关系国运之兴衰[①]。任鸿隽所言之“学界”是指“格物致知，科学的学界；而非冥心空想，哲学的学界”[②]。其“建立学界论”中已隐伏着科玄之争：

> 实质之学，譬如辟路于草莽而登高山，步步而增之，方方以进之，至其登峰造极，亦有豁然开朗之一日。玄想之学，譬犹乘轻气之球，游于天空，有时亦能达其所望，而与以清明之观，然迷离徜恍者十八九也。[③]

任鸿隽回顾自己的留学经历，谓东西方学术文化的差异在于科学之有无。他所谓的“科学”并非专门之学，而是“西方近三百年来用归纳方法研究天然与人为现象所得结果之总和”。任鸿隽视科学为西方文化之泉源，主张取法西方“莫若绍介整个科学”，“绍介科学不从整个根本入手，譬如路见奇花，撷其枝叶而遗其根株”[④]。有志于科学事业者，非但要深究专门之学，更要把握“为学之术”即科学方法。1914 年任鸿隽在康奈尔大学与胡明复、赵元任、杨铨诸人发起中国科学社，随后创办《科学》杂志鼓吹科学救国。

作为《留美学生季报》的主笔，任鸿隽虽是“诗词栏”的顶梁柱，但在论说文中对“文学”颇有微词。他笔下的“文学”，并非 literature 的对应物，乃泛指语言文字之学。任鸿隽断言“中国无学界”，因“近世中国舍文人外，无所谓学者也”[⑤]。在他看来，中国数千年之学术思想史，不外

---

① 任鸿隽：《建立学界论》，《留美学生季报》第 1 卷第 2 号，1914 年 6 月。
② 任鸿隽：《建立学界再论》，《留美学生季报》第 1 卷第 3 号，1914 年 9 月。
③ 同上。
④ 任鸿隽：《五十自述》，1937 年 12 月作于庐山，《科学救国之梦：任鸿隽文存》，上海，上海科技教育出版社，2002 年，第 683 页。
⑤ 任鸿隽：《建立学界再论》。

任鸿隽室内读书照

图片来源：Lincoln E. Patterson 所藏

Foreign Students at Cornell University Scrapbooks

乎一部“文学的”历史。“所谓文学的，非仅策论词章之伦而已。凡学之专尚主观与理想者，皆此之类也。”①

任鸿隽认为西方学术思想之精髓，即斯宾塞所谓“学事物之意，而不学文字之意”。中国治学之道，则专求文字之意，不顾事物之意②。若沉溺于“文字之意”，会陷入“以愈重文，乃愈略质；以愈略质，文乃愈敝”的恶性循环。未来的学术革命、思想革命，首要任务是纠正“好文之弊”，提倡“学问上之物质主义”③。“不以寻章摘句、玩索故纸为已足，而必进探自然之奥；不以独坐冥思为求真之极轨，而必取证于事物之实验。”④“文学”作为科学的对立面，在任鸿隽的建立学界论中，被认作导致中国学术“停顿幽沉”的痼疾。

---

① 任鸿隽：《吾国学术思想之未来》，《科学》第 2 卷第 12 期，1916 年 12 月。

② 任鸿隽：《论学》，《科学》第 2 卷第 5 期，1916 年 5 月。

③ 任鸿隽：《吾国学术思想之未来》。

④ 任鸿隽：《建立学界再论》。

留美时期任鸿隽虽以鼓吹科学救国自任，但并非如“老学生”那般轻视国文。他认为精研科学与注重国文并不矛盾，要传播科学知识，不可不通本国文学。文学如工匠之刀锯准绳，有斲木埰石、建筑室家之用，而非所以建筑之物；建筑之物乃求真致用之学，需借助科学方法[①]。换言之，任鸿隽对文学的肯定，是将其视为传播学术思想的工具，而非“学”之本体。

由于社会组织不完备，留学生归国后无用武之地，多随波逐流，泯然于众人。回国留学生之堕落，诚如赵元任打油诗戏言：

> （一）“Te-th”功程师，迭俩勿行吹。转去大得法，教书。（用上海音读）
>
> （二）实业并不难，只要在乎专。回去第一样，做官。
>
> （三）四载苦经营，炎炎爱国诚。学成尽大义，结婚。[②]

留美学生专趋实业，回国后遭逢政治动乱，有实业人才而无实业以为用，如以杯水益巨海，泯然于若有若无之间。而国内思想界对留学生的期许，不止于工程师、专门家，而是作为一种文化引导力。要形成左右社会的文化引导力，除专业知识上的权威外，还需具备传播一己学术思想之能力。学者必须把基于专业知识做出的文化诊断，“翻译”成一般人听得懂的语言。留学生人数有限，要最大限度地发挥其社会功能，唯有通过著书立说，自达其意。就学术普及、思想流衍而言，文章非“小技”。

三、 视同“阑尾”的《去国集》

1920年底，胡适先后请任鸿隽、陈衡哲夫妇，鲁迅、周作人两兄弟

① 任鸿隽：《建立学界再论》。

② 赵元任：《留学杂思》，5“回国留学生之事业”，《留美学生季报》第5卷第4号，1918年12月。

及俞平伯删选《尝试集》。经数人审定后，《尝试集》第四版中《去国集》删去八首，添入一首，共存十五首①。

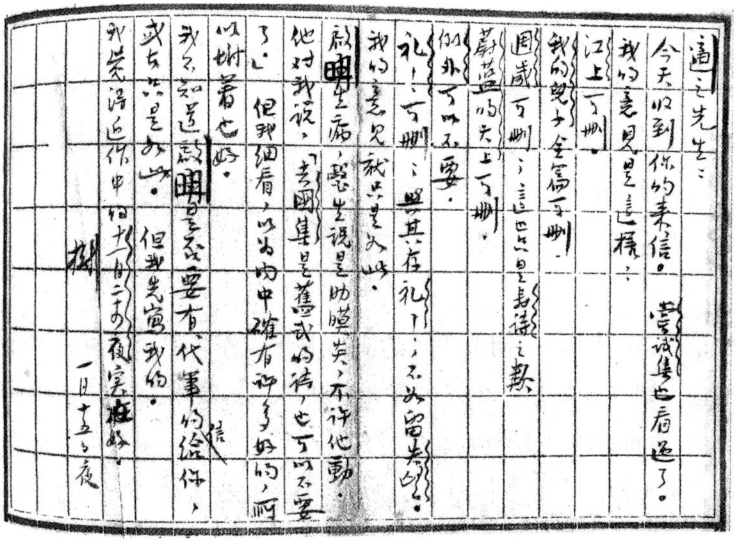
適之先生：
今天收到你的來信。嘗試集也看過了。
我的意見是這樣：
江上 可刪。
我的兒子 全篇可刪。
周歲 可刪；這只是壽詩之類。
蔚藍的天上 可刪。
例外 可以不要。
礼！ 可刪；與其存礼！，不如留失望。
我的意見就只是如此。
啟明生病，醫生說是肋膜炎，不許他動。他對我說，「去國集是舊式的詩，也可以不要了。」但我細看，以為內中確有許多好的，所以附着也好。
我不知道啟明是否要有代筆的信給你，或者只是如此。但我先寫我的。
我覺得近作中的十一月二十四夜實在好。
樹 一月十五夜

1921年1月15日鲁迅致胡适信，关于《尝试集》删改意见

周氏兄弟对《去国集》的态度不同。鲁迅向胡适转达周作人的看法：“《去国集》是旧式的诗，也可以不要了。”接着话锋一转：“但我细看，以为内中确有许多好的，所以附着也好。”② 鲁迅作旧体诗，随写随弃，从未结集出版，他主张保留《去国集》，是从诗的好坏着眼。周作人随后致信胡适，从编辑体例上补充说明他“当初以为这册诗集既纯是白话诗，《去国集》似可不必附在一起；然而豫才的意思，则以为《去国集》也很

① 胡适：《四版自序》，1922年3月10日作，《尝试集》增订四版，上海，亚东图书馆，1922年。

② 1921年1月15日周树人致胡适信，《北京大学图书馆藏胡适未刊书信日记》，四“《尝试集》通信”，北京，清华大学出版社，2002年，第176页。

可留存，可不必删去”[①]。

周氏兄弟的意见分歧，似未参透胡适编订《去国集》，附于《尝试集》后的用意。《去国集》自序云：

> 胡适既已自誓将致力于其所谓“活文学”者，乃删定其六年以来所为文言之诗词，写而存之，遂成此集。名之曰“去国”，断自庚戌也。昔者谭嗣同自名其诗文集曰“三十以前旧学第几种”[②]。今余此集，亦可谓之六年以来所作“死文学”之一种耳。[③]

自序作于1916年7月，胡适用“活文学”与“死文学”为自己留美时期的诗词创作划了一条分界线。若将《尝试集》初版本及增订本中收录的《去国集》篇目，与《留美学生年报》及《季报》上公开发表的胡适诗词相对照，再参校胡适留学日记中保存的诗词底稿，不难发现删削、改编的痕迹。

谭嗣同出现在《去国集》自序中，饶有意味。谭自称“三十以后，新学洒然一变，前后判若两人。三十之年，适在甲午，地球全势忽变，嗣同学术更大变”，“故旧学之刻，亦三界中一大收束也”[④]。胡适援引谭嗣同之例，意在以“今日之我”作别“昔日之我”。其删定《去国集》后，宣称自1916年7月起“不再作文言诗，偶有所作，皆以白话为之，意欲以实地试验，定白话之可否为韵文之利器”。[⑤]《去国集》的编排严格按时间

---

① 1921年1月18日周作人致胡适信，《北京大学图书馆藏胡适未刊书信日记》，第177页。

② 谭嗣同：《东海褰冥氏三十以前旧学四种》（包括《寥天一阁文》《莽苍苍斋诗》《远遗堂集外文》《石菊影庐笔识》），光绪二十三年（1897年）金陵刊本。参见谭嗣同：《三十自纪》，《谭嗣同集》，长沙，岳麓书社，2012年，第60页。

③ 胡适：《去国集》自序，《尝试集》再版本。

④ 谭嗣同：《与唐绂丞书》，《谭嗣同集》，第279页。

⑤ 1916年9月7日胡适致许怡荪信，《胡适许怡荪通信集》，第70页。

顺序，每首诗词都注明写作年月，意在“稍存文字进退及思想变迁之迹”。此种编纂方式暗含历史进化的线索，将《去国集》与《尝试集》切割开来，作为文学革命前史的一部分。问题在于《去国集》纯然是“死文学”吗？其中是否包含着早期新诗未充分展开的形式可能性？

《去国集》只有自序，别无他序。在胡适留美时期的朋友圈中，最有资格为《去国集》作序的，无疑是诗友兼论敌的任鸿隽。然而任却婉拒了胡适作序的请求：“大作《去国集》极愿拜读，但作序与否未敢遽诺。其理由仍如足下所云‘有话说则作之，无话说不敢作应酬语’。好在足下此时尚不‘刻板’，序不序固无妨也。”[①] 此时任鸿隽正就《泛湖即事》诗与胡适往复辩论，任在作序上采取拖延战术，与其说是对《去国集》有何不满，不如说不认同胡适“死文学”与“活文学”的二分法。

《泛湖即事》诗引发的争论，被胡适视作“发生《尝试集》的近因”[②]。1916 年 7 月 8 日暑假期间，任鸿隽偕陈衡哲、梅光迪、杨铨、唐钺、廖慰慈诸友于绮色佳郊游荡舟。任鸿隽此次得与陈衡哲初会，“一见如故，爱慕之情与日俱深，四年后乃订终身之约焉”[③]。7 月 11 日任鸿隽致信胡适谓：

> 前星期六偕陈女士梅觐庄等泛湖，傍岸舟覆，又后遇雨，虽非所以待客之道，然所历情景，亦不可忘。归作四言诗纪其事，录呈吟正。隽自不作四言诗，此诗亦自试耳。不妥处自知甚多，乞为我改削之。[④]

此时胡适与陈衡哲虽“订交而未晤面”，三个人的关系尚处于暧昧状态，

---

① 1916 年 7 月 20 日任鸿隽致胡适信，《胡适遗稿及秘藏书信》第 26 册，第 187 页。
② 胡适：《〈尝试集〉自序》。
③ 任鸿隽：《五十自述》。
④ 1916 年 7 月 11 日任鸿隽致胡适信，《胡适遗稿及秘藏书信》第 26 册，第 183 页。

任鸿隽此信以赋诗呈正为名，似有近水楼台先得月的暗示。二人后续围绕《泛湖即事》的往复讨论，表面上就诗论诗，但题目中“偕陈衡哲女士”这一刺眼字样，或许起到催化剂的作用。任鸿隽用四言诗体记叙泛湖、覆舟、遇雨的波折，颇有挑战性。四言诗在表现功能上更宜于场面铺叙或抒发情感，而不适于跌宕起伏的叙事。①

1917 年 4 月 7 日胡适与任鸿隽同访陈衡哲，二人初次见面时留影。《胡适留学日记》出版时删去了这张合影。图片来源：《亚东遗珍》

若将《胡适遗稿及秘藏书信》中保存的任鸿隽来信，与《藏晖室札记》中以“答觐庄白话诗之起因”为题摘录的来往书信相对照，即发现胡适《逼上梁山》将论辩焦点放在“死文字”与“活文字”之争上，而任鸿隽《泛湖即事》真正用力经营的桥段却在“覆舟”：

① 参见葛晓音：《四言体的形成及其与辞赋的关系》，《中国社会科学》2002 年第 6 期；葛晓音：《汉魏两晋四言诗的新变和体式的重构》，《北京大学学报》2006 年第 9 期。

行行忘远，息棹崖根。忽逢波怒，鼍掣鲸奔。

岸逼流回，石斜浪翻。翩翩一叶，冯夷所吞。[①]

7月12日胡适寄书任鸿隽，质疑中间写覆舟一段，“未免小题大做”：“读者方疑为巨洋大海，否则亦当是鄱阳洞庭，乃忽紧接‘水则可揭’一句，岂不令人失望乎?”此节中，胡适以为“岸逼流回，石斜浪翻”才算好句，可惜为几句“大话”所误[②]。7月14日任鸿隽回信解释覆舟一段“小题大做”的缘由，系因布局之初“实欲用力写此一段，以为全诗中坚”，或许用力过猛，遂流于“大话”[③]。覆舟这一戏剧性的瞬间，是传统四言诗难以容纳的新经验。此节虽是任鸿隽得意之笔，但他还是听从了胡适的建议，把“鼍掣鲸奔”改为“万螭齐奔”，“冯夷”改为“惊涛”[④]，以避海洋之意。[⑤]

对于任鸿隽的这番妥协，胡适仍不买账，7月16日回信说《泛湖即事》诗中写翻船一段所用字句“皆前人用以写江海大风浪之套语”，任鸿隽“避自己铸词之难，而趋借用陈言套语之易，故全段一无精彩”。任鸿隽自称“用力太过”，在胡适看来，实则趋易避难，全未用力。在将任鸿隽最得意的段落全盘否定之后，胡适又祭出“死文字”与“活文字”的法宝，说诗中所用“言”字、“载”字都是“死字”，又如“猜谜赌胜，载笑载言”两句，上句为二十世纪之活字，下句为三千年前之死句，殊不相称。[⑥]

---

① 任鸿隽：《泛湖即事》初稿，《胡适遗稿及秘藏书信》第26册，第184页。

② 1916年7月12日胡适致任鸿隽信，《胡适日记全编》2，第442页。

③ 1916年7月14日任鸿隽答胡适书，同上书，第443页。

④ 张衡《思玄赋》：“号冯夷俾清津兮，棹龙舟以济予。”李善注《文选》引《青令传》曰：“河伯姓冯氏，名夷，浴于河中而溺死，是为河伯。”

⑤ 两处修改见《胡适遗稿及秘藏书信》第26册，第184页。

⑥ 1916年7月16日胡适答任鸿隽书，《胡适日记全编》2，第443页。

To my dear friend
Y.R.Chao
by whom this picture
was taken on
lake Cayuga
May 16.1920
H.C.Zen

(原照片右下角题字)

任鸿隽湖上泛舟图，1920 年 5 月 16 日赵元任摄

面对胡适咄咄逼人的批评，任鸿隽的回复软中有硬，在“覆舟”一节上以退为进，虽易去胡适不喜之套语，但未迁就胡适浅白的趣味：

> 载息我棹，于彼崖根。岸折波回，石漱浪翻。
> 翩翩一叶，横掷惊掣。进嚇石怒，退惕水瘞。①

7 月 17 日任鸿隽答胡适书：“足下所不喜之覆舟数句，今已大半易去，其中‘进退’两句颇用力写出，足下当不谓之死语。”② 任用力写出的“进

① 任鸿隽：《七月八日偕陈衡哲女士、梅觐庄、杨杏佛、唐擘黄、廖慰慈诸友泛湖即事》，《胡适遗稿及秘藏书信》第 26 册，第 186 页。

② 1916 年 7 月 17 日任鸿隽答胡适书，《胡适遗稿及秘藏书信》第 26 册，第 186 页。藏晖室札记“答觐庄白话诗之起因”仅摘录此信开头两句客套话，未抄录全信。

嚇石怒，退惕水瘥”，即便不被判为“死语”，从字面上看，肯定不是胡适所喜之句。在文字死活的问题上，任鸿隽的态度则较为强硬：

> 足下谓“言”字“载”字为死字，则不敢谓然。如足下意，岂因《诗经》中曾用此字，吾人今日所用字典便不当搜入耶？“载笑载言”固为“三千年前之语”，然可用以达我今日之情景，即为今日之语，而非“三千年前之死语”，此君我不同之点也。①

胡适索性在任鸿隽信上直接批注，划出“岂因《诗经》中曾用此字，吾人今日所用字典便不当搜入耶”一句，旁批“笑话”二字②；就“载笑载言”的用法，胡适于行间批注：“载字究竟何义？所用之地究竟适当否？何不用今日之活语以达‘今日之情景’乎？”③

奉《诗经》为圭臬的四言诗传统，正是以“载”“言”一类的虚字为中心。“载”字、“言”字是四言诗中构词力最强的虚字，“载○载○”构成的套语系统包括：载笑载言、载驰载驱、载飞载鸣、载饥载渴、载芟载柞等。可以说“载○载○”是《诗经》中最常见的虚词结构，正是此类套语模式（formula pattern）造就了四言诗的独特风格④。在四言诗的创作过程中，构成套语模式的虚字结构是先于实字的⑤。胡适所谓的“死字”

---

① 1916年7月17日任鸿隽答胡适书，《胡适遗稿及秘藏书信》第26册，第186页。

② 1916年7月20日任鸿隽回信解释所谓“字典”自是作诗之字典，非普通用之字典。“载笑载言”之“载”字亦有不作始字解者，如《诗》之“载驰载驱”“载芟载柞”等是。要之吾人用此等句，固仍视为今之用法，以载字作语词可耳，不问其诗经□古义云何也。（同上书，187页）

③ 胡适批注见1916年7月17日任鸿隽答胡适书，同上书，第186页。

④ C. H. Wang, *The Bell and the Drum: Study of Shih Ching as Formulaic Poetry*, Berkeley and Los Angeles: University of California Press, 1974. 中译本参见王靖献：《钟与鼓——〈诗经〉的套语及其创作方式》，谢濂译，成都，四川人民出版社，1990年。套语理论源自荷马史诗研究，所谓“套语”指“在相同的韵律条件下被经常用来表达某一给定的基本意念的一组文字”；“套语系统”即构成一个替换模式的一组套语。

⑤ 参见孙立尧：《四言诗虚字中心说》，《中国韵文学刊》2006年第4期。

“死句”，恰是四言诗传统中最稳定的套语模式。胡适对《诗经》里的虚字做过专门研究[①]，任鸿隽用“载笑载言”正好撞在他枪口上。胡、任二人关于文字死活的论争，其实与四言诗以虚字为中心的套语系统有关。倘若《泛湖即事》诗用五古或七古写就，不依赖“载笑载言”这样套语化的冗余句式，文字的死活问题未必如此凸显。

1916年12月《泛湖即事》诗正式发表于《留美学生季报》，任鸿隽保留了“言”字“载”字的用法，连胡适认为“殊不相称”的“猜谜赌胜，载笑载言”也只字未改[②]。在围绕《泛湖即事》诗的攻防战中，任鸿隽于“覆舟”一节略有妥协，但在文字死活的问题上，胡适始终未能说服任鸿隽，还引来梅光迪为任助阵[③]。如若考虑到四言诗长于抒情、描写，短于叙事的表现功能，与“覆舟”这一偶然事件的戏剧性，不能不说胡适在字面上再三挑剔，抹杀了任鸿隽《泛湖即事》诗用“旧瓶装新酒”的形式试验。

史家周策纵认为胡适写诗多是有所为而作，欠缺挚情，也就不能以情移人，可谓是“无心肝的月亮”[④]。说理胜于言情，不仅是胡适白话诗的特点，在他早期文言诗词创作中，说理的成分也愈发浓厚。为挣脱任、杨二人的阴影，胡适旁逸斜出，主攻说理诗，且“立异以为高”。说理压倒言情的倾向，从收入《去国集》的长诗《自杀篇》中看得尤为明显。《自杀篇》本是伤逝之作，伤逝诗自以寄托哀思为正宗，而胡适偏要在诗中宣扬乐观主义。《自杀篇》副题为“为叔永题鹡鸰风雨集”，诗

---

① 胡适：《诗经里的“虚字”的研究》（手稿），《胡适遗稿及秘藏书信》第11册，耿云志主编，合肥，黄山书社，1994年。

② 任鸿隽：《七月八日偕陈衡哲女士梅觐庄杨杏佛廖慰慈唐擘黄诸友泛湖即事》，《留美学生季报》第3卷第4号，1916年12月。

③ 在《泛湖即事》诗修订稿后，任鸿隽附注：“觐庄有长书致君，□君当先讨论我诗，乃与觐庄开笔仗可耳。”见《胡适遗稿及秘藏书信》第26册，第186页。

④ 周策纵：《论胡适的诗——论诗小札之一》，唐德刚《胡适杂忆》附录，台北，传记文学出版社，1981年，第229—230页。《无心肝的月亮》是胡适1936年作的白话诗，收入《尝试后集》第一编。

序云：

任叔永有弟季彭，居杭州。壬癸之际，国事糜烂，季彭忧愤不已，遂发狂[①]。一夜，潜出，投葛洪井死。叔永时在美洲，追思逝者，乃掇季彭生时所寄书，成一集，而系以诗，有“何堪更发旧书读，肠断脊令风雨声”之句。季彭最后寄诸兄诗，有“原上脊令风雨声”之语，故叔永诗及之。叔永索余题辞集上，遂成此篇，凡长短五章。[②]

胡适在《尝试集》自序中提及此诗，仅强调《自杀篇》作为形式试验的意义：“完全用分段作法，试验的态度更显明了。”[③] 随后援引《藏晖室札记》中两段跋语，算是戏台内的喝彩：

吾国诗每不重言外之意，故说理之作极少。求一朴蒲（Pope）已不可多得，何况华茨活（Wordsworth）、贵推（Goethe）与卜朗吟（Browning）矣。此篇以吾所持乐观主义入诗。全篇为说理之作，虽不能佳，然途径具在，他日多作之，或有进境矣。

吾近来作诗，颇能不依人蹊径，亦不专学一家。命意固无从摹仿，即字句形式亦不为古人成法所拘，盖颇能独立矣。

对照胡适日记原文，《尝试集》自序的摘引做了两处删改，末句原为“盖胸襟魄力，较前阔大，颇能独立矣”；另一处有意味的改动在“以吾所持

---

① 1914年7月7日胡适日记云：“会宋遁初被刺，政府不能自解，则以兵力胁服南中诸省，季彭忧愤不已，遂发狂。”《胡适日记全编》1，曹伯言整理，合肥，安徽教育出版社，2001年，第331页。

② 胡适：《自杀篇》序，《去国集》，《尝试集》再版附录，第29页。

③ 胡适：《尝试集》自序，《尝试集》再版本，第21页。

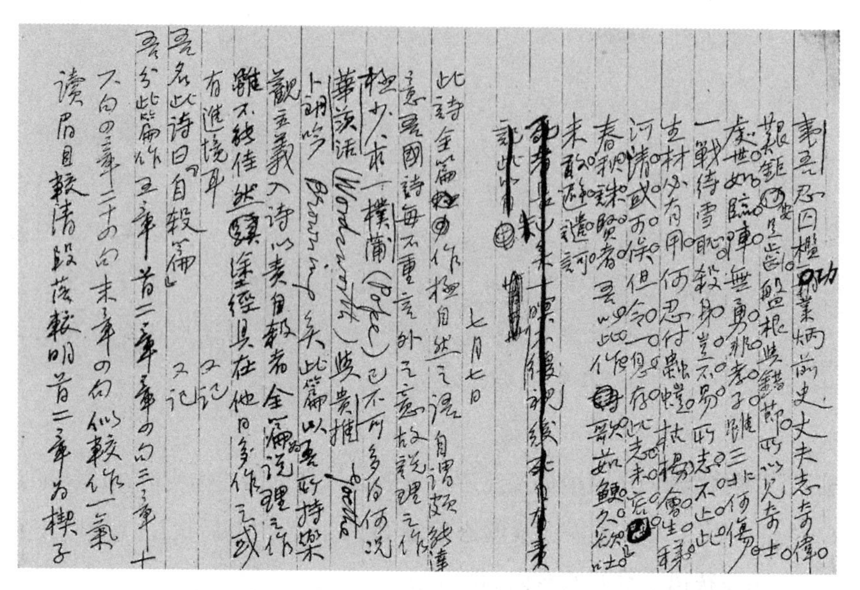

艱鉅豈足齒。盤根與錯節。所以見奇士。
處世如臨陣。無勇非孝子。雖三北何傷。
一戰待雪恥。殺身豈不易。所志不止此。
生材必有用。何忍付蟲豸。枯楊會生稊。

此詩全篇作極自然之語，自謂頗能達意。吾國詩每不重言外之意，故說理之作極少。求一樸蒲（Pope）已不可多得，何況華茨活（Wordsworth）、貴推（Goethe）與卜朗吟（Browning）矣。此篇以表所持樂觀主義入詩，全篇為說理之作，雖不能佳，然途徑具在，他日多作之，或有進境耳。　七月七日

吾名此詩曰《自殺篇》。　又記

吾今分此篇作五章，首二章章四句，三章十句，四章二十四句，末章四句。似較作一氣讀者自較清，段落較明，首二章為楔子

胡适《自杀篇》。图片来源：《胡适留学日记手稿本》

乐观主义入诗”后，原有“以责自杀者”数字①。《自杀篇》在篇章结构上的试验性不容否认，然而胡适违背了伤逝诗的主旨，于生者哀恸未尽之际苛责死者。对照与《自杀篇》同期发表的任鸿隽《书鹡鸰风雨集后》，确是“至性语”：

阅历沧桑更死生，每搔短鬓意如酲。何堪更发旧书读，肠断鹡鸰风雨声。

孤山隐隐对孤坟，夕照寺前夕照曛。不为湖光能入梦，年年万里望白云。②

① 1914年7月7日胡适日记，《胡适日记全编》1，第332页。

② 任季彭葬于西湖夕照寺前白云庵侧。任鸿隽：《书鹡鸰风雨集后》，《留美学生季报》第1卷第3号，1914年9月。

若说任鸿隽、胡适与死者有亲疏之别，且看杨铨作《贺新凉·吊季彭自溺》，词未必佳，“生愧死，死无所”，亦多沉痛语[1]。“贺新凉”词调声情沉郁苍凉，宜抒发激越之情。

将胡适日记中保存的《自杀篇》初稿与《留美学生季报》上的初刊本及《去国集》收录的版本对勘，除了个别字句的调整，还有一处较大的删改。《去国集》版删去了第四章中“义士有程婴，偷生存赵祀。夷吾忍囚槛，功业炳前史。丈夫志奇伟，艰巨何足齿”六句[2]。删此六句的原因显而易见，违背了胡适主张的“八不主义”之“不用典”。《去国集》就用典问题所做的删改不止这一处，又如《沁园春·别杨杏佛》，词序云：“将去绮色佳，杏佛以水调歌头赠别，有‘暗惊狂奴非故，收束入名场’之句，实则杏佛亦扬州梦醒之杜樊川耳。”[3]《去国集》将“扬州梦醒之杜樊川”易为“狂奴”二字，并将词中“扬州梦醒，两个狂奴”换作“春申江上，两个狂奴”[4]。可见胡适删定《去国集》时，胸中时刻悬着“八不主义”之戒律。

《去国集》最后一首《沁园春》，实则是“文章革命”的“誓诗”。这首词是胡适用心经营之作，《藏晖室札记》保留了五个版本，先后作于1916年4月12日、4月14日、4月16日、4月18日、4月26日。第五次修改稿后，有1934年5月7日胡适附记：

> 此词修改最多，前后约有十次。但后来回头看看，还是原稿最好，所以《尝试集》里用的是最初的原稿。[5]

---

① 杨铨：《贺新凉·吊季彭自溺》，《留美学生季报》第一年春期，1914年3月。

② 胡适：《自杀篇》，《去国集》，《尝试集》再版附录，第30页。

③ 胡适：《沁园春》，《留美学生季报》第2卷第4号，1915年12月。原稿参见1915年9月2日胡适日记，《胡适日记全编》2，第268页。

④ 胡适：《沁园春》，《去国集》，《尝试集》再版附录，第40页。

⑤ 五、《沁园春》誓诗（四月廿六日第五次改稿），《胡适日记全编》2，第385页。

附记带出两个问题：一、胡适为何在半个月内反复修改此词，原稿何处令其不满；二、《尝试集》为何采用初稿，放弃了精心打磨的修订版。《逼上梁山》对此给出的解释是这首词下半阕口气狂妄，胡适自觉不安，所以多次修改。第三次修改稿，几乎重写了下半阕，删去“为大中华，造新文学，此业吾曹欲让谁”的狂言①。

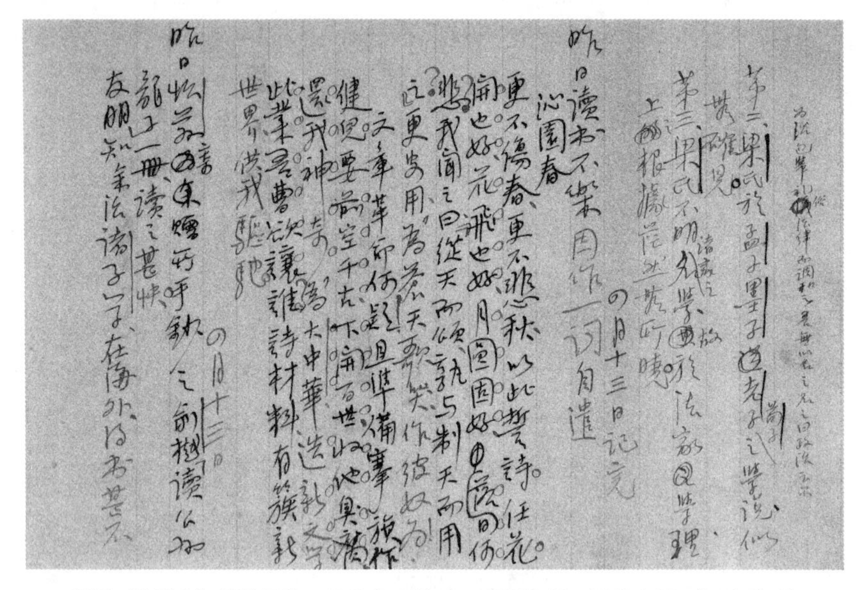

胡适《沁园春》誓诗初稿，1916 年 4 月 13 日胡适日记。图片来源：《亚东遗珍》

下半阕的反复修改，按胡适自己的解释，是想用“文章革命”的具体主张稀释“为大中华，造新文学”的狂言。胡适改来改去，无非针对旧文学的三大病：无病呻吟、模仿古人、言之无物②。他开出的药方甚是寻常，如“文章贵有神思”、“语必由衷、言须有物”、自立门户云云。胡适对这首词的反复修改，到了“琢句雕辞”的地步，岂非违背了他“天然去雕

① 胡适：《逼上梁山》，《中国新文学大系·建设理论集》，第 12 页。

② 四八、吾国文学三大病（四月十七日），《胡适日记全编》2，第 376 页。

饰”的文学主张？第三稿云“到琢句雕辞意已卑”，对照胡适强迫症式的反复修改，不无反讽的意味。回头来看，胡适还是觉得原稿最好，因初稿更近“自然”。初稿下半阕未言及“文章革命”的具体方案，只有“且准备搴旗作健儿”的豪情。“文章革命何疑”的空洞誓词[①]，反倒更贴近胡适“逼上梁山”时的真实心境。这或是《尝试集》采用初稿的原因。

逐句对照五个版本，唯有开头两句只字未动：“更不伤春，更不悲秋。”[②] 这两句奠定了上半阕的基调，宣告与伤春悲秋的抒情传统背道而驰。初稿化用《荀子·天论》之言“从天而颂之，孰与制天命而用之”，胡适《论诗杂记》云：“我爱荀卿天论赋，每作培根语诵之。”[③] 将《荀子·天论》读作培根语录，说明“制天命”之古训在胡适看来，相当于培根代表的近代科学话语。胡适倡导“文章革命”，首先要将伤春悲秋、无病呻吟的抒情主体，置换为“制天而用”的科学“狂奴”。[④]“吾狂甚”之“狂”，源于科学给人征服自然的信心。依傍近代科学的权威，人在“花飞叶落”“春去秋来”等自然代谢面前，不再是谦卑的感应者，而化身为“鞭笞天地，供我驱驰”的征服者[⑤]。不无反讽的是，胡适提倡“文章革命”本是被“科学救国”的强势话语“逼上梁山”之举，而他在誓诗中召唤的革命主体，却是“肠非易断，泪不轻垂”的科学狂人[⑥]。胡适宣称

---

① 《逼上梁山》援引《沁园春·誓诗》，将“文章革命何疑”改为“文学革命何疑”。见《中国新文学大系·建设理论卷》，第 12 页。

② 参见本章附录二：胡适《沁园春·誓诗》逐句对校。

③ 胡适：《论诗杂记》其一，《留美学生季报》第 4 卷第 3 号，1917 年 9 月。

④ 胡适在科玄论争中倡导的“自然主义的人生观”，可用来阐释《沁园春》誓诗中人和自然的关系：在自然主义的宇宙里，天行有常，因果律笼罩一切，人的自由是很有限的；然而人这个渺小的生物在宇宙间也有大作为，他能挣脱因果律的束缚，利用自然法则驾驭天行。胡适基于科学常识提出的“自然主义”人生观，既承认人的有限性，又强调人“制天而用”的能动性。在这种科学的人生观中，未尝没有美，没有诗意，没有道德责任，没有创造的冲动。（胡适《〈科学与人生观〉序》）

⑤ “生斯世，要鞭笞天地，供我驱驰”，出自《沁园春·誓诗》第四稿，1916 年 4 月 18 日，《胡适日记全编》2，第 380 页。

⑥ “肠非易断，泪不轻垂”出自《沁园春·誓诗》第五稿，1916 年 4 月 26 日，《胡适日记全编》2，第 384 页。

“耻与天和地，作个奴厮”[1]，却甘愿匍匐于科学脚下。

删定《去国集》是胡适制造“文学革命”这一历史断点的手段。《尝试集》的酝酿与《去国集》的编订几乎是同步进行的。1916 年 4 月胡适致信许怡荪，谓“去国以来，所作韵文，似有进境”，“近删存庚戌以来诗词一集，名之曰‘去国集’，盖游子之词也”[2]。胡适随信奉上藏晖室札记数册，记其两年来之思想变迁及文学观念。札记中关于文学的部分颇多自矜之辞，胡适解释道：“当此文学革命时代，一点剑拔弩张之气，正不可少。”胡自诩为“革命军前一健儿”，“愿为祖国人士输入一种文学上之新观念，以为后起之新文豪辟除榛莽而已”[3]。由此可见，胡适着手编纂《去国集》，正源于“文学革命”之自觉。《去国集》看似是一个可有可无的“阑尾”，但作为文学革命前史的另一种表现形态，从胡适的精心编排、反复修订中，可见“阑尾”之于主体的意义。

本章试图用谱系学的方法对抗胡适为文学革命建构的起源神话。所谓谱系学的方法，不过是一种饾饤琐碎的文献清理工作，即通过耐心审慎的文本细读、逐字逐句的版本对勘，撕开光滑的历史叙述，复原被改编的前奏或插曲，在历史的发端处，发现各人意图、志趣的分歧而非起源的同一性[4]。用谱系学的方法重构文学革命的前史，需要重读的何止是《逼上梁山》或《去国集》。诸如《文学改良刍议》《文学革命论》等似乎耳熟能详的纲领性文件，都需要回到当时的历史语境中，考索其思路的形成过程，或隐或显的对手方，正反两面的例证材源，而不仅是记取其提出的主义、口号而已。

---

① 出自《沁园春·誓诗》第二稿，1916 年 4 月 14 日，《胡适日记全编》2，第 374 页。

② 1916 年 4 月 19 日胡适致许怡荪信，《胡适许怡荪通信集》，第 61 页。

③ 同上。

④ 参见福柯（Michel Foucault）：《尼采、谱系学、历史》，《福柯集》，杜小真编选，上海，上海远东出版社，2003 年，第 146 页。

附录一 《去国集》篇目删定

《尝试集》再版 附录《去国集》 1920年9月	《尝试集》增订第四版 附录《去国集》 1922年10月
去国行 （庚戌秋）	
翠楼吟	
水龙吟·绮色佳秋暮 （元年十一月初六日）	
耶稣诞节歌 （二年十二月二十六日）	耶稣诞节歌
大雪放歌 （二年十二月）	大雪放歌
久雪后大风寒甚作歌 （三年正月）	久雪后大风寒甚作歌
哀希腊歌 （三年二月一夜/五年五月十一夜）	哀希腊歌
游影飞儿瀑泉山作 （三年五月十三日）	
自杀篇 （三年七月七日）	自杀篇
送许肇南归国 （三年八月十四日）	
墓门行 （四年四月十二日）	
	老树行（增）
满庭芳 （四年六月十二日）	满庭芳
水调歌头·今别离 （四年八月三日）	
临江仙 （四年八月二十四日）	临江仙
将去绮色佳，叔永以诗赠别。作此奉和。即以留别 （四年八月二十九夜）	将去绮色佳，叔永以诗赠别。作此奉和。即以留别
沁园春·别杨杏佛 （四年九月二日）	沁园春·别杨杏佛
送梅觐庄往哈佛大学 （四年九月十七日）	送梅觐庄往哈佛大学
相思	相思
秋声 （五年一月续成去年旧稿）	秋声
秋柳 （此七年前［己酉］旧作也……五年七月）	秋柳
沁园春·誓诗 （五年四月十二日）	沁园春·誓诗

附录二　胡适《沁园春・誓诗》逐句对校

初稿	更不伤春	更不悲秋	以此誓诗	任花开也好	花飞也好	月圆固好	日落何悲
二稿	更不伤春	更不悲秋	以此誓诗	任花开也好	花飞也好	月圆固好	落日尤奇
三稿	更不伤春	更不悲秋	以此誓诗	任花开也好	花飞也好	月圆固好	落日尤奇
四稿	更不伤春	更不悲秋	与诗誓之	看花飞叶落	无非乘化	西风残照	正不须悲
五稿	更不伤春	更不悲秋	与诗誓之	任花飞叶落	何关人事	莺娇草软	不为卿迟

初稿	我闻之曰	从天而颂	孰与制天而用之	更安用	为苍天歌哭	作彼奴为
二稿	春去秋来	干卿甚事	何必与之为笑啼	吾狂甚	耻与天和地	作个奴厮
三稿	春去秋来	干卿甚事	何必与之为笑啼	吾狂甚	耻与天和地	作个奴厮
四稿	无病而呻	壮夫所耻	何必与天为笑啼	生斯世	要鞭笞天地	供我驱驰
五稿	无病而呻	壮夫所耻	何必与天为笑啼	我狂甚	颇肠非易断	泪不轻垂

初稿	文章革命何疑	且准备搴旗作健儿	要前空千古	下开百世	收他臭腐	还我神奇
二稿	何须刻意雕辞	看一朵芙蓉出水时	倘言之不文	行之不远	言之无物	何以文为
三稿	文章要有神思	到琢句雕辞意已卑	定不师秦七	不师黄九	但求似我	何效人为
四稿	文章贵有神思	到琢句雕辞意已卑	更文不师韩	诗休学杜	但求似我	何效人为
五稿	文章贵有神思	到琢句雕辞意已卑	要不师汉魏	不师唐宋	但求似我	何效人为

初稿	为大中华	造新文学	此业吾曹欲让谁	诗材料	有簇新世界	供我驱驰
二稿	为大中华	造新文学	此业吾曹欲让谁	诗材料	有簇新世界	供我驱驰
三稿	语必由衷	言须有物	此意寻常当告谁	从今后	倘傍人门户	不是男儿
四稿	语必由衷	言须有物	此意寻常当告谁	从今后	倘傍人门户	不是男儿
五稿	语必由衷	言须有物	此意寻常当告谁	从今后	待划除臭腐	还我神奇

第六章
作为社交手段的新诗

1922年12月23日《北京大学日刊》登出一则更名启事，称“洪章原名‘白情’，仅用五年，未便乡里。已在美国加利福尼亚大学立案，正式更名洪章，并无别号”。发布这则启事的康洪章，即“五四”前后风云一时的新诗人康白情。康氏废弃1918年进入北大以来使用的“白情”一名，改称“洪章”，与他早年的帮会背景及留美期间的政治活动有关①。从康白情到康洪章，更名这一象征性的行为意味着他告别新诗及“五四”的荣光，正式投身政治运动。然而机缘弄人，以政治为志业的康洪章，最后完全被他此前新诗人的形象掩盖，历史记取的还是康白情。

其实，康白情在新文化运动中扮演的角色，也不是“新诗人”所能笼括的。作为新潮社干事，其活动范围不限于北大。随着五四运动中心的转移，康白情南下上海，任职于全国学联，并成为少年中国学会的核心成员。这位风头正健的“新诗人”，兼有多重身份，“南北奔驰为国

---

① “洪章”的“洪”，暗指与他关系匪浅的洪门。康氏生于川东地区，洪门势力强盛，他九岁就入哥老会充“矮举”（预备会员），到二十五岁即1921年已晋级为“科甲班子”。1922年5月，康白情联合留美学生成立美洲中国文化同盟会，以办报为名与旧金山的洪门致公堂搭上关系，企图联合国内外的洪门势力，实现他的政治抱负。同年康氏曾作四言诗，题为《洪盟》，“落机苍苍，密河泱泱，洪盟皇皇，于世有光”云云，留下他凭早年哥老会的关系加入洪门致公堂的侧影。

忙”[1]，称得上是社会活动家。所以他的新诗既刊于《新潮》《少年中国》，又见于《时事新报》“学灯”栏。这些诗作多半是康白情南来北往交游频繁之际写就的。其中最为人称道的写景诗、记游诗，是他四处串联途中的山水速写，而诗酒交游的痕迹，则保存在大量的送别诗及长篇集会诗中。

新诗对康白情而言，不单是自我发抒，时或用作别致的社交手段。在他那里，新诗不完全是无所为而为的创作，而具有直接或间接的社会功能。这种社会功能，不妨用“诗可以群”来概括。诗作用的群体有大小之别，大群即社会，小群指团体，康白情的这类诗大都在小圈子内传播。作为社交工具的新诗，既不是为人生的文学，也不是为文学而文学，不符合新文学的评价体系。

如果把新文化运动中的康白情看作带着新诗人的光环、活跃于京沪两地的“社交家”，进一步要追问新诗在他五四时期的自我规划中到底处于什么位置？康氏留美不久，写信给少年中国学会（以下简称“少中”）的同人，声称他放弃成学问家的可能，预备做一个“少年中国底新诗人”[2]。其预定的终身事业，是归国后在北京开一个公众食堂，自任堂倌，学招呼应酬，同时以余力从事教育[3]。据1920—1921年少中对会员终身志业的调查，康白情“终身欲研究之学术”为社会制度，“终身欲从事之事业”

---

① 七律《寄家内》，后改题《寄家》，作于1919年12月29日。序曰：“‘五四运动’既起，予鞅掌国事，疏作家信者逾半年。”前四句云：“半年莫怪无消息，南北奔驰为国忙。爱得国来国亦弃，更从何处认他乡？”有人追忆“五四运动”这个词是康白情造的。当时康白情任学生会文书科主任，重要稿件都出自他之手。“有一天他拟了一件快邮代电稿子，说他已给这回运动定下一个历史名词了；又用英文说，一个 historical term。这就是‘五四运动’；现在我们用惯了，在笔下，在嘴上，但很少人知到这个名字的来历。这个名字显然是仿‘五一节’造的。”回忆者也是北大学生，曾与康白情在学生会文书科共事。参见知微：《五四琐记》，1935年5月5日《大公报·文艺副刊》。

② 1921年2月2日康白情致少年中国学会同志信，《少年中国》第3卷第2期“会员通讯”。

③ 同上。

是农工或教育，“事业着手之时日”约在1925年，地点于四川安岳县即他的故乡或其他，“将来终身维持生活之方法”仍是教员或农工[①]。可见在1920年代初以新诗崭露头角的康白情的自我规划中，文学让位于教育及社会改造。

康白情《草儿》（上海，亚东图书馆，1922年）

康白情出国后将五四时期写作的新诗结集为《草儿》，交由亚东图书馆出版。在他看来，这册新诗集只是“新文化运动里随着群众的呼声，是时代的产物”，再加之“半年来思想激变，深不以付印为然”[②]。脱离新文化运动的情境，新诗也就逐渐淡出康白情的视野，但这并不妨碍《草儿》

---

① 《少年中国学会会员终身志业调查表》（1920年10月至1921年11月），转引自《五四时期的社团》（一），北京，生活·读书·新知三联书店，1979年，第428页。康白情的志业选择，与少中摒弃政治运动，倡导教育、实业有关。对比少中其他成员的选择，如同是新诗人的黄仲苏，虽然也打算从事教育及其他社会事业，但学术志向还是在文学、文学批评及文学史。又如热衷于谈诗论艺的田汉，不仅将艺术作为学术研究的对象，其赖以生活的技能也是“Play Write, Poetry-Expression, Painting”。

② 康白情：《〈草儿〉自序》，1921年10月5日作于加里福尼亚大学，《草儿》，上海，亚东图书馆，1922年3月初版。

的风行。1924 年修正三版改署康洪章，更名为《草儿在前集》[①]。并将《草儿》附录的旧诗集《味蔗草》，抽出来扩编成《河上集》[②]。1929 年《草儿在前集》四版印行，封面仍署康洪章，版权页又改署康白情。康氏在"四版重校书后"中解释更名的缘由："草字白情，从前考大学的时候偶然一用，遂不得不以字行。后来试经改易，颇觉约定俗成，亲友终沿故习。从这点小事上，也可见社会力之大，改革不易；只得从俗仍用现名。"[③] 此时远离新文学、亦对政治断念的康洪章已意识到，能被社会承认的依然是与北京大学、五四新文化联系在一起的新诗人康白情。

一、 新诗的自我窄化

1922 年《草儿》出版，俞平伯在序言中表彰康白情作诗的创造精神，即一种特立独行的态度[④]。康氏虽也主张"新诗底精神端在创造"[⑤]，却声称自己"不过剪裁时代的东西，表个人的冲动罢了"[⑥]。胡适也把《草儿》看成早期新诗集中"最重要的创作"，他以为康白情已大胆地宣告了新诗的创造精神："我要做就是对的；凡经我做过的都是对的。随做我底对的；随丢我底对的。"[⑦] 比起胡适"尝试"的态度，这种蛮横的自以为是，确

---

① 康洪章：《〈草儿在前集〉序》，《草儿在前集》，上海，亚东图书馆，1924 年 7 月修正三版。

② 康洪章：《〈草儿在前集〉三版修正序》，1923 年 7 月 15 日序于旧金山，《晨报副刊》1924 年 6 月 20 日。

③ 康白情：《四版重校书后》，1929 年 1 月 26 日识于上海，《草儿在前集》，上海，亚东图书馆，1929 年 4 月修正四版。

④ 俞平伯：《〈草儿〉序》，作于 1919 年 12 月 15 日。《草儿在前集》删去俞平伯序。

⑤ 康白情：《新诗短论》，《草儿》附录，1920 年 3 月 25 日，初稿于上海；1921 年 4 月 5 日，订正于美国。原题为《新诗底我见》，发表于《少年中国》第 1 卷第 9 期"诗学研究号"。

⑥ 康白情：《〈草儿〉自序》。

⑦ 胡适：《评新诗集》，一《康白情的〈草儿〉》，作于 1922 年 8 月 30 日，原载 1922 年 9 月 3 日《读书杂志》第 1 期，收入《胡适文存二集》卷四。引自《胡适文集》3，欧阳哲生编，北京，北京大学出版社，1998 年。参见 1922 年 3 月 10 日胡适日记对《草儿》的评议。

实是早期新诗人才有的可爱的质素。

不同于康白情这一代，胡适是有意谋求诗体的解放，故念念不忘论证白话的文学可能性。他真正在意的，与其说是新诗能否成立，不如说是白话文学的正统地位。而后起的新诗人几乎没有为白话争正统的负担，康白情的《草儿》是在一片新开辟的荒地上自由生长起来的，其依附的语言积淀固然贫瘠，经由前辈诗人的努力，格律诗的体制已被打破，新诗的传统尚未形成，写什么、怎么写，全凭个人才性。借用胡适的评语，康白情只管作诗，并不要创体，“虽无意于创造而创造了，无心于解放而他解放的成绩最大”①。

“创造”不仅是新诗的精神，也是整个新文学的根柢。旧文学重模拟，新文学重独创，这是文学革命制造的二元对立。新文学必须有独创性，这个信条预设新文学从写作到阅读都是极端个人的行为。这里的个人，不是合群的个人，最好是离群的孤独者。共通的孤独感使个人的文学有可能获得最大限度的普遍性，直接通向人的文学。介于“个”与“人”之间的“群”，则不是新文学的用力范围。

新文学的根苗是从寂寞中长出来的。走向内心，居于寂寞，是新文学对创作者下达的律令。创作者必须委身于寂寞，学习如何与寂寞周旋，最终将其化为己有。因而寂寞不是创作者所能选择或轻易舍弃之物，而是其命定的终身居所。创作者唯有勇敢地担负起个人的寂寞，并将其扩展到无穷的远方。新文学就是无边的寂寞的回响。创作者最需要的不是掌声，而是寂寞，广大的内心的寂寞。对创作者而已，寂寞本身就是他的工作、地位、职业。②

五四新文学不复执着于社会（“群”），暗含着某种影响的焦虑。清末文学改良运动中，新文类的地位提升，如梁启超提倡的小说界革命，是凭

---

① 胡适：《康白情的〈草儿〉》。

② 寂寞与创作的关系，参见里尔克：《给一个青年诗人的十封信》，冯至译，《冯至译文全集》，上海，上海人民出版社，2020 年。

借小说与“群治”的关系完成的。“五四”以后梁启超强调文学的非功利性，改口说文学的本质和作用主要是“趣味”。梁氏眼里的“真诗”只是“独往独来，将自己的性情，和所感触的对象”写出来，完全符合新文学对“独”的崇信①。

在新文学映衬下，旧文学倒是“群”的文学，而非“独”的文学。最典型的莫过于文士结社酬唱之风，社友或于杯酒光景间，吟诵小碎篇章，或驱驾文字，穷极声韵，缀成长篇排律，以相投寄。这些同题共韵的诗作，比而观之，可窥知彼此才力的强弱，与意旨之异同。分题、步韵的过程，有逞才角技的意味，但切磋技艺本就是联络友情的有效方式。文学革命一举划定了新、旧文学的语体界线，对各自传达的经验类型、承担的社会功能，还没有明确的分工。

康白情在新诗坛影响最大的是写景诗，他在构图染色方面的天分成就了这位新诗人的声誉②。但胡适以为《草儿》对新文学的最大贡献还不在写景诗，而在以新诗纪游的试验③。事实上，康白情的纪游诗主要依赖的还是描摹的技巧。除了写景诗、纪游诗，《草儿》还收录了不少寄怀赠别之作。这类诗的社会影响不可小觑，闻一多曾抱怨“近来新诗里寄怀赠别一类的作品太多，这确是旧文学遗传下来的恶习”，而《草儿》里最多④。所谓旧文学的“恶习”不是指格律、句法等形式因素，而是旧体诗词的社交功能。用作社交工具的白话诗能否算新诗？在梁实秋看来，《草儿》全集53首诗（不包括附录的旧体诗），“只有一半算得是诗”。这些寄怀赠别之作，恐怕绝大部分被他归入“不是诗的诗”。梁实

---

① 梁启超：《〈晚清两大家诗钞〉题辞》，1920年10月作，《饮冰室合集·文集》第15册，林志钧编，上海，中华书局，1936年。

② 废名认为康白情的诗“表面上看是图画，其实是音乐”，是以《儒林外史》《老残游记》写景的笔墨来写白话诗。废名从《草儿》里选了四首：《窗外》《江南》《和平的春里》《自得》，展现康白情新诗中“颜色的交响”，具体说明他如何用旧小说的笔法作写景诗。（冯文炳：《谈新诗》，北京，新民印书馆，1944年）

③ 胡适：《康白情的〈草儿〉》。

④ 闻一多：《冬夜评论》，《冬夜草儿评论》，北京，清华文学社，1922年，第47页。

秋认为“诗的主要的职务是在抒情”，而不在说理、叙事，可见在他眼里，新诗就是抒情诗[①]。

从梁实秋对《草儿》的“酷评”中可总结出哪些不算新诗，而从早期的新诗选本则可推知康白情的哪些诗被视为经典。因为编印选本的目的，就是为读者提供范本，打消一般社会对白话能否作诗的疑虑。新诗的评价标准，新文学的排斥机制，很大程度上是通过同时代人的评论与选本构建起来的。

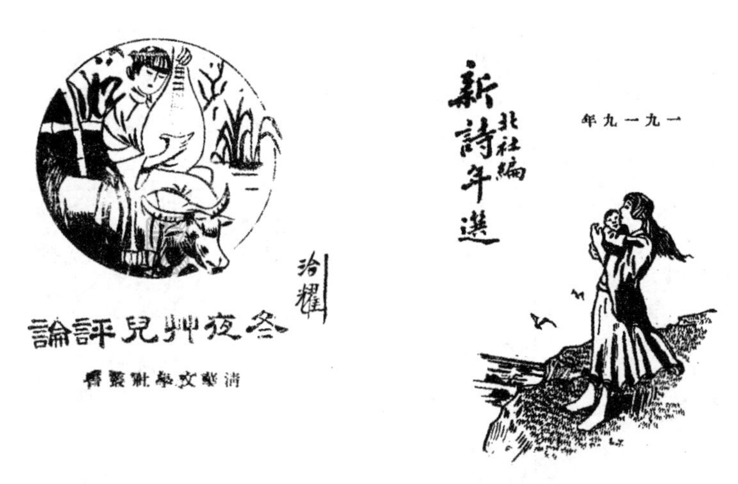

闻一多、梁实秋《冬夜草儿评论》及北社编《新诗年选（一九一九年）》

《草儿》结集之前的新诗选本，如1920年上海新诗社出版的《新诗集》第一编，及同年许德邻编辑的《分类白话诗选》，难免有杂凑之感，体现的与其说是选家的眼光，毋宁说是时人对新诗模糊的想象。这两部选本收录的新诗，多从报刊上直接网罗而来，都采取分类编排的方式。《新诗集》作为第一部新诗选本，采取的分类原则是：描写社会现象的归为写实，临摹自然山水的纳入写景，思想含蓄的属于写意，抒发个人情感的收

① 梁实秋：《〈草儿〉评论》，《冬夜草儿评论》，第3页。

进写情①。《分类白话诗选》沿用《新诗集》的分类法②。直到 1922 年由康白情与湖畔诗人策划，亚东图书馆出版的《新诗年选》（1919 年）才打破写实、写景、写意、写情的四分法③。1930 年代朱自清编选《中国新文学大系·诗集》也扬弃分类法，以诗人为中心，时日为序列④。上述选本收录的康白情诗作有：

<table>
<tr><th>选本
分类</th><th>新诗集
（第一编）</th><th>分类白话
诗选</th><th>新诗年选</th><th>中国新文学
大系·诗集</th></tr>
<tr><td>写景</td><td>《暮登泰山西望》
《日观峰看浴日》</td><td>《江南》《朝气》
《暮登泰山西望》
《日观峰看浴日》
《东行郊外》
《桑园道中》</td><td>《暮登泰山西望》
《日观峰看浴日》</td><td>《江南》《朝气》
《和平的春里》
《鸭绿江以东》</td></tr>
<tr><td>写实</td><td>《女工之歌》
《先生和听差》
《牛》</td><td>《妇人》
《先生和听差》
《牛》《鸡鸣》</td><td>《女工之歌》
《草儿在前》
（《牛》）</td><td>《妇人》《天亮了》</td></tr>
<tr><td>写情</td><td></td><td>《不加了》
《送客黄浦》</td><td></td><td rowspan="2">《窗外》
《送客黄浦》
《答五妹玉璋》
《一封没写完的信》
《别少年中国》</td></tr>
<tr><td rowspan="2">写意</td><td rowspan="2">《鸡鸣》</td><td rowspan="2">《送许德珩杨树浦》
《石头和竹子》
《疑问》
《归来大和魂》</td><td rowspan="2"></td></tr>
<tr><td>《疑问》《干燥》</td></tr>
</table>

1920 年代初的三个选本标准比较统一，偏重于康白情的写景诗、写实诗。这两类诗的发达，与其归功于新诗人的创造力，不如说是旧诗的余荫。旧

① 《新诗集（第一编）》，上海，新诗社编辑部，1920 年 1 月初版；1920 年 9 月再版。
② 许德邻编：《分类白话诗选》，上海，崇文书局，1920 年 8 月。
③ 北社编：《新诗年选（一九一九年）》，上海，亚东图书馆，1922 年。
④ 朱自清编选：《中国新文学大系·诗集》，上海，上海良友图书印刷公司，1935 年。参见姜涛：《"新诗集"与中国新诗的发生》，第六章第三节"选本中的新诗想象"，北京，北京大学出版社，2005 年。

诗名家或玩味天然之美，如陶渊明、王维、李白、孟浩然；或描写社会实状，如杜甫、白居易一派。“中国最好的诗，大都不出这两途；还要把自己真性情表现在里头，就算不朽之作。往后的新诗家，只要把个人叹老嗟卑，和无聊的应酬交际之作一概删汰，专从天然之美和社会实相两方面着力，而以新理想为之主干，自然会有一种新境界出现。”[①] 换言之，早期新诗人专注于写景和写实，走的还是老路，但要摒弃旧诗的厌世观与社交功能。

康白情写景诗中《暮登泰山西望》《日观峰看浴日》的地位最稳固，《新诗集》把它们列在写景诗的前两位，周作人的《小河》屈居第三。康氏参与编辑的《新诗年选》同样选了这两首笔法类似、写作时间相当贴近的诗作[②]。写实类中《牛》是被反复收录的，后来改题为《草儿》，又改为《草儿在前》，用作诗集名。有意思的是，《暮登泰山西望》、《日观峰看浴日》、《牛》（《草儿在前》）这三首 1920 年代公认的经典之作都没能进入《中国新文学大系・诗集》，朱自清选的 13 首诗中，抒情诗的比重超过了康氏最擅长的写景诗。横向对照一下《新诗集》和《新诗年选》写情类的空白，《大系・诗集》中抒情诗的比重激增，可知 1930 年代新诗自我想象的“窄化”。

二、 受质疑的送别诗

康白情的写情诗多表达某种类型化的情感，不纯粹是个人情绪的抒发。如《草儿》里的寄怀赠别之作，肯定不算正宗的抒情诗。梁实秋对这类诗的看法是：

---

① 梁启超：《〈晚清两大家诗钞〉题辞》。

② 康白情：《暮登泰山西望》，作于 1919 年 9 月 25 日，《少年中国》第 1 卷第 5 期，1919 年 11 月；《日观峰看浴日》，作于 1919 年 9 月 26 日，《少年中国》第 1 卷第 5 期、《新潮》第 2 卷第 2 期及《时事新报》“学灯”栏，1919 年 10 月 31 日。

> 送别诗本难做得好。敷衍应酬的作品，不消说是不值一顾的；即是确实感到惜别的情绪，必欲一吐为快的时候，还得要经过几番心里的酝酿，艺术的推敲，才能写得有声有色。因为送别的情绪本来是浅薄一类的情感；中国式的诗人特别的喜欢作这种诗，早把调子作滥了。浅薄的情绪当然不会生出多么浓厚的诗味，但若再把戕贼情感的理性的文字和道德的议论夹杂进去，那就如同在薄酒里羼凉水一般了，还有半点诗味么？①

梁实秋不仅否定了送别诗的社交功能，还贬低其传达的情感类型，他用“诗味”这样含混的批评术语，无非是想把说理、议论蒸发干净后，以维护抒情诗的醇粹性。

康白情的送别诗，历来不受重视，除《送客黄浦》以外，几乎不见于各类新诗选本，在评论家眼里，或该“一概删汰”才是。《草儿》收录的53首新诗中以“送”“别”为题的共9首，慰问吊唁性质的有3首，还有一首长篇集会诗，这些诗的写作、发表、入集情况如下：

题目	写作时间	地点	发表报刊	入集
以“送”“别”为题（9首）				
《送客黄浦》	1919. 7. 18	上海	《少年中国》第1卷第2期 《新潮》第2卷第1期	《草儿》初版 《草儿在前集》存
《送慕韩往巴黎》	1919. 8. 25	上海	《少年中国》第1卷第3期 《时事新报》“学灯”栏1919年8月29日	《草儿》集中题为《送曾琦往巴黎》 《草儿在前集》删

① 《冬夜草儿评论》。

（续表）

题目	写作时间	地点	发表报刊	入集
《送许德珩杨树浦》①	1920. 2. 15	上海	《少年中国》 第1卷第9期	《草儿》初版 《草儿在前集》存
《送刘清扬往南洋》	1920. 3. 25	上海		《草儿》初版 《草儿在前集》删
《送王光祈魏嗣銮往德意志陈宝锷往法兰西》②	1920. 4. 1	上海	《少年中国》 第1卷11期	《草儿》初版 《草儿在前集》删
《别国立北京大学同学》	1920. 7	车上		《草儿》初版 《草儿在前集》存
《送翟蕴玉夫人和他底果得儿往北京》③	1920. 9. 7	上海		《草儿》初版 《草儿在前集》删
《答别王德熙》	1920. 9. 22	上海		《草儿》初版 《草儿在前集》存
《别少年中国》	1920. 9. 28	支那船上		《草儿》初版 《草儿在前集》删
慰、吊性质（3首）				
《慰孟寿椿》④	1919. 8. 25	上海		《草儿》初版 《草儿在前集》存
《吊福田》	1920. 6. 13	车上		《草儿》初版 《草儿在前集》删
《吊敌秋》	1920. 8	西湖		《草儿》初版 《草儿在前集》删

① 许德珩，字楚僧。对读罗家伦《往前门车站送楚僧赴法》(《新潮》第2卷第3期)、《在上海再送楚僧》，收入《分类白话诗选》。

② 对读王光祈《去国辞》(1920年4月7日从海防寄上海，《少年中国》第1卷第11期)；左舜生《送若愚时珍赴柏林剑翛赴巴黎》(1920年4月11日《时事新报》"学灯"栏)，黄仲苏《送会友魏时珍王若愚陈剑翛许楚僧赴欧留学》，收入《分类白话诗选》。

③ 对读康白情《悼翟蕴玉》："过去游踪时在目；案头遗照转相亲。萍花鱼子成诗谶，哭尔汪洋不返人!"（1922年9月7日，收入《河上集》）

④ 对读孟寿椿《狱中杂诗》(《少年中国》第1卷第3期)。

（续表）

题目	写作时间	地点	发表报刊	入集
集会				
《卅日踏青会》①	1920. 3. 30	上海		《草儿》初版 《草儿在前集》存

康白情这些寄怀赠别之作，若放在诗集中读，脱离了当时的具体情境，在局外人看来，未免有些无聊。要让应酬交际之作生动起来，只有把它们放回送别的场景中，而要获得依依惜别的现场感，不得不从这类诗发表的原刊中找寻线索。试想传统送别诗一般是在小圈子内以抄本形式传阅，随后收入诗集刊行于世。报刊媒介兴起后，送别诗可以在同人杂志上公开发表，不一定非得投递到离别者手里。

康白情这类诗大都是写给少年中国学会同人的，原载《少年中国》月刊，因此可利用同期发布的“学会消息”拼贴出这些送别诗的人事背景。“学会消息”这个栏目包括两部分，一是“会务纪闻”，报告同人行踪、学会组织的种种活动及内部人事变动；二是“会员通讯”，同人间的书信往来，或交流生活近况，或探讨社会问题。此外，康白情送别诗的前后，可能还有其他少中同人的同题之作，或被送者的辞别诗。因此，康白情的送别诗在《少年中国》杂志中并非孤立的文本，在这些诗的上下四旁，可以找到应和之作及不同类型的注脚。

康白情送别诗的传播范围，主要是少年中国学会。“少年中国”这个群体是怎样聚合起来的？康白情认为：“一种杂志，他的著者只是以知识为单位结合拢来的，而其中没有盛情和意志的作用，无论怎么样，他也是一个半身不遂的。”② 在他看来，《少年中国》可免除“半身不遂”的毛

① 对读康白情《扫叶楼雅集》（七绝，1919 年 12 月 12 日，南京扫叶楼）、《鸡鸣寺雅集》（七绝，1920 年 6 月 12 日，南京鸡鸣寺）。

② 1919 年 8 月 3 日康白情致若愚（王光祈）、慕韩（曾琦）信，《少年中国》第 1 卷第 2 期，1919 年 8 月 15 日。

病，因少中不只是知识的结合，更是“盛情和意志”的粘合。在“盛情和意志”的背后，还有地缘与学统。少中正式成立时，国内外会员共 42 人，其中川籍 27 人，占一半以上，并且 7 位发起人中除李大钊外，均是四川人[①]。康白情加入少中，既有同乡之谊，又有北大背景。北京既是少中总会所在，北大的活跃分子康白情当然是少中极力罗致的对象。

少年中国学会部分成员摄影，前排左一为康白情

川籍、北大的双重出身，使康白情轻松地迈过了少中的门槛，事实上，要成为少中的一员，并不是这么轻易的事情。少中征求成员时，条件相当苛刻，明文规定要会员五人介绍，经评议部认可，方能入会[②]。少中对介绍者的人数要求高于其他社团，无形中制约了它的发展。但这种自我

① 参见秦贤次:《“少年中国学会”始末记》，台湾《传记文学》第 35 卷第 1 期，1979 年 7 月 1 日。

②《少年中国学会规约》，第二章“会员”第四条，《少年中国学会周年纪念册》，1920 年。后来有一变通的方法，即通信联系，酝酿介绍。如已有两个介绍人，便再介绍三人与他通信，经过一定时候，再由这三人根据他们的印象提出是否愿意介绍他入会的意见，所以通信成为会员间重要的活动项目。

限制，多少是有意为之。其征求会员的标准有三："纯洁""奋斗""对于本会表示充分同情"[1]。以"纯洁"为先决条件，最能体现少中同人的自我期许。

少中要求的不仅是道德上的纯洁，更是政治上的纯洁[2]。"五四"前后能在政治上保持纯洁的新势力唯有学生群体。学生身份的纯洁，是相对于民初丧失社会信用的武人、政客而言的。凡与政党政治打交道者都是不纯洁的，这是当时知识阶层的一般看法。少中在政治方面对成员有严格限制，会约第十四条规定，会员如"与各政党有接近嫌疑，因而妨害本学会名誉"，由评议部提出警告，劝其从速悔改；第十五条进而规定成员入会后又加入其他党系，经评议部调查核实，召集临时大会表决，由学会宣告除名[3]。少中对政党政治的排斥，早期还能唤起多数成员的认同，等五四新文化落潮后，重整旗鼓的政党政治开始大规模吸纳新生势力，少中成员作为学生群体的菁英，难以在政治立场上保持一致。少中的政治洁癖，反倒给自己埋下了精神分裂的隐患。

素有政治抱负的康白情，对少中的政治洁癖，一直心怀不满[4]。他在

---

① 《本会征求会员之标准》，《少年中国学会周年纪念册》，第40页。

② 少中"选择会员必须先看他是否纯洁，纯洁了，才看他是否奋斗、实践、坚忍、俭朴。是真纯洁的，在奋斗等项上差些，还是吸收的对象；虽然像是能奋斗，但纯洁的条件不够，则决不考虑"。（周太玄：《关于参加发起少年中国学会的回忆》，《五四时期的社团》一）曾琦提议"宣布本会为纯粹的学术团体，只许个人本其所学专长，为社会的活动，不许个人为政治活动。若有怀抱政治野心者，应请其尊重团体宗旨和他个人人格，早自出会"；"对于四大信条（引者注：奋斗、实践、坚忍、俭朴），宜加详明的解释，尤注重'纯洁'二字"。（《少年中国》第2卷第3期"会员通讯"，1920年9月15日）案："纯洁"不是学会信条，而是征求会员的标准。

③ 《少年中国学会规约》第二章"会员"，《少年中国学会周年纪念册》，1920年。

④ 康白情抵美后致信少中同人，吐露他对政党政治的看法："她（引者注：少中）固然不是政党，同时也不能不承认一切政党正当的发展。人之为善，谁不如我？他们对于社会，也自有其正大的抱负。我们不入政党自然自待得很高尚，却不可随便蔑视异我者底人格。不然，政治这个东西，事实上存在自若，兰生空谷，不为无人而不香，世间不能尽然，我们蔑视他们，他们不自己灰心，率性往坏处走么？"（《少年中国》第3卷第2期，1921年9月）

学会中实际承担的事务有限，不能算是少中的“忠臣”。《少年中国》创刊时，康白情被推举为编辑部副主任，协助主任李大钊的工作①。事实上，当时康白情正穿梭于北京、上海、南京、杭州之间，为全国学联的事务奔忙，无暇顾及月刊的编辑，具体事务由执行部主任王光祈代理。1920 年 4 月，王光祈赴美留学，临行前重组编辑部，决议由李大钊、康白情、张崧年、孟寿椿、黄日葵共同负责②，月刊上也登出启事，谓“凡有关编辑事务请与北京嵩祝寺八号康白情君接洽”③。然而康氏坦言，从接手《少年中国》到出国这半年，他还是奔走四方，对编辑事务始终未能尽力，主持者实为张、孟、黄三人。

康白情与少中同人的连带感，不是在共事中形成的，而是用新诗来传达。他的送别之作，始于《送客黄浦》，终于《别少年中国》，充分发挥了“诗可以群”的功能。《送客黄浦》是康白情诸多送别诗中唯一被经典化的，不仅收入《分类白话诗选》，也被朱自清选进《中国新文学大系》。梁实秋虽看不起《草儿》集里的送别诗，却称“《送客黄浦》一首，可推绝唱。意境既超，文情并茂”④。王哲甫《中国新文学运动史》盛赞康白情这首《送客黄浦》“写离别的情绪不亚于王维的《渭城》送别诗”⑤。为何选家、评论家、文学史家在康白情的送别诗中独独青睐这一首？《送客黄浦》写于 1919 年 7 月 18 日，最初发表在 8 月 15 日出刊的《少年中国》第 1 卷第 2 期上。同期登载的康白情致王光祈、曾琦信中，交代作诗缘起：

> （七月）十七日在梦九处会着白华、寿昌和家钺。寿昌和家钺是新从日本回来的。黄介民君因为他们当晚又要回湖南，约我们在李

---

① 《少年中国》第 1 卷第 2 期，“少年中国学会消息・会务纪闻”，“选举职员”，1919 年 8 月 15 日。康白情还担任编译部编译员，负责审查丛书。

② 《少年中国》第 1 卷第 8 期，“会务纪闻”，1920 年 2 月 15 日。

③ 《少年中国》第 1 卷第 8 期，“本月刊紧要启事”。

④ 梁实秋：《〈草儿〉评论》。

⑤ 王哲甫：《中国新文学运动史》，北平，景山书社，1933 年。

[半] 淞园给他们饯行；日葵、枚荪、梦九都在座。席后我们送他们到码头。那船不能按期开了，我们直谈到十二点钟才分手——是很亲热、很留恋的。第二天我做了一首《送客黄浦》的诗，就是纪这件事；特寄来作第二期《少年中国月刊》的补白。[①]

饯别之地半淞园位于黄浦江畔，临近码头，1918 年由邑绅姚伯鸿拓建为营业性的私园。园主仿效《芥子园画谱》的山水格局，将黄浦江水引入园中，用杜甫“剪取吴淞半江水”句意命名[②]。园内山水相依、楼阁错落、树密花繁，是沪上文人结社聚会的理想场所，与北京中央公园的来今雨轩类似，少中同人也喜在此处活动。此次送别的是少中的两位东京会员：田汉（寿昌）、易家钺（君左），当晚在座的张尚龄（梦九）、宗之櫆（白华）、黄日葵（一葵）、周炳琳（枚荪）也都是少中核心成员。

康白情称他作诗的目的是记“送客”之事，但“送客”只是这首诗的外在框架，镶嵌在内的还是“黄浦”的风景：

我们都攀着缆——风吹着我们的衣裳——
站在没遮栏的船楼边上。
黑沉沉的夜色，
迷离了山光水晕，就星火也难辨白。
谁放浮灯？——仿佛是一叶轻舟。
却怎么不闻桡响？
……
这中间充满了别意，
但我们只是初次相见。

---

① 1919 年 8 月 3 日康白情致若愚（王光祈）、慕韩（曾琦）信，《少年中国》第 1 卷第 2 期。

② 杜甫：《戏题王宰画山水图歌》。

这一节的首尾两行反复出现，的确在记“送客”这件事。康白情先用寥寥几笔勾勒出“我们”的剪影，接着在“没遮栏的船楼边上”铺开一幅迷离的黄浦夜色。诗人顺手调用他最擅长的写景手法，在“黑沉沉”的底色上，捕捉微弱的光影变化，由此引出一串联想，或说声色的幻觉。这跟他在《日观峰看浴日》中对日出前的夜色的描摹，如出一辙。康白情这首诗，名为“送客”，实写“黄浦”，是在写景诗而非送别诗的系统内被接受的。

梁实秋把《送客黄浦》誉为“绝唱”，他唯独厌烦这几句议论：

> 我们都谈着——
> 谈到日本二十年来的戏剧，
> 也谈到“日本的光，的花，的爱”的须磨子。

“我手写我口”是初期白话诗文创作的理想。康白情这里只是象征性地撮录了“我们”谈话的内容，在他不太用力经营的诗作如《答别王德熙》中，会大段引述临行赠言，后者方才贯彻了作诗如作文、作文如说话的原则。

紧接下来的数行，突然出现一个不和谐的镜头：

> 我们都互相的看着，
> 只是寿昌有所思，
> 他不曾看着我，
> 也不曾看着别的一个。

所谓“别意”是在主客间的交谈、对视中酝酿而成的，而田汉似乎脱离了“送客”的情境，堕入游离的状态（“有所思”），拒绝与同伴的眼神交流。

康白情以诗人的敏感觉察到田汉的游离，并把交流遭遇的阻隔诚实地记录下来，这是格套化的送别诗不可能容纳的内容。同是诗人，田汉疏离的姿态，更符合我们对新诗及新诗人的想象：诗人总是独在的，他的视线不会投向身边的某一个，所以新诗不是写给某个人的，而是写给自己或所有人的诗。

《送客黄浦》可看作嵌套在送别诗里的写景诗，在康白情后来的送别诗中，风景的描摹被压缩成形容词，黄浦的风波退为背景，送客的戏份大大上升，送别之客也由浮雕式的群像具化为面目清晰的个体。康白情在《少年中国》上发表的第二首送别诗是赠予少中发起人曾琦（慕韩）的。同期的“会务纪闻”刊出评议部主任曾琦辞职，由上海赴法留学的消息[①]。按少中惯例，“在沪会员宗之櫆、魏嗣銮、张尚龄、康白情、黄日葵、陈宝锷、周炳琳、沈君怡等开饯别会欢送曾君并摄影纪念”[②]。康白情于饯别当日作成《送慕韩往巴黎》，开头是：

> 慕韩，我来送你来了！
> 这细雨粘尘
> 正是送客的天气。
> 这样的风波——
> 我很舍不得你去；
> ……

“这样的”风波究竟如何，诗人并未展开描写，而用破折号带出离情别绪。诗中一再出现第二人称“你”以及“慕韩，……”这样的呼语，造成书信体似的亲密感。在这种对话关系中，即便要插入风景描写，也得靠“你

① “评议部主任曾琦辞职”，《少年中国》第1卷第3期“会务纪闻”。
② “上海会员饯别会”，《少年中国》第1卷第3期“会务纪闻”。

看”这类词引导[①]。与《送慕韩往巴黎》同日写就的《慰孟寿椿》也采用书信体的口吻，还截取了一段书信为序。这段信拆开来就是诗的一部分，而诗本身就是信的延伸，不妨看作分行的慰问信[②]。在康白情这里，新诗可代替书信的功能，成为与友人沟通的工具。

《送慕韩往巴黎》又见于上海《时事新报》“学灯”栏。郭沫若对白话诗的最初印象即来自康白情的这首诗[③]：

> 那诗真真正正是“白话”，是分行写出的“白话”，其中有“我们喊了出来，我们做得出去”那样的辞句，我看了也委实是吃了一惊。那样就是“白话诗”吗？我在心那里怀疑着，但这怀疑却唤起了我的胆量。[④]

康白情凭个人才情为白话诗勾勒出一个基本轮廓。真正的白话诗，就是“分行写出的白话”，就是喊出自己的心声。这种将信将疑的震惊体验，让郭沫若开始了他目空一切的大胆尝试。遗憾的是，《草儿》修正三版时，

---

① 康白情《送慕韩往巴黎》：“你看更险恶的太平洋，/其实再平静的没有！/朦胧的日色/照散了漫江的烟雾。/但我觉得这世界还是黑沉沉地。”着重号为笔者所加。

② 康白情有首诗题为《一封没写完的信》，以女性第三人称的口吻，转述一封饱含“系念与爱怨”的家书。（《时事新报》“学灯”栏1920年9月28日）这首诗被朱自清选入《新文学大系》。梁实秋认为这首诗的标题与体裁近乎短篇小说，诗意极薄弱。（《〈草儿〉评论》）而痖弦则以为是一首很动人的作品，“为我国旧时妇女对出外夫君的盼望，采用戏剧式的朗诵体，在喃喃的语调中道出深沉的系念与爱怨”。（《芙蓉癖的怪客》，收入《康白情新诗全编》附录）

③ 郭沫若将诗题误记为《送许德珩赴欧洲》，但从发表情况（“民八的九月在《时事新报》的‘学灯’栏上”）来看，与康白情写给许德珩的送别诗明显不符，《送许德珩杨树浦》写于1920年2月15日，刊于1920年3月《少年中国》第1卷第9期。郭氏转引的诗句“我们喊了出来，我们做得出去”，出自康白情《送慕韩往巴黎》，原文为“我们叫了出来，我们就要做去”。《送慕韩往巴黎》转载于《时事新报》“学灯”栏1919年8月29日，与郭所见的时间基本相符。

④ 郭沫若：《我的作诗的经过》，《质文》第2卷第2期，1936年11月。

康白情删去这首诗[1]，不仅抹掉了他与郭沫若的这段因缘，也遮蔽了早期白话诗的雏形。白话诗当然不止于“分行写出的白话”，但白话诗无限的可能性正包含在这条最原始的边界线内。

三、“社会化”的修养

与《送慕韩往巴黎》同期发表在《少年中国》上的还有康白情的另一首散文诗，写一位温婉的少妇在荷塘边遇到“我们这些欢笑的少年”内心泛起的涟漪。这首诗原题为《社会》，收入《草儿》时，改名为《醉人的荷风》，被梁实秋视作礼拜六派的小说[2]。康白情在诗中营造的氛围与“社会”这个题目，看似风马牛不相及；但从当时他与少中同人关于修养问题的往复通信中，或可发见“社会”的题中之意。在这期《少年中国》的会员通讯中，有康白情致魏嗣銮的一封信[3]，谈到自我修养的方法：

> 我以为我们是人，应该从事于人的生活。人是要作社会的活动的，所以我们要习惯社会的生活。我们要想成一个社会里健全的人去征服社会改进社会，除非先把自己加入社会里去陶冶过。……我的社交，就是这个用意。这就是我的修养——动的修养，活的修养。[4]

“动的修养，活的修养”是回应魏嗣銮的批评，魏认为“少年立身，学问之外，尤贵修养。若既瘁于勤，而又多交际以扰之，是整而无暇也”。康白情承认修养的必要，但他把社会交际也看作一种修养。要成为一个“完

① 1923年康白情《草儿》三版修订，改名为《草儿在前集》，诗作“去留的标准，什七八依著者临时的好恶，什二三依读者非我而当的批评”。

② 康白情：《社会》，《少年中国》第1卷第3期，1919年9月。

③ 魏嗣銮（1895—1992），字时珍，四川蓬安县人，1920年赴德求学，在哥廷根大学主修数学，是相对论在中国的早期传播者。

④ 1919年8月30日康白情在上海致魏时珍（嗣銮）信，《少年中国》第1卷第3期。

人”即“社会里健全的人”，更需要社会化的修养，因“青年无时无地不在战争状况之中”，没有工夫去作静的修养、死的修养。[①]

魏嗣銮在回信中感叹：“吾辈聚则谈，谈则辨，辨辄互诋而无所恤；及解，则又相视而笑，莫逆于心。谚谓‘梁山泊弟兄，不打不亲热’。今少年中国学会之友，何其相似也！”然而兄弟归兄弟，他仍不认同社会化修养。康白情认为“我们若要征服社会，改进社会，除非先到社会里去陶冶过”，而魏嗣銮主张“储精蓄锐，立于不败之地，以待其可胜也”。魏嗣銮推测康氏社交的目的，不外乎“以调查而往，以刺探而往，以陶冶熏渍而往”，其社交之旨：“一则诡与周旋，以察其徵结之所在；彼坐谈立语者，皆吾之研究品。一则随为委蛇，以合其同流之污；彼比肩接踵者，皆吾之助兴品。”前者固可成就大事业、大学问，后者则难保不堕落，康白情若为此而从事社交，未必能“合而不流，涅而不缁”。魏嗣銮申明他并不反对白情式的社交，只是更倾向于以静制动[②]。

回应魏嗣銮的质疑，康白情强调他所谓的“修养”是“于学问上和行为上，惺惺的做工夫，完成自己的人格，以求自我之实现”。白情式的修养旨在成为社会化的“完人”，要实现这个目的，就要不断“变化气质”以适应外在环境的变化。所谓“动的修养”“活的修养”，就是“社会化的修养”。而静的修养只能培养文弱书生，造成“秀才社会”，致使国家大事被官僚政客包办。魏嗣銮所说的“储精蓄锐，立于不败之地”，在他看来是“休养”而不是“修养”。二人志趣不同，对修养的理解自然不同[③]。

在《少年中国》上看到康、魏二人的通信，另一位少中同人余家菊也加入修养问题的讨论中。他写信给康白情指出，用引经据典的方式为“修养”下定义，只会助长坐而论道的风气。新修养的特色不在它的目的而在方法，余家菊把“白情式的修养”落实为“做事”，“从做事内求学，从做

---

① 1919年8月30日康白情在上海致魏时珍（嗣銮）信。

② 1919年9月2日魏嗣銮致康白情信，《少年中国》第1卷第5期。

③ 1919年10月21日康白情致魏嗣銮信，《少年中国》第1卷第5期。

事内思想”，不经行事洗礼的见闻想法总是靠不住的。换言之，修养离不开学问，但真学问只能从做事中产生[1]。以“做事”为修养的法门可补足康白情的主张：

> 我所持的“动的修养，活的修养”，——社会化的——就是要以“行为”为他的手段，而以社会为他的场所。在社会中行为，——活动——我们叫他做“社交”。以社会去达修养的目的，才是我们所要求的“动的……社会化的修养”。……我的修养的内容，所要求的社交，就是你所指的“做事”——广义的或狭义的。[2]

康白情把余家菊强调的“做事”纳入他对修养的解释中，声称自己的社交即于事上磨炼心性，白情式的修养也是依“行为”而定的。

在给余家菊的回信中，康白情提到他谈社交问题的一篇文章，题为《八分钟的闲谈》，试图纠正“群居终日、言不及义”的风气。康氏规定若无要事，朋友间的闲谈以八分钟为限。这种不合情理的社交规定，基于康白情对修养的理解：世事日趋繁赜，各人的时间、精力有限，不能不以最经济的手段从事社交[3]。从八分钟的社交时限，可推知康白情当时的生活节奏，及与少中同人的交往方式。

魏嗣銮之所以质疑社会化的修养，并非针对康白情个人，而是对少中同人热衷诗酒交游怀有隐忧。对于不善应酬，又不喜生事的魏嗣銮而言，少中同人的生活或许过分“丰美”。他在去国途中追忆沪上同人交游的情形：

---

① 1919年11月18日余家菊致康白情信，《少年中国》第1卷第6期，1919年12月15日。

② 1919年11月28日康白情致余家菊信，《少年中国》第1卷第6期。

③ 康白情：《一个社交问题——八分钟的闲谈》，作于1919年11月24日，《少年中国》第1卷第6期。

> 吾辈在上海时，常喜聚谈，每兴高采烈，则相约入酒肆，更或闲游花园，以消永日。常私叹此种举动，近于游惰，颇足养成吾辈骄奢之习，殊非所宜。屡欲向兄等讨论，力革此习，而以去国不远，待商之事既多，同人相聚，为时已短，彼此欢会，亦或所许，故屡兴辄罢。①

少中同人交游甚密，让性情疏略的魏嗣銮未免有“人事匆促，疲于酬对”之感，他相信有无感情不在文字酬答间，期待同人做事“皆能洗去市井蹊径”②。在少中同人眼里，魏嗣銮“宅心太伉，与世龃龉，殊不合时宜”，而魏氏以为当今之世“不乏才情泛应之材，而少骨格峥嵘之士”，故对同人流露出的少年意气相当警惕：

> 人当少年，谁不欲奋发有为，有所树立，当其酒后耳热，攘臂奋呼，其视天下事，岂足为哉？及其一入社会，乃萎尔俱化，隳其成形，卒之事业不举，名声破败，如此者，盖比比也。③

魏嗣銮这番话不幸言中了康白情这位“才情泛应之材”日后的运命。

康白情五四时期的社交生活，自然渗透到他的新诗写作中。作为社交手段的新诗，套用康氏的说法，是动的诗、活的诗，是社会化的诗。在“醉人的荷风”中“我们这些欢笑的少年”与一位少妇的偶遇，也是康白情当时社交生活的一个侧影。这首诗表面上文不对题，却说明“社会”在康白情诗中的地位，或说新诗在他社交生活中的作用。

---

① 1920年4月11日魏嗣銮自西贡致张梦九、宗白华、左舜生、沈君怡信，《少年中国》第2卷第2期。

② 1920年4月14日魏嗣銮自新加坡致张梦九、宗白华、左舜生、沈君怡信，《少年中国》第2卷第2期。

③ 1920年4月11日魏嗣銮致张梦九、宗白华、左舜生、沈君怡信。

五四运动期间，部分学生代表合影。前排中为康白情，右为伍绛霄，二人曾于五四时期相恋。图片来源：《老照片》第68辑

四、 诗可以群

作为与少中同人交游的记录，康白情这类诗中篇幅最长，也最能展现当日盛况的是《卅日踏青会》。此次踏青会是1920年3月底魏嗣銮等人出国前发起的，康白情诗中抄录了这次聚会的“小启”，邀约沪上同人共赏松社的春光。松社是1918年梁启超为纪念蔡锷（字松坡）而设，当时以梁为首的研究系在政治上陷入困境，预感“一两年中国非我辈之国，他人之国也”[①]，转而从事社会活动，准备以松社为讲学之业，转移风气笼络人心。康白情这首诗详细记录了当日开会的情状，甚至保存了他演说的内容：

跟着我从圈儿外，走进圈儿里，向着圈儿说：

① 1918年5月5日梁启超致籍亮侪书，《梁启超年谱长编》，丁文江、赵丰田编，上海，上海人民出版社，1983年，第862页。

> “我们今天来是踏青，我们在小启里已经说尽了。
>
> ……
>
> 踏青是古人底滥调。古人踏青要做诗；我们却只说话，却只做有趣的玩意儿。古人踏青要饮酒；我们却只喝茶，却只吃点心。我们没有古人那么多闲工夫；我们不能再用心；我们不忍尽管我们自己作乐；我们不敢蹈袭古人底滥调！
>
> ……我们想借这点工夫，商量三个问题：我们底人生应该怎么样？我们底社会会要怎么样？处在这个社会里，我们底道儿应该怎么样？……”①

名为“踏青”却不要堕入“古人底滥调”，是康氏演说的主旨。他用“说话”与“做诗”、“喝茶”与“饮酒”将今人的踏青和古人的雅集区分开。以即兴演说代吟诗作赋，是近代以来文士交游的新风气。用“说话”代“做诗”，在少中制度化的表现，就是为交换智识而组织的各类学术谈话会、问题讨论会及名人讲演会。作为一门重要的社交技艺，即兴演说成为社团聚会日益风行的表演节目。不同于面向大众的街头宣讲，这种同人内部的演说带有自我训练的性质②。据《卅日踏青会》所记，康白情带头演说完毕后，又有六七人起来各做五分钟演说。因魏嗣銮等人即将出国，作为临别余兴，左舜生拉着康白情的手吟诵《送客黄浦》。“诗可以群”的功能在这里体现得淋漓尽致。康白情的送别诗，出于游戏的冲动与实用的考虑，与其说是写给某个人看的，不如说是“向着圈儿”的即兴表演。

踏青会后魏嗣銮动身赴德，同行者还有少中的骨干成员王光祈，与康白情一样出身北大、曾任职于全国学联的陈宝锷也前往法国留学，后改赴

---

① 康白情：《卅日踏青会》，《草儿》，第 76—78 页。此诗收入《草儿在前集》，文字略有修订，“却只做有趣的玩意儿”改为“却只作玩”，“我们底道儿应该怎么样”改为“我们的途径应该怎么样”。

② 参见陈平原：《有声的中国——“演说”与近现代中国文章变革》，《文学评论》2007 年第 3 期。

英国。少年中国的新诗人们纷纷写诗为三人送行，单是收入当年《分类白话诗选》的就有左舜生《送若愚时珍赴柏林剑翛赴巴黎》[1] 及黄仲苏《送会友魏时珍王若愚陈剑翛许楚僧赴欧留学》[2]。与魏、王、陈三人亦师亦友的康白情也赋得一首，发表在《少年中国》上。诗中黄浦江岸的风雨沦为布景，康白情召唤的是个人记忆：

> 还记得么？——
>
> 蓬庐里底青灯，一坐就不觉得柝响了，光祈还记得么？
>
> "梁山泊底弟兄，不打不亲热"，是在南京路底一个菜馆子里证明的，时珍还记得么？
>
> 雨从船篷上漏下来，流满我们底帽顶了，我们还只谈着，剑翛还记得么？
>
> 这些事我都一一地记得。你们给我说的，我都一一地记得。[3]

"梁山泊底弟兄，不打不亲热"，魏嗣銮给康白情写信争辩何谓"修养"时也引了这句话[4]。从描摹风景到一对一地唤起共同记忆，康白情的送别诗似乎找到更贴切的表情方式[5]。

与康白情等人的送别诗相呼应的是王光祈作于出洋途中的《去国辞》，诗序云：

---

① 左舜生：《送若愚时珍赴柏林剑翛赴巴黎》，《时事新报》"学灯"栏 1920 年 4 月 11 日。

② 黄仲苏：《送会友魏时珍王若愚陈剑翛许楚僧赴欧留学》，《少年中国》第 1 卷第 9 期。

③ 康白情：《送王光祈魏嗣銮往德意志陈宝锷往法兰西》，1920 年 4 月 1 日作于上海，《少年中国》第 1 卷第 11 期；收入《草儿》，第 82 页。

④ 1919 年 9 月 2 日魏嗣銮致康白情信。

⑤ 这种写法可能是从胡适《送叔永回四川》（《新青年》1919 年第 5 号，收入《尝试集》初版）一诗的第二节脱化而来："你还记得：/我们暂别又相逢，正是赫贞春好？/记得江楼同远眺，云影渡江来，惊起江头鸥鸟？/记得江边石上，同坐看潮回，浪声遮断人笑？/记得那回同访友，日冷风横，林里陪他听松啸？"胡适的句式明显带有词调，"记得"类似于长调中的领字。

民国九年四月一日光祈与少年中国学会会友魏嗣銮陈宝锷同行赴欧留学，又有会友涂开舆前往星加坡从事教育，共乘法船 Paullecat 由出沪发。四月五日，舟过香港，遥望数点青山，罗列海岸，因念去国日远，特制短辞五章，为舟中同人陶情励志之用。辞中用语，多系本会同人素日用以互相砥砺者。此辞更得湖南姜君为之制谱。每当夕阳西下，海波不兴，同人辄斜倚栏杆，歌此一曲，以度海上寂寞之生涯。①

王光祈精通声律，制作的歌辞既可作新诗来读，也可以谱曲演唱。《去国辞》运用重章复沓的手法，插入少中同人熟知的励志语，如“不依过去人物，不用已成势力”等，造成回环跌宕的效果，比康白情的《送客黄浦》更具有表演性。

少年中国学会同人送魏时珍、王光祈、宗白华、张梦九赴德留学纪念合影，出洋留学者坐前排，均穿西服、皮鞋，打领结；后排送行者或穿对襟马褂，或穿长袍。图片来源：《少年中国学会周年纪念册》

① 王光祈：《去国辞》，作于 1920 年 4 月 7 日，从海防寄回上海，《少年中国》第 1 卷第 11 期。

距王光祈等人出国不到半年，康白情也被北大选派至美国留学，同行者都是学生运动的中坚人物，如汪敬熙、段锡朋、罗家伦、周炳琳，当时有“新五大臣出洋”之称。临行前北大同学在来今雨轩为五人饯别，与会者都是在五四运动中共患难的。面对同学的盛情，康白情百感丛生，即席演说，“竟至声泪俱下”。饯别会后康氏离京归家，又有二十来人到车站送行，也以北大同学居多。他在车上追念“五四”壮举，夜不能寐，遂追忆来今雨轩的即席演说“使成行子，以泻忧思”[1]。

《卅日踏青会》中演讲还只是诗的一部分，康白情这首《别北京大学同学》完全是分行的演说词，主题一是“所贵乎做同学的应该怎么样”，二是“五四”以后北大学生的成就究竟如何。康氏以为同学之道在于“互劝道德，互砥学问，互助事业”；后一个问题是他作为学生运动的活跃分子，经“五四”一役成名后的自省及对将来的期许。康白情这首诗被梁实秋视作《草儿》中“不是诗的诗”的代表。梁氏决不承认分行的演说词也算是诗，他认为这种文体试验滥用了“自由诗”所许可的“自由”，只能归入诗化的演说。在梁实秋看来，冷峻的说理足以破坏诗的抒情氛围，而演说的主要功能不在抒情而在议论说理，“所以诗里之不该发议论，演说之不成为诗，亦就成永不可易的原理了”[2]。

康白情的辞别之作，除了这首演说体的《别北京大学同学》，就是写给“少年中国”的。“少年中国”在康白情诗中一语双关，既指他所在的“少年中国学会”，又指他理想中的“少年中国”。这个理想的“少年中国”被康白情想象成“碧绿和软红相间”，眉宇间横着一股秋气的伊人。整首诗仍以黄浦江为背景，诗人回望“少年中国”，不禁吟出“江南草长，群莺乱飞”“嫋嫋兮秋风，洞庭波兮木叶下”这样的辞句[3]。“少年中国”的新诗人下意识中仍是借古诗文来抒发离愁，难怪会在诗中猜想：黄浦江里

---

① 康白情：《〈别北京大学同学〉序》，《草儿》，第144—145页。
② 梁实秋：《〈草儿〉评论》。
③ 康白情：《别少年中国》，《草儿》，第282—283页。

是否含有汨罗江的血滴？康白情将古诗文嵌入新诗当中，却不显突兀，因他这里表达的意绪古已有之。胡适认为康白情“受旧诗的影响不多，故中毒也不深”[①]；然而从《河上集》即可看出康氏亦耽于旧诗，且中毒颇深。康白情承认他的诗所以容易成风气，是因为“在艺术上传统的成分最多”[②]。旧诗对康白情的影响，倒不在字句格调上，而在对“诗教”的理解。

康白情《河上集》序称“幼耽诗教，情意所荡，偶宣吟讽，掌运古今，比傅六义，时动境易，自成格调”[③]。温柔敦厚的诗教，是就诗人的修养而言，落实到效用层面，即孔子所谓的“诗可以兴，可以观，可以群，可以怨”[④]。康白情用作社交手段的新诗变相继承了诗“可以群”的功能。何晏《论语集解》引孔安国注曰“群居相切磋”，是指德行上的相互砥砺[⑤]。其与诗教的关系，按焦循《毛诗补疏》，“诗之教，温柔敦厚，学之则轻薄嫉忌之习消，故可以群居相切磋”[⑥]。朱熹将“可以群”解释为“和而不流”，也就是说诗可合群，亦可别群。物以类聚，人以群分，诗可区别君子与小人。诗可以群的功能，起初与春秋时朝聘宴享、动必赋诗的风气有关[⑦]；待文人集团兴起后，“可以群”的范围转移到文士之间：“小通则以诗相戒，小穷则以诗相勉，索居则以诗相慰，同处则以诗相娱。”[⑧]“相戒”“相勉”“相慰”“相娱”之诗，不单是一门文学技艺，首先是作为社交工具而存在的。

相对于“专乎我”的新诗，旧诗里还有一支是“牵乎人”的。从《送

---

① 胡适：《康白情的〈草儿〉》。

② 北社编《新诗年选》愚庵（即康白情）自评。

③ 康洪章：《〈河上集〉序》，《河上集》，上海，亚东图书馆，1924 年。

④《论语·阳货》。

⑤《论语·学而》，子贡引诗云“如切如磋，如琢如磨”，《尔雅·释训》曰：“如切如磋，道学也。如琢如磨，自修也。”

⑥ 引自刘宝楠：《论语正义》，北京，中华书局，1990 年。

⑦ 参见杨树达：《论语疏证》，上海，上海古籍出版社，1986 年。

⑧ 白居易：《与元九书》，《旧唐书·白居易传》，北京，中华书局，1975 年。

客黄浦》到《别少年中国》，康白情以“送”“别”为题的新诗接续了“牵乎人”的传统。这类诗出于动的修养、活的修养，固然不算好诗，但扩展了我们对新诗的想象：新诗可以是无用的，也可以是实用性的；可以是一个人的独白，也可以有应和者；可以在离群索居的状态下写成，也可以在众声喧哗、觥筹交错的场合表演。作为社交家的康白情修正了新诗人常见的形象：新诗人不一定是顾影自怜的内倾者，也可以充满行动力；不一定是游离于社会之外的零余者，也可以在多重社会关系中游刃有余。

五、 海外组党的挫败

康白情由旧金山上岸抵达美国，进入加利福尼亚大学伯克利分校。他没能融入美国社会，反而对当地华侨生活有较深入的体察。跟少中同人的通信中，康白情谈到旧金山唐人街“堂斗”的风气：“堂号和堂号偶因细故龃龉，便彼此宣战，于一定期间内，大家以手枪相周旋，甚至于全美国所有的堂号都相通的，即能由此埠影响到彼埠。”[①] 他认为这里的“堂斗”就是清末盛行于西南各省的械斗，不过国内外的堂号不尽相同。康白情从“堂斗”中看出华人根深蒂固的乡土意识和家国观念，以及背后蕴藏的社会能量。他还注意到北洋政府的反对党都在此地设置机关报，宣传各自的主义，试图左右这股海外的政治力量[②]。

如何借助当地华侨的势力来实现个人的政治抱负，是康白情初抵美国就开始考虑的问题。他与加拿大华人工党联络时，指出海外工党想要扩张势力，只能引导华人逐渐脱离堂号、家族、会党，将其吸纳到自己的事业中来[③]。康白情发表在《少年中国》上的《团结论》，透露出他这一时期

---

① 1921 年 3 月 23 日康白情致梁绍文信，《少年中国》第 3 卷第 4 期，1921 年 11 月。

② 同上。

③ 1921 年康白情致加拿大华人工党同志啸盦信，转引自康白情：《团结论》，作于美国加里福尼亚大学，《少年中国》第 3 卷第 9 期，1922 年 4 月。

的政治构想，表面上号召劳动阶级的总团结，实则讨论组党问题。他认为组织政党须具备四个条件：一定的党纲，健全而严密的组织，党员绝对奉行党内决议，以及党员间的谅解和同情[①]。

康白情强调党纲的陈义不能过高，得富于弹性，因其想要团结的对象是有充足的政治本能但缺乏相应政治素养的华侨，而与他争抢这一势力的都是门槛很低、手腕灵活，为达目的不惜以种种现实利益为诱饵的团体，这迫使他去揣摩华人何以愿意加入这样的团体，而自己又能给他们怎样的允诺。此外，康白情认为团体的组织是否有效，全看首领能否驾驭这个团体，所以“不可不慎选首领，尤不可不服从首领”。他如此看重首领的作用，与“五四”时期社团宣告领袖破产，实行代表制的趋势，完全背道而驰。为论证首领在危急关头不容置疑的权威，他援引的例子竟是哥老会开山时操生杀大权的“龙头大爷”[②]。康氏断言领袖在中国必不可少，甚至暗示中国只能实行独裁统治，不可能容许多头并存。这不能简单地看成个人的领袖欲作祟，或是基于他长年的帮会经验。

康白情很快将他的“团结论”付诸实行，联合留美学生在伯克利成立“美洲中国文化同盟”[③]。康白情发起的这个同盟，不完全是学生社团的联合，背后有海外会党的经济支持，主要会务是协助改良旧金山致公总堂的机关报《大同报》。康白情凭早年哥老会的背景，加入同属洪门的致公堂，与其高层往来密切，逐渐掌控了总堂的舆论中枢《领袖机关报》，鼓动堂友干预政治。到1923年下半年，康氏估计时机成熟，与致公堂首领商量召集五洲洪门恳亲大会，筹划组党问题。因反对以“致公党”的名义组

---

① 康白情：《团结论》。

② 李璜《学钝室回忆录》（台北，传记文学出版社，1978年）谈及清末川西的农民作乱、红灯教徒与哥老社会，称：“成都西南山区各县的哥老帮会，则俨然社会中坚！川西南隅的民性本较强悍，而此辈袍哥头子尤为狡黠。袍哥中之大首领，号为‘龙头大爷’者，平日号召流氓特众，其势力动及数县；一向包庇娼、赌，卖私烟（鸦片烟），恶索富户，甚至打劫行商。”参见王笛：《袍哥：1940年代川西乡村的暴力与秩序》，北京，北京大学出版社，2018年。

③ 康白情：《致恽震崇植东美诸兄信》，《少年中国》第3卷第12期，1922年7月。

党，康白情及同人相率退出大会，另立旗号，名为“新中国党”①。

为扩充声势，康白情邀约少中同人加入“新中国党”。曾琦日记记录了少中巴黎分会同人得知康白情组党后的反应②。1923年8月6日曾琦收到康氏所寄《新中国党发起旨趣》，“党其命意尚佳，而党纲则殊欠斟酌，方法亦未具备，故尚不愿加入，拟覆函谢绝之”。随后曾琦赴巴黎访友，与李璜、周炳琳、许德珩、何鲁之等少中同人谈及康白情组党一事，众人对康氏此举皆抱怀疑态度，曾琦则称：

> 组织政党，本为今日时势之需要，惟欲以和平手段，取得政权，实为万不可能之事，必须以革命方法出之，而欲革命，则又非先有能共患难之死党不可，未知白情有此决心与此同志否？如其有之，亦未始不可成功也。③

曾琦以为组织政党须有明了的性质、独到的主张、光明的态度、精确的计划，而康氏之“新中国党”不具备这些条件，故不敢苟同④。可见康白情的组党计划并未得到少中同人的积极响应。

曾琦承认组党的必要性，却不肯加入“新中国党”，多少有不甘人后的心理，另一方面也与康白情制定的党纲过于含混有关。与康氏交情甚笃的另一位少中成员应修人也收到入党邀请，他的日记保存了“新中国党”的纲领：“以新中国主义的方法，创造新中国。”康白情的“新中国主义”，笼统地说，就是“咸宏中国魂而掇其菁华，汲用泰西制度文物而准乎实用”，不过是沿袭晚清以来盛行的中体西用论。不仅主义大而无当，该党的治国方略也乏善可陈——“政治：国权统一，国民自治，四权并立（行

① 丘立才、陈杰君：《矛盾而复杂的五四诗人康白情》，《新文学史料》1990年第2期。
②《曾慕韩（琦）先生日记选》，沈云龙辑，台北，文海出版社，1966年。
③ 1923年8月12日曾琦日记，同上书，第59页。
④ 1923年8月13日曾琦日记，同上书，第60页。

政、立法、司法、考工)；经济：差别生产，中庸分配，惠侨保商；社会：文化奖励，劳工保护、男女平权。”① 其党徽以“指南针，工矢，耒”为图案，象征知识阶级引导下的工农联合②。但在批驳“新中国党”设计拙劣的同时需要考虑到受众的差别，康白情的组党方略本为鱼龙混杂的致公堂订制，要团结政治素养参差不齐的洪门会众，党纲不可能陈义过高。与致公堂分裂以后，康氏仍沿用以往的组党策略，对曾琦这样以政治为志业的少中同人来说，殊乏新意。

康白情从致公堂抽身出来，又得不到少中同人的支持，只好转向国内自谋出路。1924年初，他派身边的两位干将康纪鸿、张闻天回国，在沪、宁两地筹建“新中国党”的支部③。康、张二人登报宣称党员已有三千余人，京津宁沪各埠也有不少追随者。从“新中国党”标举的口号，如信教自由、种族平等、门户开放等，可看出康白情等人对当时国内的语境相当隔阂④。“新中国党”在上海老靶子路133号设立办事处，登出征求党员的消息，带有投石探路的性质⑤。然而这个驻沪办事处似乎只举办过两三

---

① 1923年8月13日应修人日记，《应修人日记》，上海鲁迅纪念馆编，上海，上海书画出版社，2003年。1923年8月15日应修人决定加入新中国党，“康洪章从旧金山来信，说已辍学，为国组党，为政治活动作预备工夫，集合多方面人才以表现民众之潜势力。上海方面，要我们努力征集同志，将来再通告组织地方机关”。同年8月16日复康洪章信，附去入党愿书，填“修人”姓名，“文学，近在工读”职业。同年8月22日致信冯雪峰说入党事，要他携手同行，“以为文学事迟，时不我俟”，“一手放不下笔，一手要去捏把雪亮的刀，非同时分一分力以杀贼不可”。同年9月18日致信康洪章“说我本在愁和国家太不接近，何幸你兴此大愿，我得追随其间”，“但惜我于政治素少研究，近的处境又百凡限制我，恐难为党□；但又不甘挂名，要他量我才力派我些事做”。康洪章的“新中国党”，对涉世未深的应修人有一定的吸引力，是他想要走出文学的小圈子，接近国家、介入政治的途径。

② 1923年9月29日应修人日记。该日应修人接到美国新中国党筹备处来信，给他临时入党证书，委派他为驻上海代表，要他收集上海党员特捐存入银行备用。

③《新中国党党员到沪·将在宁沪组织支部》，《申报》1924年1月23日。

④ 同上。

⑤《新中国党代表康纪鸿张闻天启事》，《申报》1924年1月31日；《新中国党设定办事处·将进行征求党员》，《申报》1924年1月31日。

次谈话会，很快就销声匿迹了[1]。

1924年8、9月间，康白情在政治上屡不遂愿，经济来源又突然中断，只能放弃学业提前回国。他寻访少中故人，讲述其在美之活动及归国之旨趣，意在“利用旧势力以图建设”，遭曾琦、左舜生反驳，“恍然如有所失”[2]。由于与海外会党的瓜葛，康白情被北大拒之门外，后又被南京国民政府缺席判决为政治犯[3]。从少年中国的新诗人到国民政府的政治犯，康白情把自己抛出五四新文化运动的轨道，从抛出到坠地，中间有无数的瞬间，每一瞬间都有停留，每一瞬间都在陨落，停留中有坚持，陨落中有克服[4]。历史抹去了这段弧线，记取的只是它的顶点。

---

① 《新中国党将开会·商议进行》，《申报》1924年2月15日；《新中国党举行征集委员会·征求会分为四组》，《申报》1924年2月18日；《新中国党欢迎回国同志》，《申报》1924年3月29日。

② 据1924年9月22日曾琦日记，《曾慕韩（琦）先生日记选》。

③ 丘立才、陈杰君：《矛盾而复杂的五四诗人康白情》。

④ 抛物线的比喻，参见冯至：《〈伍子胥〉后记》，《伍子胥》，上海，文化生活出版社，1946年，第107页。

第七章
新文学家的游戏笔墨

讨论新文学家的游戏笔墨，并非将其视为点缀性的花边文学，而是为了打破新文学凝重的“表情”，进而反思新文化的排斥机制及自我压抑的面向[①]。借用周作人的说法，新文化体制里头住着“两个鬼”，一个绅士鬼，一个流氓鬼[②]。在现代文学史上占主导地位的总是一本正经的绅士鬼，而更具破坏性或放浪欲的流氓鬼则始终彷徨于庄严肃穆的文坛边缘。事实上，绅士鬼和躲在他身后的流氓鬼，共同构成了现代文学的“双头政治”。

文学革命发端期的几篇纲领性文献，在阐发新文学是什么、不是什么的时候，都涉及创作者的态度问题，一边是严肃的工作，一边是游戏与消

① 我对此问题的关注，始于周作人沦陷时期写作的“苦茶庵打油诗”。他再三强调自家的“打油诗”并非游戏笔墨，而是正经的“述怀”之作。参见袁一丹：《动机的修辞：周作人“落水”前夕的打油诗》，《鲁迅研究月刊》2013年第1期。被排除在新文学殿堂之外的打油诗，却在文学革命发生史上扮演着催生婆的角色。参见胡适：《新大陆之笔墨官司》，《留美学生季报》第4卷第2号，1917年6月。

② 周作人：《两个鬼》，《语丝》第91期，1926年8月9日，收入《谈虎集》。“两个鬼”的说法，用周作人熟悉的古希腊文化解释，近似于酒神与日神的区别。“绅士鬼”是日神精神的化身，追求适度及为了做到适度的自知之明；“流氓鬼”则是酒神冲动的流露，即与适度相对的放逸、偏执，或说“肆心”（Hybris）。周作人向往日神式的美与秩序——“高贵的单纯”与“静穆的伟大”，厌恶甚至惧怕酒神式的精神失控。然而在现实的刺激下，周作人亦会突破安稳的秩序，不顾内外的戒律，坠入“忘我”（Ecstasy）的状态，或戴上面具嬉戏。参见王媛：《“希腊的余光”：周作人对古希腊文化的接受研究》第三章，北京，中国社会科学出版社，2019年。

遣。如文学研究会宣称“将文艺当作高兴时的游戏或失意时的消遣”的时代已过去，文学是一种“工作”，而且是于人生很切要的一种工作①。在周作人看来，“人的文学与非人的文学的区别，就只在著作的态度不同：一个严肃，一个游戏”②。郑振铎认为中国文人对于文学的根本误解就是把文学当作“个人的偶然兴到的游戏文章”③。

然而“严肃”与“游戏”、“工作”与“消遣”在文学领域未必是截然对立的，从发生学的意义上，如王国维所言，“文学者，游戏的事业也”④。二者的对立或可用厨川白村提出的“严肃的游戏”来破除。厨川认为劳动与游戏没有本质差别，游戏就是自觉自愿的劳作，是在内在要求驱使下纯粹的自我表现⑤。王国维、厨川白村的游戏论，均受席勒《审美教育书简》影响。席勒称“人同美只是游戏，人只是同美游戏；只有当人是完全意义上的人，他才游戏；只有当人游戏时，他才是完全的人”⑥。“游戏”（Spiel）在诠释学中也被视作艺术本体论的核心，伽达默尔（Gadamer）认为游戏本身具有一种独特的、神圣的严肃性，“使得游戏完全成为游戏的，不是从游戏中生发的与严肃的关联，而只是在游戏时的严肃。谁不严肃地对待游戏，谁就是游戏的破坏者”⑦。

在“五四”新文学观的建构过程中，文学革命者一直处于两面作战的

---

①《文学研究会宣言》，《小说月报》第12卷第1号，1921年1月10日。姜涛用韦伯“志业”的概念解释宣言中表明的工作态度。（《五四新文化运动“修正”中的“志业”态度：对文学研究会“前史”的再考察》，《文学评论》2010年第5期）

② 周作人：《人的文学》，《新青年》第5卷第6号，1918年12月。

③ 郑振铎：《中国文人（?）对于文学的根本误解》，《文学旬刊》第10号，1921年8月10日。

④ 王国维：《文学小言》，《教育世界》1906年第139号。

⑤ 厨川白村：《游戏论》，鲁迅译《出了象牙之塔》，北京，未名社，1925年，第150—151页。

⑥ 席勒：《审美教育书简》第十五封信，冯至、范大灿译，北京，北京大学出版社，1985年，第76页。

⑦ 伽达默尔：《诠释学：真理与方法》，洪汉鼎译，北京，商务印书馆，2007年，第150页。

紧张状态，一面挣脱“文以载道”的传统，一面与在市民读者中更有势力的礼拜六派、黑幕小说等划清界限[①]。在批判通俗小说时，以文学为游戏的写作态度与以文学为消遣的创作观之间界线模糊，同在贬斥之列。新文学以斗争的姿态出现，它必然是严肃的，一方面攻击“文以载道”，一方面自己也在载另一种道[②]。因而新文学家的游戏笔墨虽散见于报端及书札中，甚或镶嵌在正经文章里，却长期处于妾身未明的状态，更不入文学史家的法眼。

新文学家的板正面孔多少影响了文学史家对现代文学总体面貌的基本判断。夏志清以西方文学为参照，反衬出中国现代作家因“情迷家国”（obsession with China）而负有强烈的道德使命感，他将中国现代文学的精神概括为“感时忧国”[③]。“五四”以来的中国文学之所以能唤起“涕泪交零”的感受，未必凭借本身的艺术价值，而是因为其提出的问题是吾国吾民的问题。这种“感时忧国”的传统强大到凡是没有正视现代中国的危机与困境，或没有正面刻画民间疾苦的作家作品，都可能被视为文学上的异数或思想异端[④]。1980 年代钱理群、黄子平、陈平原三人提出“二十世纪中国文学”的构想，也将现代文学的美感特征定义为由激昂和嘲讽交织而成的悲凉意识，内核是源于民族危机的焦灼感[⑤]。无论是“感时忧国”“涕泪交零”，还是焦灼感或悲凉色彩，都指向新文学的伦理重负及其无法摆脱的“正剧”意识。

中国现代文学甚至整个中国近代史，长期以来被读作“痛史”，或一

---

① 参见郑振铎：《新文学观的建设》，《文学旬刊》第 37 期，1922 年 5 月 11 日。

② 朱自清：《论严肃》，《中国作家》第 1 卷第 1 期，1947 年 10 月 1 日。按周作人的说法，“言他人之志即是载道，载自己的道亦是言志”。

③ 夏志清：《现代中国文学感时忧国的精神》（“Obsession with China: The Moral Burden of Modern Chinese Literature”），《爱情・社会・小说》，台北，纯文学出版社，1970 年，第 79—83 页。

④ 刘绍铭：《涕泪交零的现代中国文学》，台北，远景出版社，1979 年，第 1—8 页。

⑤ 黄子平、陈平原、钱理群：《论“二十世纪中国文学”》，《二十世纪中国文学三人谈》，北京，人民文学出版社，1988 年，第 13—18 页。

段“失笑”的历史。近年来亦有学者努力挣脱“痛史”的基调，发掘近代史中那些“啼笑皆非”（between tears and laughter）之处，倾听现代文学中的各种笑声，包括苦笑、讥笑、冷笑及带泪的微笑[①]。本章由刘半农重刊《何典》引出吴稚晖、钱玄同一脉用“放屁放屁，真正岂有此理”的精神写就的“吊诡文章”，借以审视新文学与游戏笔墨的共生关系。

一、《何典》的再出土[②]

1926年3月8日《语丝》周刊第69期登出一则没头没脑的广告：“‘放屁放屁，真正岂有此理！’欲知这话怎说，且听下回分解。”第70期上附加说明：“北新掌柜，合什恭敬，再白大众：善男子，善女人，此刻现在，有一老人，曰吴稚晖……”仍叫人摸不着头脑。随后两期广告词又添花样：“不会谈天说地，不喜咬文嚼字，一味臭喷蛆，且向人前捣鬼。放屁放屁，真正岂有此理！”[③] 这种广告真是“岂有此理”！

《语丝》第73期终于揭开“放屁放屁，真正岂有此理！”的谜底，原来是“吴稚晖先生的老师《何典》出版预告”。预告中引吴稚晖的话说：

---

① 参见 Christoper Rea, *The Age of Irreverence: A New History of Laughter in China*, University of California Press, 2015。中译本参见雷勤风：《大不敬的年代：近代中国新笑史》，许晖林译，台北，麦田出版，2018年。黄克武：《言不亵不笑：近代中国男性世界中的谐谑、情欲与身体》，台北，联经出版事业公司，2016年。

② 1878年12月14日《申报》头条刊出本馆告白《新印何典出售》：“‘出于何典’是人口头语也，而今竟有其书曰《何典》，系上海张南庄先生所著，向无刊本。先生于乾嘉时为上邑十布衣中之一。是书凡十回，装成两册，说鬼话而颇有鬼趣。其辞句则吴下谚语居多，闻之实堪喷饭。本馆现已装订齐全，准于十一月二十四日即礼拜二出售，每部价洋一角五分，其出售处仍照曩例。”申报馆仿聚珍板印《何典》，过路人编定，缠夹二先生评。太平客人序云：“今过路人务以街谈巷语，记其道听途说，名之曰《何典》。其言则鬼话也，其人则鬼名也，其事实则不离乎开鬼心、扮鬼脸、怀鬼胎、钓鬼火、抢鬼饭、钉鬼门、做鬼戏、搭鬼棚、上鬼党、登鬼录，真可称一步一个鬼矣。此不典而典者也。吾只恐读是编者疑心生鬼，或入于鬼窠路云。”

③ 参见王锦泉：《论〈华盖集〉及其“续编”》，长沙，湖南人民出版社，1981年，第96—98页。

我止读他开头两句……从此便打破了要做阳湖派古文家的迷梦，说话自由自在得多。不曾屈我做那野蛮文学家，乃我生平之幸。他那开头两句，便是："放屁放屁，真正岂有此理。"用这种精神，才能得言论的真自由，享言论的真幸福。[①]

《何典》整理者指出"这是吴稚晖老先生的亲笔口供"，"我们现在将这书校点重印，至少也给钦仰吴先生的人送到一个好消息罢"。

《何典》重印本在《语丝》上连登七期广告，用说书场中卖关子的手法，吊足读者胃口。将这本名不见经传的小书与在清末民初知识界颇有号召力的老将吴稚晖捆绑销售，不免有拉虎皮做大旗的味道[②]。出版预告中援引的这段话，摘自吴稚晖《乱谈几句》一文。此文收入《中国新文学大系·散文一集》，编选者周作人特别说明：

吴稚晖实在是文学革命以前的人物，他在《新世纪》上发表的妙文凡读过的人是谁也不会忘记的。他的这一种特别的说话法与作文法可惜至今竟无传人，真令人有广陵散之感。[③]

《散文一集》破例选了吴稚晖的两篇小文，其一便是《何典》广告援引的《乱谈几句》。周作人声称《新文学大系散文集》收录的人物、文章，除了与郁达夫约定互相编选之外，大都是自己"胡抓瞎扯"的。扯上吴稚晖这

---

① 吴稚晖：《乱谈几句》，《猛进》第10期，1925年5月8日。

② 吴稚晖在民初知识界的影响力，以1925年《京报副刊》发起的"青年必读书"与"青年爱读书"征求活动为例。关于"青年必读书十部"的78份答卷中，有10人提及吴稚晖，包括李小峰、马幼渔、邵云仲、汪精卫、常燕生、刘奇、周杰人、黎性波、赵雪阳、汪震。关于"青年爱读书十部"的306份应征书目，有11份投给吴稚晖的《上下古今谈》。详见王世家编：《青年必读书：一九二五年〈京报副刊〉"二大征求"资料汇编》，开封，河南大学出版社，2006年。

③ 周作人：《〈中国新文学大系·散文一集〉导言》，《中国新文学大系·散文一集》，上海，良友图书印刷公司，1935年。

位“文学革命以前的人物”，显出编选者的“主观偏见”与历史眼光。

周作人指认《何典》是“吴老爹之道统”[1]。所谓“道统”带反讽之意，其实是以异端为正统。自《新世纪》时代起，吴稚晖发明了一种“特别的说话法与作文法”，其秘诀即《何典》广告中标举的“放屁放屁，真正岂有此理”。周作人感叹吴氏文风“至今竟无传人”，未必确切，至少在他身边便有吴老先生的两位私淑弟子——在文学革命中唱双簧的钱玄同与刘半农。本章从《何典》的校点重印讲起，试着梳理吴稚晖这一路“奇文”与文学革命的内在关联[2]。

将《何典》与吴稚晖做捆绑宣传的策略，应出自《何典》校点者亦是吴氏文风的追捧者刘半农。《语丝》第73期同时刊出刘半农《重印〈何典〉序》，交代《何典》一书的“再出土”过程。最初在厂甸书肆中四处寻觅吴稚晖作文秘笈的并非刘半农，而是他文学革命时期的亲密战友，有“厂甸巡阅使”之称的钱玄同。钱玄同可以算是1920年代吴氏文风最有力的鼓吹者及实践者。可惜他被吴老丈误导，找错了方向，以为“放屁放屁”的作文秘诀出自清代游戏文章集《岂有此理》《更岂有此理》。1926年初刘半农逛厂甸，无意间购得《何典》，他兄弟翻看后大赞此书“一味七支八搭，使用尖刁促搯的挖空心思，颇有吴稚晖风味”[3]。令刘半农喜出望外的是，《何典》第一回开场词中，“放屁放屁，真正岂有此理！”赫然在目，于是得意地宣称他抓住了“吴老丈的老师”。

刘半农将《何典》的刁钻笔法与吴稚晖的文风相比对，以为“驴头恰

---

① 1926年6月6日周作人致刘半农信，转引自刘半农：《关于〈何典〉里的方方方及其它》，《语丝》第85期，1926年6月27日。

② 文学革命发生伊始，《新青年》的普通读者中已不乏吴氏文风的追随者。《新青年》第3卷第5号（1917年7月1日）刊出一篇读者来稿，题为《改良文学之第一步》，作者易明认为改良文学，当先普行俗语，而吴稚晖之论说文正是最佳样本，“以其能广引俗语笑话，润以滑稽之笔，参以精透之理”。参见张全之：《吴稚晖与〈新青年〉》，《中国现代文学研究丛刊》2016年第6期。

③ 促搯，刁钻刻薄，又作“促狭”“促掐”。例如《醒世姻缘传》第二十回：“儿啊！你一些好事不做，专一干那促搯短命的营生，我久知你不得好死。”

对马嘴”，一丝不差，归纳出四点相似之处：一是善用俚言土语，不避忌极粗俗的字眼；二是善写三家村风物；三是能将色彩迥异的文辞“焊接”在一起，为滑稽文开新局面；四是把世间一切事物看得“米小米小”。总之，“无一句不是荒荒唐唐乱说鬼，却又无一句不是痛痛切切说的人情世故”①。

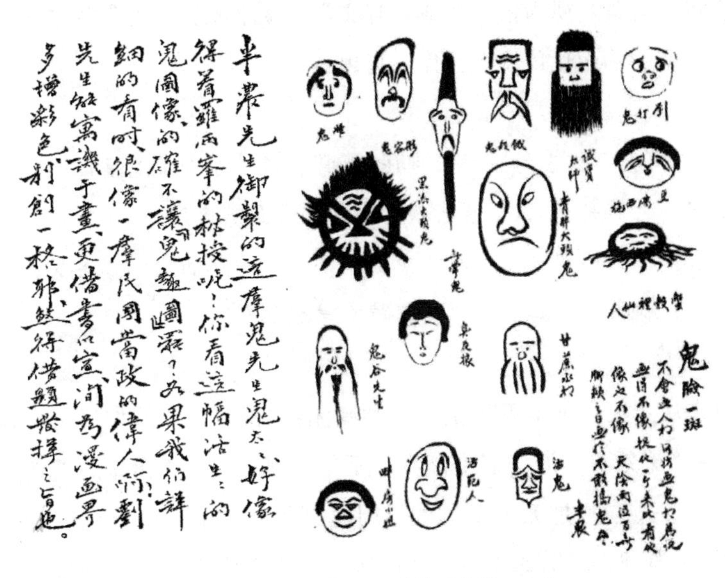

刘半农为《何典》重印本绘“鬼脸一斑”

被奉为“吴老丈的老师”的《何典》，与其说是滑稽小说，不如说是用小说体裁编纂的俗语辞典②。周作人建议刘半农追查《何典》作者张南庄的历史，当时江浙一带或有“以俗语编故事”的风气③。1930年代周作

① 刘半农:《重印〈何典〉序》,《语丝》第73期，1926年4月5日。

② 参见刘大白:《读〈何典〉》,《黎明》第33期，1926年6月26日。

③ 1926年6月6日周作人致刘半农信，转引自刘半农《关于〈何典〉里的方方方及其它》。关于张南庄其人其文，申报馆印《何典》附有“海上餐霞客”跋：“《何典》一书，上邑张南庄先生作也”，“当乾隆时，邑中有十布衣，皆高才不遇者，而先生为之冠。先生书法欧阳，诗宗范、陆。尤劬书，岁入千金，尽以购善本，藏书甲于时。著作等身，而身后不名一钱，无力付手民”。

人梳理中国滑稽文学的谱系，便将《何典》纳入乾嘉之际盛行的游戏笔墨中，如《岂有此理》《更岂有此理》《常言道》《皆大欢喜》《文章游戏》等。这里边以《文章游戏》最有势力，流通最广，刊行时间近二十年，可代表谐文兴衰的时代①。

若将《何典》视为俗语辞典，其文学成绩不光凭小说家的技艺，更得益于吴方言的书面化传统。周作人指出：

> 《何典》作者为上海张南庄，《常言道》序作于虎阜，《岂有此理》作者周竹君是吴人，《皆大欢喜》序亦称是苏人所作，《文章游戏》的编者则仁和缪莲仙也，我们想起明末清初的冯梦龙、金圣叹、李笠翁诸人，觉得这一路真可以有苏杭文学之称。②

明清以来从浙江的风土里滋生出两种潮流："飘逸"一派如名士清谈，庄谐杂出；"深刻"一派如老吏断狱，下笔辛辣③。文章趣味的遗传，渗入血脉里，个人有时是无力反抗的。周氏兄弟的"绍兴师爷气"或可佐证"油滑"的地域性。有趣的是，《何典》重印本的整理者、追捧者及批评者，也多是吴越人。

以《岂有此理》《何典》为代表的游戏笔墨，缺点在于"庄不胜谐，雅不化俗，务快一时之耳目，而无以取信于异日"④。换言之，以庄克谐、以雅化俗，方能成就理想的滑稽文学。周作人以为游戏文章的要素，固然少不了滑稽讽刺，更重在"天然凑泊，有行云流水之妙"，如《何典》自

---

① 知堂（周作人）：《中国的滑稽文学》，《宇宙风》第23期，1936年8月16日；收入《瓜豆集》，改题为《常言道》，上海，宇宙风社，1937年。抗战前夕周作人对谐文传统的改造，参见袁一丹：《从小品文到"新俳文"：一场流产的文学运动》，《中国现代文学研究丛刊》2018年第7期。

② 周作人：《中国的滑稽文学》。

③ 周作人：《地方与文艺》，1923年3月22日作，《谈龙集》，上海，开明书店，1927年。

④ 周竹君：《岂有此理》跋，转引自周作人《中国的滑稽文学》。

序所言："不过逢场作戏，随口喷蛆；何妨见景生情，凭空捣鬼。""逢场作戏""见景生情"是此派谐文的法门。所谓"逢场作戏"并非指官场或戏台上的两面派，周作人解释为"诚实的一种游戏态度"，如小孩的玩耍是快乐的游戏，也是诚实的工作，"其聚精会神处迥乎职业的劳作之上，更何况职业的敷衍乎"①。周作人对"逢场作戏"的别解——"诚实的游戏"，可能并非《何典》作者的初衷，而是对中国滑稽文学传统的现代改造。

二、 疑古"废话"

1926年6月出版的《何典》重印本中，附有北新书局掌柜李小峰的一则启事，向读者道歉说此书"预定由疑古玄同先生担任一篇序文，曾经登有广告在案，自无疑义。不料疑古先生未及着笔，疑古夫人就重病了"，之前允诺的序文短期内无法交卷，容后补上。就与校点者刘半农的关系及对吴氏文风的痴迷程度而言，钱玄同确是为《何典》重印本作序的最佳人选。刘半农忆及他和钱玄同的交往，谓二人缔交十余年"每相见必打闹，每打电话必打闹，每写信必打闹，甚至作为文章亦打闹，虽总角时同窗共砚之友，无此顽皮也"②。

查1926年2月24日钱玄同日记："至孔德，知半农新购一书，名《何典》，书共五回③，首有词一首，中有'放屁放屁，真正岂有此理'，吴叟之所本。半农正标点付印，我想作一序。"④钱玄同主动为《何典》作序，不尽出于私谊，更缘于《何典》卷首之"放屁"一语为"吴叟之所本"。

《何典》"再出土"的前一年，钱玄同曾计划在《语丝》上写一组文

① 周作人：《中国的滑稽文学》。

② 刘半农：《双凤凰专斋小品文》，二十二"无题"，《人间世》1935年第13期。

③《何典》共十回。

④ 1926年2月24日钱玄同日记，《钱玄同日记》（整理本）中册，杨天石主编，北京，北京大学出版社，2014年，第673页。

章，总题为“废话”。关于“废话”的“废话”中，钱氏宣称古今文章家中最佩服吴稚晖，随即抄录《乱谈几句》中那段自述作为取法对象[①]。因地域关系，吴稚晖常被誉为阳湖派的异军[②]，但在发明“桐城谬种、选学妖孽”口号的钱玄同看来，如果说桐城派是三寸金莲，阳湖派也不过三寸半或四寸而已[③]，吴稚晖则不但是天足，“简直是五指揸开，阔而且长，可以穿在草鞋里健步如飞的村姑底脚”[④]。

钱玄同表彰吴老丈的“天足”，以为从来自由活泼的好文章莫不如此，如禅宗语录和元杂剧，吴稚晖将这路文章高度风格化，表现得格外淋漓尽致。钱玄同所以对吴氏文风情有独钟，除了“顽皮”的性格作祟，还源于他对文章体式的敏感。这种文体的警觉性，不单是对“桐城谬种、选学妖孽”的反动，亦是为驱除自家笔下的“体式鬼”：“可恨我太没有文才，笔一提起，‘体式鬼’便奔赴腕下，所以虽欲力求振拔，苦难如愿以偿。”[⑤]钱玄同笔下的“体式鬼”，或与他思想复古时期一度服膺桐城义法，时而想学《文选》有关。吴稚晖标举“放屁放屁，真正岂有此理”之精神，正是挣脱文士的镣铐，驱除“体式鬼”的利器[⑥]。

以“放屁”精神作“疑古废话”，如何写法？钱玄同擅长语词的混搭：

---

① 疑古玄同：《废话（废话的废话）》，《语丝》第 40 期，1925 年 8 月 17 日。

② 吴稚晖是江苏常州人，常州在清代产出三种特殊人才：一是法理名家，和绍兴师爷齐名；二是理财专家，为现代中国银行界的重镇；三是阳湖古文家，陶熔经史的古文异军。曹聚仁以为，吴稚晖乃阳湖派之异军，兼有刑名家之长，而气势过之。（参见曹聚仁：《一个刘老老的话》，《文坛五十年》，香港，新文化出版社，1954 年，第 13 页）

③ 阳湖派为恽敬、张惠言等人开创，源自桐城派，但对桐城文的清规戒律有所不满；作文取法儒家经典，而又参以诸子百家之书，故文风较恣肆。

④ 疑古玄同：《废话（废话的废话）》。周云青称吴稚晖文章有“一种横厉无前之气”，“其取材之丰富，上自天球宗彝，下至圜中石、乾矢橛，无不佐其笔阵之纵横。而其字法句法，往往戛戛独造，脱尽恒蹊，目无桐城派阳湖派之余子”。（《吴稚晖先生文存》，周云青编，上海，医学书局，1926 年）

⑤ 疑古玄同：《废话（废话的废话）》。

⑥ 周作人的学生朱肇洛以为，吴稚晖“放屁文学论”产生的“瞎三话四”的文体，打破一切固定的文学程式（即钱玄同所谓的“体式鬼”），自辟新境。这种破坏式的建设，对新文学前途影响很大。（参见《由吴稚晖的文体说起》，《杂志》1945 年第 15 卷第 1 期）

> 古语跟今语，官话跟土话，圣贤垂训跟泼妇骂街，典谟训诰跟淫词艳曲，中国字跟外国字，汉字跟注音字母（或罗马字母），袭旧的跟杜撰的，欧化的跟民众化的……信笔拈来，信笔写去。[①]

这种古今、中外、雅俗杂糅的写法与《何典》有异曲同工之妙。同样服膺吴氏文风的曹聚仁称《何典》的笔法，乃是“揉合俗语与经典，村言与辞赋为一炉的创格”。例如第四回写六事鬼劝雌鬼再嫁，上一句是“肉面贴着肉面”，下一句是“风光摇曳，与众不同”。吴稚晖所谓的“放屁”精神，在曹聚仁看来，就是敢用“下体鸡脚之辞，比诸黄绢幼妇之妙”[②]，替白话文学另辟门径[③]。

钱玄同以“放屁”精神颠覆固有的语言秩序，借助秽亵字样的爆破力自创一种“不伦”的国语。1925 年 6 月 25 日钱玄同致周作人信中称：

> 我们尽可做“曰若稽古臭瘪三”[④]，“奉天承运放狗屁”，“圣有谦训吹牛屄（非写此字不可，作‘皮’者非）”，“维初太始那话儿”[⑤]，“於戏！烟士披里纯乎”这种文章。盖不问古今雅俗中外的文字语言，要用就用，这便是我的国语。所以博士胡讥“猜拳赌谜，载笑载言”

① 疑古玄同：《废话（废话的废话）》。

② “黄绢幼妇”系“绝妙”二字的隐语，典出《世说新语·捷悟》。《何典》这类清代小说中描写的低俗甚至污秽的内容，可理解为一种“降格”或谓“突降法”的修辞手段。参见张治：《清代小说关于“怪诞”风格的修辞试验》，《文学的异与同》，北京，商务印书馆，2019 年。

③ 曹聚仁：《一个刘老老的话》，《文坛五十年》，第 14 页。1928 年广州受匡出版社推出横排标点版《何典》，黄天石序云，文学的好处在能描写人间的一切“真”，可自从前辈先生发明一个“雅”字之后，遂演成几千年雅不可耐的贵族文学。中国所以不能产生好文学，“雅”实为祸首。《何典》是对“雅”的革命，一种返璞归真的文学革命。

④ “曰若稽古”语出《尚书·尧典》。《钱玄同文集》第六卷（北京，中国人民大学出版社，2000 年，第 69 页）将此句误作“日落稽古臭瘪三”。

⑤ 参见刘铮：《闲话“那话儿”》，《情色夭夭》，沈阳，辽宁教育出版社，2011 年。

两语为不伦，我以为就是不伦得好也。

“曰若稽古臭瘪三”云云，大都属于将“圣贤垂训跟泼妇骂街”“典谟训诰跟淫词艳曲”拼在一起的野蛮造句法。“猜拳赌谜，载笑载言”二语[①]，出自任鸿隽的四言诗《泛湖即事》，胡适追述文学革命的前史时，曾举此例以为“上句为二十世纪之活字，下句为三千年前之死句，殊不相称也”[②]。钱玄同偏要将“三千年前之死句”与“二十世纪之活字”尤其是秽亵字样——特别注明“吹牛皮”的“皮”，非用“屄”字不可——焊接起来，造成“不文”甚至“不伦”的效果。

钱玄同主张“不伦”的国语，正合乎《语丝》的文体[③]。周作人对《语丝》的定位是“不伦不类”：一班“不伦不类”的人借此园地发表“不伦不类”的思想与文章[④]。这种“不伦不类”的文体，难免招致外界的质疑，有读者来信说《语丝》太多滑稽分子，有变成《晶报》之虑。周作人回复说《晶报》是“为滑稽的滑稽”，而《语丝》大抵是“为严正的滑稽”[⑤]。周作人为《语丝》拟的广告词带有自我辩护的色彩：“我们的意见是反道学家的，但我们的滑稽放诞里有道学家所没有的端庄；我们的态度是非学者非绅士的，但我们的嬉笑怒骂里有那些学者绅士们所没有的诚实。”[⑥] 在“滑稽放诞”的面具下，是与“正人君子”论战中的“反道学家”的新道德家。

---

① 应为“猜谜赌胜”，语出任鸿隽《泛湖即事》诗。

② 胡适：《逼上梁山：文学革命的开始》，《中国新文学大系·建设理论集》，第14—15页。

③ 从印刷形态、版面设置、文学场域等角度对“语丝”体的深入辨析，参见夏寅：《〈语丝〉的形态构造与“文体”生成（1924—1927）》，2019年北京大学中文系现代文学专业硕士学位论文。

④ 岂明（周作人）：《答伏园论“语丝的文体”》，《语丝》第54期，1925年11月23日。

⑤ 周作人：《滑稽似不多——通信二》，《语丝》第8期，1925年1月5日。参见冯仰操：《滑稽论争背后的话语权》，《社会科学论坛》2010年第23期。

⑥《北京的一种古怪周刊〈语丝〉的广告》，原载1926年1月21日《京报副刊》，收入《周作人集外文》。

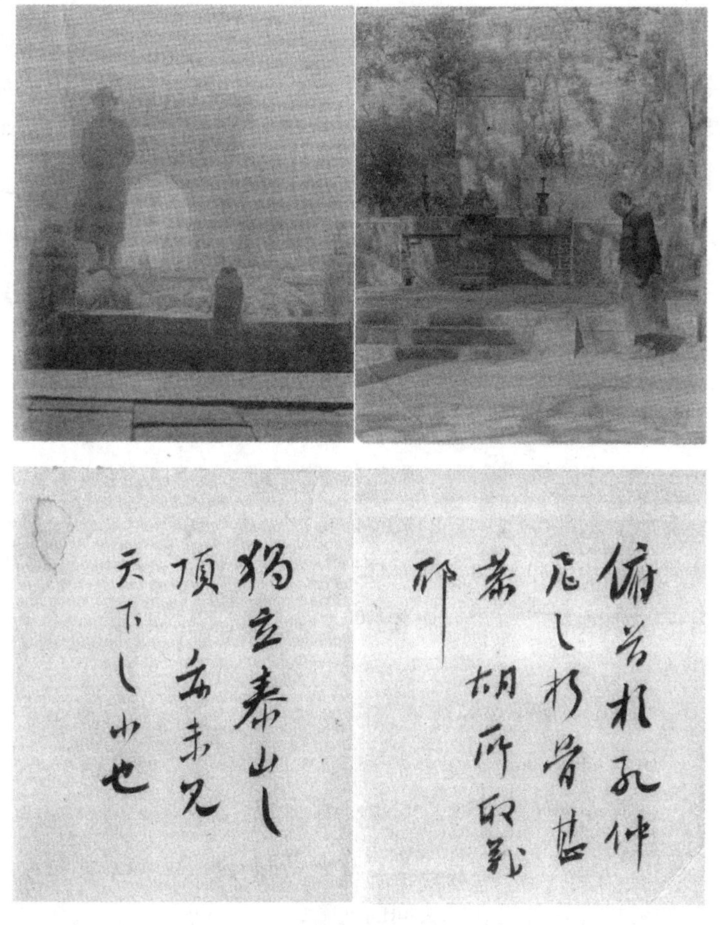

吴稚晖题赠钱玄同照片。照片背面有吴稚晖题字："独立泰山之顶，亦未见天下之小也"；"俯首于孔仲尼之朽骨甚恭，胡所取义耶"
图片来源：《疑古玄同——钱玄同文物图录》

《语丝》第54期刊出疑古"废话"的第一章，开宗明义以"原经"为题，驳斥章士钊的小学读经论[①]。对于正经研读过《十三经注疏》《皇清

① 疑古玄同（钱玄同）：《废话》，一"原经"，1925年11月14日作，《语丝》第54期，1925年11月23日。

经解》《续皇清经解》的太炎弟子来说，谈“经”正是钱玄同的拿手戏。但“原经”篇的主旨，不单是为了还原经书的历史面目，进而要打倒“经”字招牌。所谓“十三经”，在钱氏看来，不过是“不伦不类、杂七杂八的十三部古书而已”。[①] 钱玄同作“原经”篇的学术动机，与胡适倡导“整理国故”的宗旨近似，就是要人明白这些东西原来“也不过如此”。整理国故的目的，用胡适的话说，是为了“捉妖”“打鬼”，让其显出原形；或者说“化神奇为臭腐，化玄妙为平常”[②]。

1925年底受《吴稚晖学术论著》的刺激[③]，钱玄同对周作人发誓说：从谈经、谈小学、谈诸子至于说废话、嚼白蛆，“持同样之顽皮态度，做同样之吊诡文章”，假如能在整理国故上取得成绩，这成绩的报告“尤其非做吊诡文章不可”[④]。所谓“顽皮态度”，即“端午吃月饼，中秋吃粽子”的怪脾气；而将整理国故的成绩做成“吊诡文章”，“敢于公然在道林纸精装本的著作中发见‘卵’字、‘屄’字、‘肏’字之类”，把“王八蛋”“妈拉巴子”“放狗屁”与“纲常名教”“奉天承运”“寅绍丕基”“乃圣乃神”贯串在一起[⑤]。

有人责难1920年代兴起的整理国故运动，造成一种“非驴非马”的白话文[⑥]。胡适回应说，社会上流行的“半文半白”的白话文有三种来源：一是做惯古文的人，半路出家改做白话，尚未脱胎换骨，遂成不古不今之体，如梁启超的白话文；二是有意夹点古文调子，添点风趣，带有滑稽意味，如吴稚晖、鲁迅、钱玄同的文章；三是不求上进的时髦少年，借吴老先生作幌子随笔乱写。晚清、“五四”这两代人从古文里“滚”出来，

① 《尚书》被钱玄同视作“文件粘存册”，《仪礼》不过是礼节单子，《论语》《孟子》只是古代哲学史料。

② 胡适：《整理国故与“打鬼”：给浩徐先生信》，《现代评论》第5卷第119期，1927年3月19日。

③ 梁冰弦编：《吴稚晖学术论著》，上海，出版合作社，1925年11月初版。

④ 1925年12月31日钱玄同致周作人信，《钱玄同文集》第六卷，第72页。

⑤ 同上。

⑥ 浩徐：《主客答问》，《现代评论》第4卷第106期，1926年12月18日。

早年下的死功夫终归要留下点鬼影。即如胡适自己，须全神贯注于修词造句，方可做纯粹的白话文；当讨论学术问题时，偶一松懈，便成了“非驴非马”之文[1]。而钱玄同的“疑古废话”，在文白之间并不设防，乃刻意要做“非驴非马”的白话文。

三、 从字体到文体

钱玄同对吴氏文风的共鸣，不限于文体解放的层面，不容忽视二人在国语运动及文字改革中所持的激进立场。早在清末吴稚晖就依《康熙字典》的等韵，制作过一套“豆芽字母”[2]；后又在《新世纪》周刊上主张废除汉字，改用“万国新语”（即世界语）以改良种性：

> 自今以后，如欲扩大文学之范围，先当废除代表单纯旧种性之文字，而后自由杂习他种文字之文学。以世界各种之良种性，配合于我旧种性之良者，共成世界之新文学，以造世界之新种性。[3]

吴稚晖对“文学”的理解是狭义的美术之文，“独指词章等而言”，至于“笺经注史”属于学术文的范围。唯有从废除汉字、全盘西化进而世界大同的思想轨迹上，才能进一步理解1920年代钱玄同对吴氏文体的高度推崇。

---

① 胡适：《整理国故与“打鬼”：给浩徐先生信》，《现代评论》第5卷第119期，1927年3月19日。

② 吴稚晖的“豆芽字母”草成于1895年，据说他和太太通信便用这套“豆芽字母”。字母采独体篆文，或亦自创简笔，形似豆芽菜。参见吴敬恒《三十五年来之音符运动》（庄俞编：《最近三十五年之中国教育》卷下，上海，商务印书馆，1931年）、黎锦熙《国语运动史纲》卷一及倪海曙《清末汉语拼音运动编年史》（上海，上海人民出版社，1959年）。

③ 燃（吴稚晖）：《书苏格兰君〈废除汉文议〉后》，《新世纪》第71号，1908年10月31日。另参见吴稚晖《评前行君之“中国新语凡例”》《新语问题之杂答》及批评章太炎的《书“驳万国新语说”后》诸文。

钱玄同对吴稚晖的态度，随他思想立场的转移而改变。从钱玄同对《新世纪》的看法，可窥见他与吴稚晖在语言文字观及思想立场上的大分大合。1907 至 1908 年间，受无政府主义、国粹主义思潮的影响，钱玄同以为《新世纪》倡言“破坏一切，颇具卓识，惟终以学识太浅，而东方之学尤所未悉，故总有不衷于事实之处”，远不及刘师培主持的《天义报》[①]。“中文太浅，历史不知，每有不轨于理之言”[②]，是《新世纪》创刊之初钱玄同对吴稚晖诸人的看法。

在章太炎与吴稚晖关于万国新语的论争中，钱玄同无疑站在捍卫其师的立场上[③]。其谓《新世纪》“愈出愈奇”，“前拟用万国新语代汉语，已觉想入非非，今复有创中国新语者”，“此等可笑之事，太炎谓其发疯，诚然”[④]。钱玄同此言系针对《新世纪》第 40 号上的《编造中国新语凡例》及吴稚晖的评注。这一时期钱玄同的思想立场，介乎章太炎与刘师培之间[⑤]：他肯定《新世纪》“破坏一切”的无政府主义倾向，但在语言文字问题上，此时极端复古的钱玄同绝不可能认同吴稚晖诸人以万国新语取代汉字的主张。

清末钱玄同的复古思想，集中体现在文字复古上，即主张恢复“正字”，废楷书用篆书。钱氏以“正字”为“正名”之始，声称汉字必以篆书为正体，以后可用的字体只有篆书、隶古、隶书、章草四种，且不论用

---

① 1907 年 10 月 3 日钱玄同日记，《钱玄同日记》（整理本）上册，第 106 页。

② 1907 年 9 月 18 日钱玄同日记，同上书，第 105 页。

③ 参见 1908 年 4 月 22 日钱玄同日记：“午后至太炎处。太炎出一篇曰《驳中国用万国新语说》，将《新世纪》《万国新语之进步》一篇驳尽，且中多精义。”（同上书，第 128 页）章太炎反驳“万国新语”的主张及依据，参见彭春凌：《以“一返方言”抵抗“汉字统一”与“万国新语”——章太炎关于语言文字问题的论争（1906—1911）》，《近代史研究》2008 年第 2 期。

④ 1908 年 4 月 29 日钱玄同日记，《钱玄同日记》（整理本）上册，第 130 页。

⑤ 刘师培此时更偏向《新世纪》的立场，据 1908 年 7 月 1 日钱玄同日记云：“与申叔讲时事，伊总主张进步说，因甚以《新世纪》为是，又谓世界语言必可统一云云。果哉其难化也！然不斥旧学，贤于吴朓诸人究远矣。”（同上书，第 134 页）

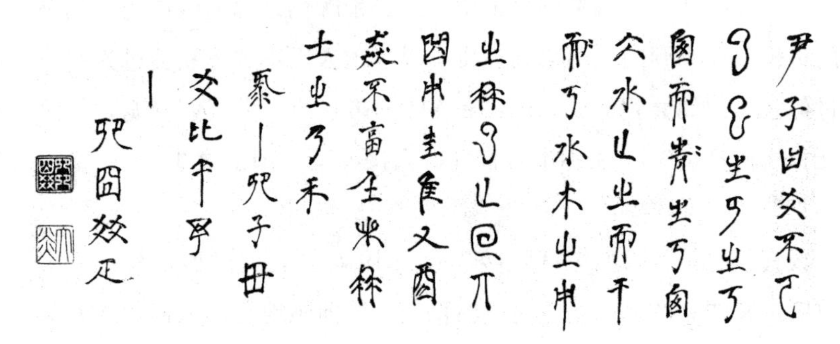

章太炎录《荀子·劝学篇》语赠钱玄同。图片来源：《疑古玄同——钱玄同文物图录》

何种字体，都不应写《说文》以外的字①。钱玄同的“废楷用篆说”比其师章太炎的“正名”观更极端②，他对“正字”的执着，隐含着晚清亡国灭种的忧惧：

> 十稔已还，东西留学生、上海僮仆、学堂洋奴，相继辈起，首倡废国文、废旧书之论，而退率遂大勮。……愚谓立国之本要在教育，果使学术修明，必赖文字正确。士生今日，诚能潜心正名之事，实为扼要之所在也。文字一灭，国必致亡。借观印度、波兰，可为殷鉴。若云文字纵亡，语言犹在，未易废也，此亦不然。今之语言渐不典则，犹赖有文字以匡之，若弃文存语，是无皮之毛，无往不可附也。故今日急务，实在复保氏之教为最要。③

由此可知钱玄同“正名”观的历史语境及两个基本点：一是“文字正确”关系国族存亡，二是文字之于语言的优先性。

---

① 参见1910年1月10日钱玄同日记，《钱玄同日记》（整理本）上册，第205—207页。

② 参见1909年1月29日钱玄同日记：“晚间在炎师处谈天，余主张废楷用篆说，炎师不甚许可，意其难行也。”（同上书，第145页）

③ 1909年11月2日钱玄同日记，同上书，第187页。

直至民国初年，钱玄同日记中提及吴稚晖仍是鄙夷的口吻，如谓中国人的劣根性在不顽固、不自大，庚子以降国人无不“尊欧美过先祖，贱己国过儓隶”，“如吴朓（引者注：吴稚晖本名）辈，世方相矜宠，吾民曾不知死亡之何日矣”[1]。又称由吴稚晖等人操办统一国语之事，“文字语言乌得不亡”![2]

钱玄同对吴稚晖的态度陡转，始于1916年袁世凯称帝复辟后。他从无政府主义的立场上重新肯定《新世纪》的前驱地位，坦言“八九年前初读《新世纪》，恶其文章鄙俗，颇不要看，后又以其报主张用世界语及吴、章嫌隙之事，尤深恶之。由今思之，此实中国创始Anar主义之印刷物也”[3]。与此同时，钱玄同宣告放弃“废楷用篆说”，因“经典之精义全不系乎文字，纵令今日中国之书焚毁净尽，但令有精译本之西文五经，则经典即可谓之不亡，况篆书变楷书乎”?[4] 1917年初钱玄同托北大校长蔡元培代购《新世纪》，自称对吴稚晖及《新世纪》的态度转变，是“受洪宪天子之教训”：

> 前此因章师疑吴君为苏报案之告密者，遂乃薄其为人。又因其时保存国粹之心理颇炽，而《新世纪》则输入欧化，排斥国粹，坐是又不以其报为然。由今观之，告密之事，早经多人证明其无，则吴君之行自无可议。至国粹、欧化之争，吾自受洪宪天子之教训以来，弃保存国粹之心理已有大半年矣。今日思之，《新世纪》之报，即为吾国言Anarchism之元祖，且其主张新真理，针砭旧恶俗，实为一极有价值之报，故拟托蔡君代觅也。[5]

---

① 1912年12月3日钱玄同日记，《钱玄同日记》（整理本）上册，第244页。
② 1912年12月30日钱玄同日记，同上书，第250页。
③ 1916年9月19日钱玄同日记，同上书，第291页。
④ 1916年9月29日钱玄同日记，同上书，第292页。
⑤ 1917年1月11日钱玄同日记，同上书，第300页。

同年9月钱玄同重阅《新世纪》，感叹“九年前阅此，觉其议论过激，颇不谓然。现在重读，乃觉其甚为和平。社会不进步欤？抑我之知识进步欤？”①

钱玄同对吴稚晖及《新世纪》的态度变化，基于他自身从复古到反复古的思想转变。受《新青年》同人影响②，钱玄同在语言文字问题上立场也颠倒过来，从维护汉字的神圣性，极力排斥世界语，到力主废汉字，提倡世界语。在过渡时期，钱玄同主张用“杂种”文字：“对于自己的历史、旧有的学术及普通之常语仍用汉文，但改文言为白话；至于新事、新物、新理，老实用西人名字，西字以 Esperanto 为标准。”③ 这种中西混杂的文字观，本质上是一种文字工具论。仅仅作为工具或记号的文字，为了方便使用，则“不妨杂（而且应该杂）”④。

1923年钱玄同拜会回国不久的吴稚晖，邀他为《国语月刊》“汉字改革号”助阵。受上海一帮遗老遗少的刺激，吴稚晖宣称“国学当缓讲，国文可不学”，其“仇视汉字之心益切”，觉得文字愈庞杂愈好，世界文字以日文为最好⑤。日本式的混合文字，在钱玄同看来，最适宜于过渡时代：“暂时尚不能不写汉字的，则写汉字；可以不写、无汉字可写和汉字不足以表示音义的，则写注音字母。”⑥ 钱玄同主张无限制地输入外来语，最好写原文；外来语之输入不限于新名词，甚至介词、连词之类也可用外来语，如“送给”一词可用英文之 to、法文之 a 或世界语之 al 代替⑦。这种

---

① 1917年9月24日钱玄同日记，《钱玄同日记》（整理本）上册，第318页。

② 如1918年1月2日钱玄同日记：“独秀、叔雅二人皆谓中国文化已成僵死之物，诚欲保种救国，非废灭汉文及中国历史不可。此说与豫才（鲁迅）所主张相同，吾亦甚然之。”（同上书，第326页）又同年1月26日：“日前（刘）叔雅倡不译书之论，今日（沈）尹默并谓非废汉字不足以救亡，与豫才持论全同，此皆极正当的议论。”（同上书，第331页）

③ 1918年1月2日钱玄同日记，同上书，第326页。

④ 1922年6月8日钱玄同日记，同上书，第416页。

⑤ 1923年1月16日钱玄同日记，《钱玄同日记》（整理本）中册，第498—499页。

⑥ 1923年1月17日钱玄同日记，同上书，第499页。

⑦ 1923年1月17日钱玄同日记，同上书，第499—500页。

中西混杂的文体，单从视觉效果上，就比文白、雅俗层面的杂糅更有冲击力。“杂种文字”观既与疑古玄同式的“不伦”的国语精神相通，也是他与吴氏文体发生共鸣的前提。

四、“射他耳家”

《何典》出版预告中援引吴稚晖不做“野蛮文学家”的自供状，本是对《现代评论》派的回应，《乱谈几句》开篇云：

> 有人问，“《现代评论》上载了一封罗志希先生从美国寄回的信，他极说你有能做文学家的材料，不做可惜。并且西滢先生还加上一个跋尾，可惜你不曾写些过去的革命人物。你可有什么答复呢?”[①]

罗家伦的“劝进”书，题为《吴稚晖与王尔德》，是1925年发表在《现代评论》上的通信[②]。信中称赞吴稚晖有一种“射他耳家”（Satirist）的天才，其特别的本领在于：“一、铸造新词，凡是老生常谈、村妇嚼蛆的话，经他一用，便别有风趣。二、透彻中国人的生活状况，凡是所谓‘上中下三等’的生活，他不但有经验，而且能抓住最小而最特著的地方，以表现全个。”[③] 吴稚晖这两种文学特长，使其最宜写“射他耳”式的文章。

“射他耳”系Satire的音译，罗家伦发明“射他耳家”的封号，拉陈西滢联名“劝进”，非贸然之举，因为不以文学家自居的吴稚晖已在《现代评论》上发表过《怎么办呢?》《苦矣!》等时事评论。而且《现代评论》派的批评风格，与吴氏文风有相近的趣味。在前一期的通信中，罗家伦便

---

① 吴稚晖:《乱谈几句》,《猛进》第10期，1925年5月8日。

② 罗家伦:《吴稚晖与王尔德》，1925年3月1日作于柏林，《现代评论》第1卷第20期，1925年4月25日。

③ 罗家伦以为鲁迅也有这两种特长，但“铸造新词”的本领不常用。

指出《现代评论》的批评“有一种‘射他耳’（Satire 译音，意译暂作‘嘲讽’）的文体倾向”①。这种犀利的“射他耳”文体，罗氏以为是当时中国最需要的醒脑剂，因为正色厉声的申斥对一般民众已失去效力。罗家伦对“射他耳”的召唤，基于一种错位的时代类比，他觉得 1920 年代的中国社会与欧洲启蒙时代情况类似，吴稚晖文章里的嘲讽与幽默像欧洲 18 世纪的出品，有时不免“琐碎”（trivial），使人看了扑哧一笑后失却正文②。罗家伦希望《现代评论》派“能开一种文学的风气，养出一种文学的体裁，造成一班‘射他耳家’”③。

对于“射他耳家”的封号，吴稚晖并不领情，调侃道：“人家偶爱打诨，他们就有什么‘射他耳’‘幽默’一类好听的名词，勾引他入港”，好比村姑把小脚放成天足，便有密司（miss）劝她穿高跟鞋，做交际花。没料到“放屁放屁，真正岂有此理!”的“嚼蛆”也能编进文学家的生意经，吴稚晖反问：“文学家买几文一斤呢?‘射他耳’及‘幽默’，比到‘朴茂’‘渊雅’，差别何在呢?”④ 对于《现代评论》派的劝进，吴稚晖态度坚决，再度宣称他“不愿做什么乌烟瘴气的文学家”。

陈西滢在罗家伦的“劝进”书后加跋语，谓吴稚晖“是中国希有的文学天才”，却“始终不承认而且极端看不起文学天才”⑤ 。他期待吴稚晖能写晚清以来的革命人物，为民国存掌故。在《现代评论》上极力表彰

---

① 罗家伦：《批评与文学批评》，1925 年 2 月 28 日作于柏林，《现代评论》第 1 卷第 19 期，1925 年 4 月 18 日。

② 罗家伦：《吴稚晖与王尔德》。

③ 罗家伦随即指出“做‘射他耳家’的危险，就怕流成‘心里刻家’（Cynic 的译音，日本译作‘犬儒’，意译暂作‘冷笑家’）。‘射他耳家’做的文字，背后还有充分的同情，有种悲天悯人的感觉，有一种相当的标准断事。至于‘心里刻家’遇着东西，先把鼻子去嗅了；嗅过以后，‘哼’的一声，鼻子底下的两道冷光一出，天下的是非都没有了!”（《批评与文学批评》）鹤见祐辅认为幽默源于理性的倒错感，和冷嘲（cynic）只隔一张纸，同情使幽默不堕于冷嘲。（《说幽默》，《思想・山水・人物》，鲁迅译，上海，北新书局，1928 年）

④ 吴稚晖：《乱谈几句》。

⑤ 陈西滢：《吴稚晖与王尔德》跋语。

吴稚晖思想与文章的，首推陈西滢。“西滢闲话”推举新文学运动以来的十部著作，思想方面即以吴稚晖在科玄论战中的大作《一个新信仰的宇宙观与人生观》为代表，理由是“那大胆的精神，前无古人、后无来者的气概，滑稽而又庄严的态度，都是他个人独有的”①。陈西滢坦言吴稚晖是他二十年来最钦佩的一个人，吴氏著作中最有趣的是散见于报刊上的杂文，其次是他的书函②。就其思想底色而言，陈西滢认为吴稚晖外表极新，内心极旧，“意识是西洋的物质主义者，下意识却是纯粹中国的儒者”③。

陈西滢的判断明显受章士钊影响。此时正在与吴稚晖打笔仗的章士钊以为，“放屁放屁”不过是故意骇人听闻之言，吴稚晖实则是“言行不相顾”之人：对外扬言“经生文人，举不足为”，而其危机时刻的决断，“乃真经生、真文人之受用处”④。在章士钊眼里，吴稚晖乃一“极旧式之新学家”。作为“新学家”，吴稚晖往往口不择言，“与诸少年角逐，有宏奖而无督责，意在姑为破坏，徐图建设”。其文章放荡，但持身谨严，“行己应物，仍一切不脱儒家规律”。吴稚晖能得到知识阶层的信仰，章士钊断言“所得于旧者八，所得于新者仅二”⑤。

吴稚晖自信其作文秉持“放屁放屁，真正岂有此理”之精神，又发誓投线装书于茅厕，从此不看中国书，“到如今，几乎成了没字碑，然身上不带鸟气，不敢误认我为文人，这是狠自负的”⑥。章士钊反驳道：

---

① 西滢：《闲话》，《现代评论》第3卷第71期，1926年4月17日；收入《西滢闲话》，题为《新文学运动以来的十部著作》，上海，新月书店，1928年，第336—337页。

② 陈源：《吴稚晖先生的著作》，《西滢闲话》，第54—55页。

③ 西滢：《闲话》，《现代评论》第3卷第59期，1926年1月23日；收入《西滢闲话》，题为《吴稚晖先生》。

④ 孤桐（章士钊）：《再答稚晖先生》，《甲寅周刊》第1卷第27号，1926年1月16日。章士钊此文系回应吴稚晖发表在《现代评论》第一周年纪念增刊（1926年1月1日）上的《我们所请愿于章先生者》。

⑤ 同上文。

⑥ 吴稚晖：《我们所请愿于章先生者》，《现代评论》第一周年纪念增刊，1926年1月1日。

> 愈自晦曰“没字碑”，其字愈显；愈自异曰“不带鸟气”，其鸟尤数飞无已。故凡读吴稚晖之文，轻轻放过，不审其所号投于毛厕之旧书，曾一一刻画在脑筋里，可隐可见，虽百洗而不可磨者，直无目者也。[①]

吴稚晖标榜“放屁”精神，用讲话体为文，在章士钊看来，“其貌与黄口小儿所作若同，而其神则非读破几百卷书者，不能道得只字”。同理，钱玄同以“原经”起头的“废话”，岂是没摸过《十三经注疏》的时髦少年能信口雌黄的？

吴氏文风的流弊在于，若缺乏道德自律与学术功底，只会扮小丑、说俏皮话，模仿半文半白的文体，刻意制造一种诙谐趣味。1927 年创造社的理论家成仿吾指出，文学革命已堕入趣味的绝路，在创作和批评的领域都充斥着趣味的氛围：以趣味为中心的文艺后面，必有一种以趣味为中心的生活基调，换言之，必有一种有特别嗜好的作者，以及有同类嗜好的出版者与读者，共同造成趣味的“迷魂阵”[②]。这种以趣味为中心的文艺发源于北京，那儿有周作人的小圈子，有北新书局，还有大学培养的新文艺的广大读者及潜在作者。成仿吾用漫画的笔触，描绘出他心目中趣味文艺的始作俑者、传播者、消费者：

> 这时候我们的周作人先生带了他的 Cycle 悠然而来，扬着十目所视的手儿高叫道：“做小诗罢！俳句罢！使心灵去冒险罢！读《古事记》罢！《徒然草》罢！……”这时候刘半农博士不知道几时跑了回来，扬着鞭儿，敲着他的瓦釜，大叫了一声：“读《何典》罢！”在这时候，我

① 章士钊：《再答稚晖先生》。
② 成仿吾：《完成我们的文学革命》，《洪水》第 3 卷第 25 期，1927 年 1 月 16 日。

们的鲁迅先生坐在华盖之下正在抄他的《小说旧闻》，而我们的西滢先生却在说他那闲话。北新书局呢，老板不消说是在忙着编纂，排印工人不消说是在黑黝黝的铅字房里钻动。大学堂里念书的呢，他们是在耽读着，著述着，时时仍在仰着头等待什么人再给他们一点天启。①

从“文学革命”到“革命文学”的转换，在批评话语的建构上，是以“趣味家的态度”为靶子，通过对趣味文艺“生产线”的清算实现的。然而成仿吾的批评本身不也沾染了趣味文艺的臭味？

1930年代初，沈从文检讨文学革命以来的小说创作，对文坛上弥漫的讽刺气息不以为然，特别批评《语丝》派的杂感与小品文，养成一种“尖巧深刻”的不良趣味，导致讽刺的滥用，使新文学由“严肃”滑向“游戏”②。1920年代中期诙谐趣味的养成，不能完全归咎于语丝体，沈从文同时指出：胡适对《儒林外史》的重新估价、周氏兄弟及陈西滢的杂感、丁西林的对白剧、张资平的小说以及对莫泊桑、契诃夫作品的翻译，都该为诙谐趣味的不良影响负责。《语丝》与《现代评论》这两大敌对阵营对吴稚晖文风的一致追捧，刘半农校点重印《何典》，都需放置在趣味文艺的生产场域中去理解。

余论、《何典》里的方方方

钱玄同的《何典》序虽未兑现，幸而有鲁迅应刘半农之邀作的题记。鲁迅调侃说旧小说的整理有被人包办之嫌：“标点只能让汪原放，做序只能推胡适之，出版只能由亚东图书馆；刘半农，李小峰，我，皆非其选

① 成仿吾：《实现我们的文学革命》。

② 沈从文：《论中国创作小说》，原载《文艺月刊》第2卷第5—6号，1931年6月30日；转引自《沈从文全集》第16卷文论，太原，北岳文艺出版社，2002年，第218页。

也。”[①] 促使鲁迅为《何典》作序的，是陈西滢对刘半农的批评：“说《何典》广告怎样不高尚，不料大学教授而竟堕落至于斯。”鲁迅从大学教授的“堕落”中体会到谋生的困苦，他借陶成章教人催眠术糊口之事为刘半农辩护[②]。但鲁迅在题记中也直言对《何典》重印本的不满，“以为校勘有时稍迂，空格令人气闷，半农的士大夫气似乎还太多”。[③]

“校勘有时稍迂”，用刘大白的话说，“有不必疑而疑，并不赘而以为赘，并非不可解而以为不解的”[④]。一年后唐传奇《游仙窟》付印时，鲁迅主张或排印或影印，全依旧式，可附札记，“至于书头上附印无聊之校勘如《何典》者，太‘小家子’相，万不可学者也”[⑤]。

从《何典》重印本的空格中，鲁迅嗅出刘半农的“士大夫气”。就这些“令人气闷”的空格，刘半农诉苦道：

> 因为在《何典》里画了方方方，我真被诸位老爹骂得够了。当面痛骂者有其人，写信痛骂者尤大有其人。若把收到的信编起来，也竟可以请李老板出一部《谤书一束》了。[⑥]

可见感觉“气闷”的并非鲁迅一人。刘半农自称《何典》里的方方方是看校样看到第四回才临时画上的。据刘大白统计，《何典》第四回有 109 个方框，加上第五回中的一个，共有 110 个空格[⑦]。被刘半农删去的这百余

---

① 鲁迅：《为半农题记〈何典〉后，作》，1926 年 5 月 25 日作，《语丝》第 82 期，1926 年 6 月 7 日；收入《华盖集续编》。
② 鲁迅：《为半农题记〈何典〉后，作》。
③ 鲁迅：《何典·题记》，1926 年 5 月 25 日作，《何典》，北京，北新书局，1926 年 6 月。
④ 刘大白：《读〈何典〉》，《黎明》第 33 期，1926 年 6 月 26 日。
⑤ 1927 年 7 月 28 日鲁迅致章廷谦信，《鲁迅全集》第 11 卷，北京，人民文学出版社，1981 年，第 563 页。参见川岛（章廷谦）：《记重印游仙窟》，《人民文学》1957 年第 8 期。
⑥ 刘半农：《关于〈何典〉里的方方方及其它》，《语丝》第 85 期，1926 年 6 月 27 日。
⑦ 参见刘大白：《两个圈儿和一百一十个框儿》，《黎明》第 39 期，1926 年 8 月 8 日。

字，正是钱玄同建构“不伦”的国语所依赖的秽亵字样，如“卵”字、“屄”字之类。与“放屁放屁”的口诀相比，与性相关的秽亵字样才是检验“吴老爹之道统”的试金石。鲁迅所谓的“士大夫气”，实暗讽刘半农身上的“道学家气”。

道：『到底要什麼？却這般又吞又吐的。』雌鬼只得老着面
皮說道：『你身上可有虱的麼？』和尚道：『小僧身上餓皮
虱，角虱，口口口跳虱，一應俱全；不知要那一種？』雌鬼
道：『有了這許多，難道虱多弗癢的麼？』和尚道：『小和
尚硬如鐵，是虱叮弗動的，那里會癢？』雌鬼道：『實不相
瞞：因爲生了叮口蟲，聞得要口口口跳虱醫的，所以來與你
相商。』和尚道：『這個其容且易。施主且口口口，待小僧放
上便了。』雌鬼只得口口口口，露出口口口口兩個笑靨來。
那和尚平素日間，還要口口口口，何況親眼看見，便也口
口口口，說道：『省得搜鬆捉虱，等他自已爬上去罷，』一
頭說，一頭口口口口口。那跳虱聞着腥氣，都跳上口口來。
眞是一物治一物，那叮口蟲見了，便嚇得走頭無路，盡望口

道：『到底要什麼？却這般又吞又吐的。』雌鬼只得老着面
皮說道：『你身上可有虱的麼？』和尚道：『小僧身上餓皮
虱，角虱，卵毛裏跳虱，一應俱全；不知要那一種？』雌鬼
道：『有了這許多，難道虱多弗癢的麼？』和尚道：『小和
尚硬如鐵，是虱叮弗動的，那里會癢？』雌鬼道：『實不相
瞞：因爲生了叮屄蟲，聞得要卵毛裏跳虱醫的，所以來與你
相商。』和尚道：『這個其容且易。施主且脫開來，待小僧放
上便了。』雌鬼只得脫開褲子，露出屄爿沿上兩個笑靨來。
那和尚平素日間，還要無屄乾卵硬，何況親眼看見，便也脫
去褲子，說道：『省得搜鬆捉虱，等他自已爬上去罷，』一
頭說，一頭便將身湊上。那跳虱聞着腥氣，都跳上屄爿來。
眞是一物治一物，那叮屄蟲見了，便嚇得走頭無路，盡望屄

《何典》重印本（北新书局，1926 年 6 月初版）第四回里的方方方，
再版时恢复原文，去掉空格

夹杂着秽亵字样的《何典》，属于周作人所谓“受戒者的文学”（Literature for the Initiated）。只有受过人生的密戒，“有他的光与影的性的生活”的读者，才能领会《何典》的村野恶俗之趣[①]。《何典》中的荒唐言，不是对一般人说法，更不适合那些“心思已入了牛角弯”，“用记限仪显微镜来测看艺术”的道学家[②]。对于《何典》中的秽亵字样，与其用方框空格代替，不如用周作人提倡的“净观”，对抗假道学的空气。所谓“净观”，是用心的洁净来祓除词与物的污秽，正如斯温朋（Swinburne）

① 仲密（周作人）：《自己的园地·九〈沉沦〉》，《晨报副刊》1922 年 3 月 26 日。
② 周作人：《绿洲·九〈镜花缘〉》，《晨报副刊》1923 年 3 月 31 日。

所说："世上唯一不洁的物，便只是那相信不洁的念头。"[①] "披着猥亵之衣，出入于礼法之阵"，笑闹着，最终毫发无损，才是文学革命者的风度[②]。《何典》重印本里的方方方，若视为新文学家自我阉割的症候，不正是"流氓鬼"与"绅士鬼"格斗后隐遁之所？

① 周作人：《英国诗人勃来克的思想》，《少年中国》1920 年第 1 卷第 8 期。
② 子荣（周作人）：《"净观"》，《语丝》第 15 期，1925 年 2 月 23 日。

第八章
创造一种新的可读性

“五四”文学革命不仅催生了一种新的语言工具、书写形式，与此同时，以分段、标点为视觉标记，创造了一种新的可读性（a new readability），亦即一种新的接受视域（a new horizon of reception）[①]。从右行直下到左行横迤，从囫囵一片的木版书、密不透风的石印本，到疏朗的行款、宽裕的天头地脚、分明的段落、全套的标点，书写习惯与阅读界面的改变，跟从文言到白话的语体变革一样影响深远且不可逆。这种接受视域的变化不限于文学文本，还涉及现代述学文体、应用文体的形式变迁，甚至以整理国故之名，改变了整个古典学的面貌，可视作一场广义的“文本革命”[②]。因而有必要回顾文学革命前后的句读论，从文法、教育、印刷、阅读生理学等多重视角，考察这种新的接受视域是如何形成，并反向作用于书写实践[③]。

需要特别注意的是句读论与书写实践之间的不同步性。从书写规范的意义上，以 1916 年发表于《科学》杂志上的胡适《论句读及文字符号》

---

① Roger Chartier, “Texts, Printing, Readings,” *The New Cultural History*, Edited by Lynn Hunt, University of California Press, 1989.

② 标点、行款对述学文体的影响，参见陈平原：《现代中国的述学文体：以“引经据典”为中心》，《文学评论》2001 年第 4 期。

③ 句读论既不属于思想史，也不完全属于文学研究的范畴，关注的是文学、思想的“上下四旁”，以及文本中的间隙。这些空白与间隙是让泛滥无形的思想、文学，得以安置、得以定型之物。

为起点[①]，迄于1920年教育部批准的新式标点符号修正案[②]，代表了从圈点句读到西式标点符号嬗变的趋势。然而落实到具体的书写实践中，受制于思想观念或印刷条件，即便在新文学的策源地《青年》杂志上，亦呈现出纵横并置的接受视域，及圈点与标点混用的过渡形态[③]。文学革命引发的接受视域的转换，是一场漫长的读写革命，不应只聚焦在“五四”这一时间节点上。

一、 系于声气抑或文义

对于个人读写习惯的养成而言，早年的国语教育是比思想定型以后自主的文学阅读更有效的手段。新文学家废名在抗战胜利后完成的长篇小说《莫须有先生坐飞机以后》中，根据他战时在乡间担任小学教师的经验，

---

① 胡适：《论句读及文字符号》，《科学》1916年第2卷第1期。

②《请颁行新式标点符号议案（修正案）》，《教育公报》第7年第3期，1920年3月20日。提议人：马裕藻、周作人、朱希祖、刘复、钱玄同、胡适。1919年11月29日胡适修正，收入《胡适文存》卷一。

③ 王风《周氏兄弟早期著译与汉语现代书写语言》一文指出，是否参与写作是句读与新式标点的主要区别。近代报刊多数是句读与新式标点的混合体。在书写格式上，新式标点排入行中，占用与文字相等的地位；而句读则置于文字一侧，并不占用行内空间，仅起到点断的作用。这种二元体制说明当时句读的功能是划分阅读单位，而新式标点参与表达，具有准文字功能，与句读是两套系统。（《世运推移与文章兴替——中国近代文学论集》，北京，北京大学出版社，2015年）

新式标点参与表情达意，最显著的现象是初期白话诗中大量出现的感叹号。心理学家张耀翔从感叹号分析新诗人的情绪，据他统计，初期白话诗平均每四行就有一个感叹号。胡适《尝试集》中有105个感叹号，平均每首有一个半，或每六行有一个。郭沫若的诗集《女神》有918个感叹号，平均每首有3.9个，每1.6行有一个。张耀翔讽刺《女神》中的感叹号，“仰看像一阵春雨，俯看像数亩禾田；缩小看像许多细菌，放大看像几排弹丸”。（《新诗人之情绪》，《心理》1924年第3卷第2期）张耀翔还统计了早期新诗集中常见的感叹词，如“啊”“呀”“哟”“罢”“呢”等。闻一多认为原始的歌就是从感叹字中滋长出来的。作为歌的核心与原动力，感叹字是情绪的发泄，故歌的本质是抒情的。（《歌与诗》，《文艺春秋》第4卷第4期，1947年4月）从这个意义上说，感叹号及感叹词的滥用，可视为早期新诗的“返祖”现象。

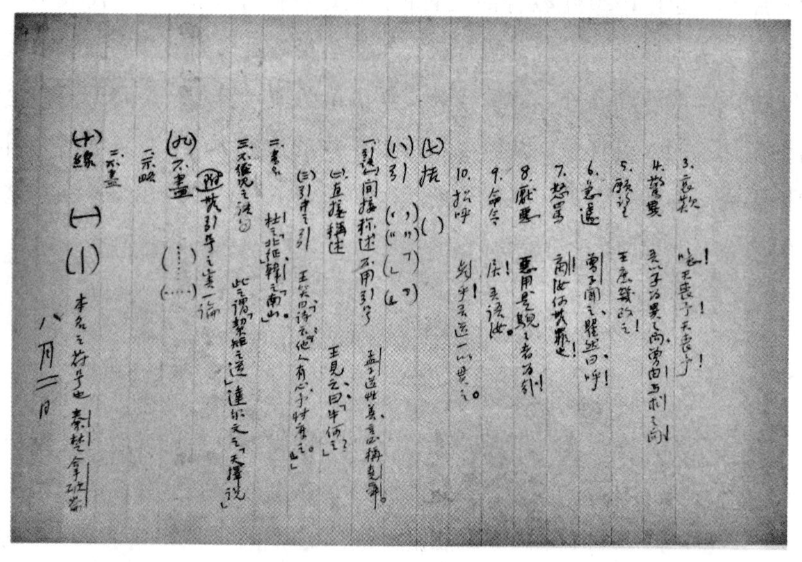

胡适为《科学》杂志作《论句读及文字符号》节录。图片来源：《亚东遗珍》

提出在新文学的势力稀薄处，如何教国语、写白话的问题[①]。在这部不像小说的小说中，废名“化身”为莫须有先生，面对那些从小接受私塾教育的大孩子，试图纠正以记诵、模仿为主的传统教育模式，从“写什么”“怎么写”两个层面厘清他理想中的新文学为何物。

关键在怎么写。写白话并非如胡适所言，“话怎么说，就怎么写”。莫须有先生用蒙学读物中的三个例子：“人之初”“子曰学而”“关关雎鸠”，教学生什么叫一个句子。在他看来，句子是一个完整的意义单位，总有一个主语、一个谓语，因而“关关雎鸠”不算一句，“关关雎鸠，在河之洲”才叫作一个句子。这一语法常识触犯了私塾先生的尊严，在乡间引发了一场风波。“关关雎鸠”算不算一句，与其说是新文学家与私塾先生的意气

① 废名：《莫须有先生坐飞机以后》，第七章“莫须有先生教国语”，《文学杂志》1947年第2卷第7期。

之争，毋宁说揭示出以欧化文法为依托的国语教育与以经典记诵为根柢的私塾教育之间的冲突。

莫须有先生称“关关雎鸠”不能算一句，仿佛真理在握。毕业于北大英文系的废名沿袭了晚清以降以《马氏文通》为代表的语法体系。而事实上，随着现代汉语研究的推进，什么叫作一个句子在语言学界仍未达成共识①。关于“句子”的定义渐趋模糊，甚至有研究者认为汉语是无主语的语言②。语文教育家指出，在所谓“不规范”的书写习惯中，常出现一逗到底的现象③，说明中文写作中句号的非强制性。

由主语加谓语框定的“句子”其实是舶来品，中国古代只有“句”的概念，并没有“句子/sentence”的概念。“句子”和“句”的最大不同在于，“句子/sentence”是以核心动词为中心组织起来的意义单位，边界清晰且有很强的自足性；而“句”是以语言声气为依托的节律单位。用传统句读论中的“句”来引渡西方语法体系中的“句子/sentence”，将后者的切割性和自组织性植入现代汉语的句子概念中，清空了“句”原有的声律内涵，造成文学革命前后“句子”与“句”的貌合神离。④

文学革命前后的句读论，大体继承了《马氏文通》的语法体系，以胡适《论句读及文字符号》为代表。但也有与《马氏文通》立异者，如黄侃《文心雕龙札记》之章句论⑤。黄侃章句论的核心观点，一是句、读不分，二是认为句读有系于声气与系于文义之别。如《关雎》首章，就文义完整性而言，只有两句；但黄侃以为诗之断句，应遵从声气而非文法，故毛传

---

① 参见孙坤：《中国古文标点特征和创制机理：与欧洲标点传统对比》，《中国语文》2015年第6期。

② 西順蔵：「主語のない言葉：中国語についての試論」，「西順蔵著作集」第一卷，東京，内山書店，1995年，第168—180頁。

③ 叶圣陶：《句读琐谈》，《社员俱乐部》1932年第2期。

④ “句子/sentence”和“句”的不同，参见申小龙：《论中文句型之句读本体，功能格局，事理铺排——兼论汉语句型研究中西方概念的消解》，《杭州师范大学学报（社会科学版）》2013年第3期。

⑤ 黄侃：《文心雕龙札记》，黄延祖重辑，北京，中华书局，2006年。

认定“关关雎鸠”即为一句。[1]

黄侃以声气断句的前提是“文以载言”，他以为文章与语言本同一物，“文之句读，随乎语言，或长或短，取其适于声气”[2]。这或根源于黄侃的训诂学理论，在“义训”与“声训”之间，他更重视“声训”，因“文字根于言语，言语发乎音声，则声音者文字之铃键，文字之贯串，故求文字之系统，既不离乎声韵，而求文字之根源，又岂能离乎声韵哉”[3]。在黄侃的章句论中，句读系于声势，是音节的停顿，非完整的意义单位。其谓“世人或拘执文法，强作分析，以为意具而后成句，意不具则为读，不悟诗之分句，但取声气为稽，不问义完与否”[4]。

黄侃所谓“声势”或“声气”，是指便于讽诵的、自然的音节，而非人为的、苛细的音律。借钟嵘《诗品》之言，“文制本须讽读，不可蹇碍，但令清浊通流，口吻调利，斯为足矣”。黄侃称文章本于言语，作文之术亦用口耳而已，只需“宣之于口而顺，听之于耳而调”，不必“拘拘于浮切，断断于宫徵”。[5]

黄侃主张韵文有两种句读，一为声气之句读，一为文义之句读。二者未必一致，在《诗经》中尤为明显。如《商颂·玄鸟》章“天命玄鸟，降而生商”，按文义断句当为“天命，玄鸟降，而生商”。[6] 十三经当中，黄侃以为《诗经》句式整齐反而最难句读，因为声气之句读有别于文义之

---

① 黄侃：《文心雕龙札记·章句》，第160页。

② 同上书，第177页。

③ 黄侃主张以声韵求训诂之根源，参见《训诂学讲词》（中央大学授课笔记），转引自许嘉璐：《黄侃先生的小学成就及治学精神》，《量守庐学记：黄侃的生平和学术》，程千帆、唐文编，北京，生活·读书·新知三联书店，1985年，第70页。形、音、义的关系，黄侃认为好比北京的糖葫芦，“形”是外面裹的一层糖浆，“义”就像山里红，“音”则是贯串其中的竹签。

④ 黄侃：《文心雕龙札记·章句》，第160页。

⑤ 黄侃：《文心雕龙札记·声律》，第143页。

⑥ 武酉山：《追悼黄季刚师》，1932年7月13日听黄侃讲训诂学撮要，原载《制言》1935年第7期，转引自《量守庐学记》第108页。

句读：

> 《诗经》多四字句，人以为易读，然《诗》有声气句与文法句之别。以声气为句，如《邶风·柏舟》首章“微我无酒，以敖以游”为二句，而于文法则为一句。毛传云“非我无酒可以遨游忘忧也”，其义可见。[1]

黄侃手批白文十三经，专用一个符号来标记《诗经》中与“声气句”不一致的“文法句”：“凡于上句左下角与下句左上角用‘—’连接者，表上下句于文法需连读。”[2] 据《黄侃手批白文十三经》影印本，以《邶风·柏舟》为例，用“—”勾连的文法句有：“微我无酒。—以敖以游。”“我心匪鉴。—不可以茹。亦有兄弟。—不可以据。”“忧心悄悄。—愠于群小。”[3] 黄侃以文法“剖判”《诗经》，在声气句与文法句之间，特意标出与以声韵断句不一的文法句[4]。这与《文心雕龙札记》的立场似有张力，说明《章句》篇主张句读系于声气非一味拒斥文法，而以文法的强势介入为前提。

黄侃对人宣称“予乃章句之儒”，主张学问文章皆以章句为始基（黄以周语）[5]。在他看来，为文必先读经，读经先明句读，句读不明则无从探索经义[6]。总之，一切学问皆自通句读起[7]。据及门弟子回忆，黄侃读

---

① 黄焯：《〈黄侃手批白文十三经〉前言》，上海，上海古籍出版社，2008 年，第 3 页。《手批白文十三经提要·毛诗》云：“句读分文法及音节两种，异文旧说均加符识。”

②《毛诗》符识说明，《黄侃手批白文十三经·符识说明》，第 5 页。

③《黄侃手批白文十三经·毛诗》，第 11 页。

④ 黄侃教人读经先读《诗》疏，既可得名物训诂，又可通文法，“较读近人《马氏文通》高百倍矣”。见黄席群、闵孝吉记：《量守庐讲学二记》，《量守庐学记续编：黄侃的生平和学术》，张晖编，北京，生活·读书·新知三联书店，2006 年，第 10 页。

⑤ 参见黄焯：《季刚先生生平及其著述》，《量守庐学记》，第 32 页。

⑥ 参见章璠：《黄先生论学别记》，《制言》1935 年第 7 期。

⑦ 金毓黻《成均摭言》所记黄侃语，转引自武酉山：《关于黄季刚先生》，《量守庐学记续编》，第 60 页。

书必动笔：

> 凡经紬绎之籍，校勘句读，丹墨交横，符识分别，自笺细字，密如蚁阵。至如经史小学诸要籍，校读有逾十余周不已者。一书虽多至数百卷，读之莫不起讫如一。见人读书施评点不能终卷者，称之为“杀书头”。①

据说黄侃去世前一日，胃出血不已，因《唐文粹补遗》末二卷尚未读完，犹强撑病体批点完毕，曰：“生平笑人‘杀书头’，毋令人笑我也。”②

黄侃认为博闻与强记是两回事，其“平生手加点识书，如《文选》盖已十过，《汉书》亦三过，注疏圈识，丹黄烂然。《新唐书》先读，后以朱点，复以墨点，亦是三过。《说文》《尔雅》《广韵》三书，殆不能记遍数。而记忆绝艰，每寻一事，非细检不敢辄用。只如浮屠诵经，不谙名句，制氏作乐，徒记铿锵”③。将“注疏圈识”拟作“浮屠诵经”“制氏作乐”，亦从侧面证明在黄侃的治学经验中句读系于声气。

以“章句之儒”自居的黄侃，极看重句读之学。句读之学看似浅陋、琐屑，实则大不易④。古语云“学识如何看点书”，点书之难“不惟句读义理，兼在知字之正音借音”⑤。黄侃手批十三经，从其使用的符识可知，

---

① 刘赜：《师门忆语》，《量守庐学记》，第115页。读书圈点是十分普遍的现象，南宋诗人危稹《借诗话于应祥弟，有不许点抹之约，作诗戏之》云：“我有读书癖，每喜以笔界。抹黄饰句眼，施朱表事派。此手定权衡，众理析畎浍。历历粲可观，开卷如画绘……”圈点的符号意义与评点形式的源流，参见吴承学：《评点之兴——文学评点的形成和南宋的诗文评点》，《文学评论》1995年第1期。

② 黄焯：《季刚先生生平及其著述》，《量守庐学记》，第31页；此事并参见刘赜《师门忆语》。

③ 戊辰五月三日（1928年6月20日），阅严辑全文日记卷二，《黄侃日记》，南京，江苏教育出版社，2001年，第304页。

④ 杨树达《古书之句读》（北平，文化学社，1929年）谓“句读人多视为浅近，故清儒刻书恒不施句读，唯高邮王氏自刻之书，如《广雅疏证》《经传释词》等，皆自加句读”。

⑤ 李匡乂：《资暇集》，卷上“字辨”条，北京，中华书局，1985年，第4页。

他的批点囊括章句、义理、音韵多方面，不只断句而已。黄侃为学之方与其师章太炎不同，章氏博览载籍，不暇点校，而黄侃治学务精习，故朱墨烂然。其坚持以章句为始基，系秉持“以愚自处”的精神。章太炎以为“学者虽聪慧过人，其始必以愚自处，离经辨志，不异童蒙”，章门弟子中独黄侃深窥斯旨。①

作为治学门径的章句之学，不同于吟诗作文之章句论；作为读书标识、后于写作的句读，亦不同于近代被赋予语法功能、修辞功能，与写作同步的句读②。句读系于声气，并非黄侃的创见。刘勰《文心雕龙·章句》篇谓“离章合句，调有缓急”，又云“改韵从调”“环情革调”，均已点出章句与声调、音韵的密切关系。问题在于声气之句读是否适用于一切文体，还是仅限于韵文之断句？元代《程氏家塾读书分年日程》规定的批点凡例，已暗示不同的文体有不同的句读方式，不仅韵散有别，经史子集有别，甚至议论体与叙事体的句读也不尽相同。“凡诗铭韵语，以韵为句，未至韵皆读。”③ 黄侃主张“以声气为句”，实则从“以韵为句”延伸而来，只是传统的韵句限于“诗铭韵语”，而黄侃所谓的“声气句”则跨越韵散之别，涵纳一切文体。

诗有声气句与文法句之别，类似的说法已出现在清末笔记中。于鬯《香草校书》谓“韵句与义句未必一致，有韵一而义断者，有韵别而义连者”④，即指明《诗经》中有音节、文义两种参差的句读。仍以《邶风·柏舟》篇为例，“威仪棣棣，不可选也”与“忧心悄悄，愠于群小”依韵断为两章，实则“义隔于上而注于下”，毛传、郑笺之误读

---

① 章太炎：《菿汉闲话》，《制言》1936 年第 13 期。

② 圈点作为读书的标识，兼有语法作用和鉴赏性。清人唐彪《读书作文谱》（长沙，岳麓书社，1989 年）云：“凡书文有圈点，则读者易于领会而句读无讹。不然，遇古奥之句，不免上字下读而下字上读矣。又，文有奇思妙论，非用密圈，则美境不能显；有界限段落，非画断，则章法与命意之妙，不易知；有年号、国号、地名、官名，非加标记，则披阅者苦于检点，不能一目了然矣。”

③ 程端礼编：《程氏家塾读书分年日程》，上海，商务印书馆，1936 年。

④ 于鬯：《香草校书》，北京，中华书局，1984 年。

皆因“不知诗固有韵一而义断者，分章不得不依韵，解义与分章有别也”。这种“读别于义”的现象，有研究者认为是《诗经》的一种修辞手法，离合义句而组成音句，并一直影响着以后近体诗和词的句读组织形式。[①]

于鬯区分韵句与义句，与黄侃处境类似，都处于清儒音韵训诂之学与泰西文法的双重阴影之下。就经学的内在脉络而言，《香草校书》序云，自高邮王氏《经义述闻》后有德清俞樾《群经平议》，此书位于二者的延长线上。而清季民初的音韵训诂之学，又遭遇“西学兴而经学废”的权势转移。于鬯将音韵训诂视为中国的格致之学，若“西人不来，固将骎骎乎入电化声光之域”；西学之兴，适逢其会，“不啻诸先儒学脉之支流余裔”[②]。从于鬯所言及黄侃的章句论中，可见出依违于经学与西学、音韵训诂之学与泰西文法之间的紧张感。

黄侃自称于中国学术“犹蜂腰也”，“其屑微已甚，然不可断。断，学术其亡乎”[③]。居“蜂腰”，以继绝学自命，唯有从这种学术使命感的高度，才能理解黄侃在句读之微上的坚持。与其将黄侃归入守旧的名士派，不如将其视为与时势较劲的“独殊者”[④]。一则轶事即可破除视黄侃为顽固派的刻板印象：其认为用新式标点未尝不可，只要标点正确，对于古诗词更是如此。黄侃把问号“?”比作耳朵，胡适《词选》将李煜“流水落花春去也天上人间”这句词，标点成：“流水落花春去也，天上人间!”黄

① 参见任远：《句读学论稿》，二“韵文句读论”，杭州，浙江古籍出版社，1998 年，第 14 页。

② 于鬯：《香草校书》序。

③ 游寿：《敬业记学》，原载《金陵大学校刊专号》1935 年 11 月 4 日，转引自《量守庐学记》，第 111 页。

④ 黄焯：《黄先生语录》，《量守庐学记续编》，第 2 页。黄侃以为学术有“始变”，有“独殊”。“始变者”开风气之先，“独殊者”不以时代风气为转移。但“独殊者”若无真知，“不过剿袭腐旧，而无从善服义之心”。

侃在课上调侃说，应该是天上耳朵，人间耳朵。[①]

黄侃对文学革命的态度，从《文心雕龙札记·通变》篇可窥知一二。他主张“美自我成，术由前授”，新旧是相对的，“新法使人厌观，则亦旧矣；旧法久废，一旦出之尘薶之中，加以拂拭之事，则亦新矣”[②]。黄侃以为文有可变革者，有不可变革者，遣词造句因人而异，规矩法律千载如新，“由之则成文，不由之而师心自用，苟作聪明，虽或要誉一时，徒党猥盛，曾不转瞬而为人唾弃矣”。胡适及文学革命的追随者，在黄侃眼里自是变古乱常、师心自用之徒。

在规摹古人与自立规则之间，黄侃宁取“拘者”而非“放者”的态度。他主张法必师古，“所谓变者，变世俗之文，非变古昔之法也”[③]。黄侃将“文家”与“流俗”判为两途，就章句而言，文家高于流俗；若以人情为本，则流俗或过于文家。“一代必有文家之文，以章其专业；亦必有流俗之文，以写其恒情”，从“文家”与“流俗”的对峙可见文学之于时代的超越性及不可超越性。总之“九流水火，各效用于当时；众说纷纭，并系根于世运”。[④]

黄侃虽有意与《马氏文通》代表的语法体系立异，但在具体论述中时有游移，如谓“文中句读，亦有时据词气之便而为节奏，不尽关于文义”[⑤]，此处表面上主张句读系于声气节奏，然“有时”“不尽”等限定，又为“文法之句读”留有余地。在黄侃的章句论中，声气属于耳学，文法

---

① 堵述初：《黄季刚先生教学轶事》，《量守庐学记续编》，第 26—27 页。但未点明黄侃针对的是胡适《词选》（上海，商务印书馆，1927 年）。传统的词集、词选，词的排列方式是以阕（片）为一整体，阕（片）与阕（片）之间空两格，不分行另起，且一阕（片）之中不分行、不分段。胡适《词选》用新式标点、分行等视觉标记将唐宋诗在形式上“新诗化”，造成意境的割裂与意象的凸显。参见刘兴晖：《从胡适〈词选〉看民初词体革新的新诗化倾向》，《中南大学学报》2012 年第 3 期。

② 黄侃：《文心雕龙札记·通变》，第 128 页。

③ 同上书，第 127 页。

④ 黄侃：《文学记微·标观篇》，《晨报副刊》1925 年 4 月 13 日。

⑤ 黄侃：《文心雕龙札记·章句》，第 160 页。

属于眼学。“目治之时，宜知文法之句读；口治之时，宜知音节之句读。”[1] 读者或以声气为句，或以文法为句，唯不可混声气、文法为一。

黄侃对文法的态度颇微妙，他并不反对取泰西之“葛拉玛”(grammar) 以驭中国之文[2]，甚至肯定《马氏文通》的开创性，但又用“目治”与“口治”之别，在泰西文法大举入侵后，捍卫句读系于音节的合理性。黄侃曾言中国没有文法，训诂就是文法[3]，近代文法书“虽工言排列组织之法，而于旧文有所不能施用”[4]。只读《马氏文通》未必能解唐以前书，因其于训诂学未能邃密[5]。用俞樾之言，“执今人寻行数墨之文法，而以读周秦两汉之书，犹执山野之夫，而与言甘泉建章之巨丽也”。[6]

《马氏文通》中“句”“读”“顿”三分，暗含辞意与辞气的双重标准。凡有起词、语词，即包含主语、谓语，辞意已全者曰“句”，辞气未全者曰“读”；句读当中，字数较长、辞气应稍作停驻者曰“顿”。胡适《论句读及文字符号》延续句、读、顿的三分法，但将“句”“读”之分统一到辞意层面；系于辞气之“顿”，与句、读之义无涉，或成读，或不成读，以便讽诵而已[7]。黄侃《文心雕龙札记》则主张“句”“读”不分，均系于声势即辞气。自《马氏文通》引入西式两级标点，或致汉语产生过度语法信息。

句读论在《马氏文通》中居于核心地位，故例言称“是书本旨，专论

---

① 黄侃：《文心雕龙札记·章句》，第 161 页。

②《文心雕龙札记·章句》篇云：“远西自罗马以降，则有葛拉玛之书，其国土殊别，言语佤离者，无不有是物焉。近世有人取其术以驭中国之文，而或者以为不师古；不悟七音之理，字母之法，壹皆得之异域，学者言之而不讳，祖之以成书，然则文法之书，虽前世所无，自君作故可也。”（第 153 页）

③ 张汝舟：《怀念季刚先生》，《量守庐学记》，第 155 页。

④ 黄侃：《文心雕龙札记·章句》，第 174 页。

⑤ 参见武酉山：《追悼黄季刚师》。

⑥ 语出俞樾：《古书疑义举例·序目》，转引自黄侃《文心雕龙札记·章句》，第 174 页。

⑦ 胡适：《论句读及文字符号》，《科学》1916 年第 2 卷第 1 期。

句读”。马建忠的句读论建立在“字类”即词性划分的基础上，因句读集字而成，“惟字之在句读也，必有其所，而字字相配，必从其类，类别而后进论夫句读焉”。《马氏文通》之句读论有自相矛盾处，如对“读”的界说，卷一谓“辞意未全者曰读”，卷十又谓“辞气未全者曰读”。有批评者认为从“读”的界说即可看出，马建忠的句读论并非全盘西化的，而是中西合璧的。所谓“凡有起词、语词而辞意未全者为读”，前半句是西化的定义，后半句则是中国本位的说法①。马氏所谓的“读”，不同于泰西文法所谓 clause，大部分是 participle phrase。《马氏文通》自称“因西文已有之规则”，求“华文义例”之所在②，但并未为它所要引渡的语法体系，创立适当的术语。

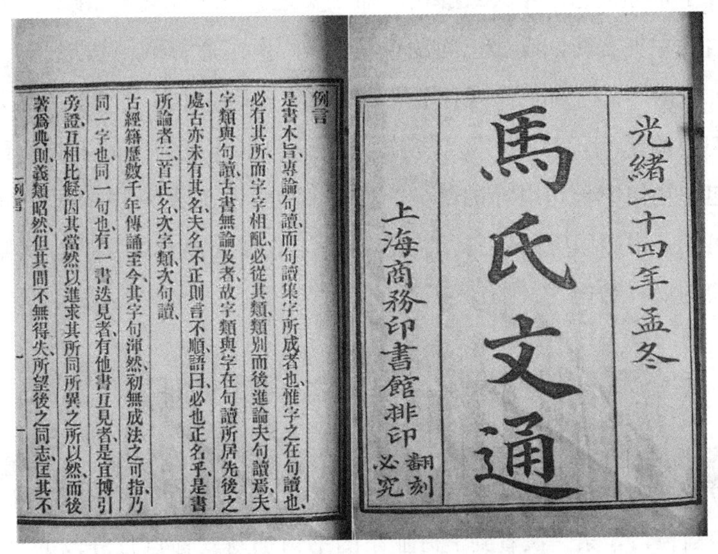
光緒二十四年孟冬
馬氏文通
上海商務印書館排印
翻刻必究

例言
是書本旨、專論句讀、而句讀集字所成者也、惟字之在句讀也、必有其所、而字字相配、必從其類、類別而後進論夫句讀焉、夫字類與句讀、古書無論及者、故字類與字在句讀所居先後之處、古亦未有其名、夫名不正則言不順、語曰、必也正名乎、是書所論者三、首正名、次字類、次句讀、
古經籍歷數千年傳誦至今、其字句渾然、初無成法之可指、乃同一字也、同一句也、有一書迭見者、有他書互見者、是宜博引旁證、互相比擬、因其當然、以進求其所同所異之所以然、而後著爲典則、義類昭然、但其間不無得失、所望後之同志、匡其不
例言 一

光绪二十四年上海商务印书馆排印《马氏文通》

① 何容：《读〈马氏文通〉》(1936 年)，《〈马氏文通〉研究资料》，张万起编，北京，中华书局，1987 年，第 54 页。何容毕业于北大英文系，曾于北大中文系讲授中国文法。

② 马建忠：《〈马氏文通〉后序》，《〈马氏文通〉读本》，吕叔湘、王海棻编，上海，上海教育出版社，2005 年。

《马氏文通》以中国固有的“句”“读”之名，表与泰西文法所谓 sentence 和 participle phrase 相当之实，势必弄得名实相违。何容指出，以辞意已全或未全来分别句读，是文章的读断法（division of text）；而泰西文法中所谓“起词”“语词”乃是语句的构造（structure of sentence）。文章读断好比行军时的纵长区分，语句构造却是军事学上的部队编制。《马氏文通》把“断句”的用语，赋予语法功能，用作“析句”的术语，不但在析句时顾此失彼，在断句时也不免因顾及“句”“读”二名的新义，而失于牵强支离。[①]

吕叔湘进而指出《马氏文通》讲句读，犯了术语不够用、问题说不清的毛病。他认为讲句读，至少要有单句、复句、主句、从句，或者再加上母句、子句等概念，才大致够用。而《文通》仅靠“句”“读”这两个术语，自然左支右绌，没法把问题说清楚[②]。换用通行的语法概念，《马氏文通》中的“读”可置换为者字短语、所字短语、主从复句中的从句、包孕复句中的子句；与“句”对应的有单句、主从复句中的主句、包孕复句、包孕复句中子句以外的部分、并列复句、并列复句中的每个分句[③]。由此可见，中国固有的“句”“读”概念，在接引欧化文法时，实际上是超负荷的复合结构。[④]

二、 亚东版《水浒》与金圣叹批点

舒芜回忆早年在家塾里读惯了木刻的四书五经、石印的《古文观止》《唐诗三百首》，第一次看到上海亚东图书馆加新式标点且分段的《水浒》

---

① 参见何容：《中国文法论》，七“《马氏文通》的句读论”，上海，独立出版社，1944 年。

② 吕叔湘、王海棻编：《〈马氏文通〉读本》。

③ 王海棻：《〈马氏文通〉句读论述评》，《语言研究》1985 年第 2 期。

④ 参见王汎森：《如果把概念想象成一个结构：晚清以来的“复合性思维”》，《思想史》第 6 辑，台北，联经出版事业公司，2016 年 6 月。

《三侠五义》之类，顿觉爽心悦目，被这种全新的阅读界面所吸引[①]。亚东图书馆借“五四”白话文运动之势，又配合胡适倡导的整理国故，先后推出古典小说标点本十余种，囊括了《水浒》《红楼梦》《儒林外史》《西游记》《醒世姻缘传》《镜花缘》《水浒续集》《三侠五义》《儿女英雄传》《老残游记》《海上花》《官场现形记》《宋人话本》等，大都屡屡重印。此类“闲书”比新文学受众更广，在“五四”以后无形中改变了新青年的阅读习惯与审美趣味。习惯了铅字、标点、分行的眼睛，自然看不进囫囵一片的木刻本或密密麻麻的石印本。

亚东版古典小说可以说开创了一种新的接受视域。据小说家吴组缃回忆，1922年他考入芜湖省立第五中学，在“五四”感召下，时常去代售新文化书刊的科学图书社巡视。在橱窗陈列的各式出版物中，亚东本的几种大部头白话小说分外打眼。当时新文学尚未普及，所谓白话文学在一般读者心目中，不是指鲁迅《狂人日记》之类，而是因新文化运动提倡白话文而声价陡增的明清章回小说。[②]

“五四”以前坊间刊印的旧小说，大都是布函线装、油光纸的石印本[③]，密密麻麻，直书到底，只有圈点，概不分段。而亚东版古典小说系白报纸32开本，分精装、平装两种。平装本一律厚纸封面，上印一把火炬，连同书名题签，显得朴实大方。小说正文每面12行，每行36字，加入新式标点及分段后，版面宽疏，给人面目一新之感。[④]

在购入亚东版之前，吴组缃已是小说迷，他借阅的小说书多是残破的土纸木刻本；高小毕业时，借过石印本《金玉缘》，“推墙挤壁的行款，密

---

① 舒芜：《标点符号忆旧》，《毋忘草》，长沙，湖南人民出版社，1986年，第106页。

② 吴组缃：《魏绍昌〈红楼梦版本小考〉代序——漫谈亚东本、传抄本、续书》，《红楼梦学刊》1981年第3期。

③ 清末民初石印本小说的繁荣，参见杨丽莹：《清末民初的石印术与石印本研究：以上海地区为中心》，上海，上海古籍出版社，2018年。

④ 参见魏绍昌：《谈亚东本》，《红楼梦版本小考》，北京，中国社会科学出版社，1982年，第27页。

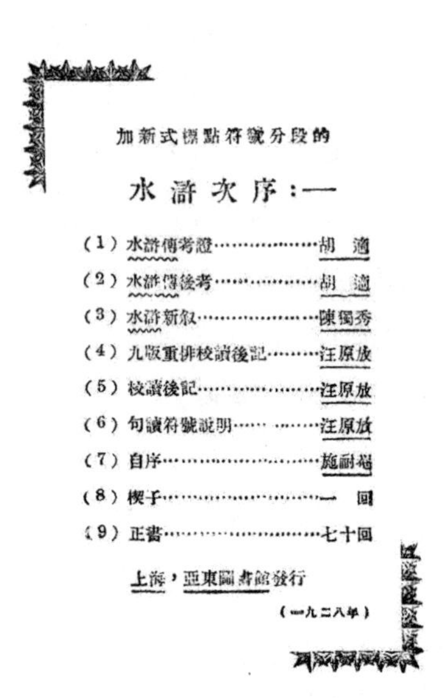

加新式標點符號分段的

水滸次序：——

(1) 水滸傳考證……………………胡　適
(2) 水滸傳後考……………………胡　適
(3) 水滸新叙……………………陳獨秀
(4) 九版重排校讀後記………汪原放
(5) 校讀後記……………………汪原放
(6) 句讀符號說明…… ………汪原放
(7) 自序…………………………施耐菴
(8) 楔子…………………………一　回
(9) 正書…………………………七十回

上海，亞東圖書館發行

（一九二八年）

1928 年亚东版《水浒》第九版重排封面及目次

密麻麻的字迹”，看得头昏眼胀，似懂非懂。亚东版较之他此前接触的小说书，从里到外都是截然不同的崭新样式：白报纸本，开本适中，每回分出段落，加入标点符号，行款疏朗，字体清晰，拿在手里翻阅，悦目娱心。吴组缃由此得到一个鲜明印象：这就是“新文化”！①

这些被“五四”召唤出来的新青年，不只被旧小说的情节所吸引，而且从小说中学习如何写白话：学它的词句语气，学它如何分段、空行、低格，如何打标点、用符号。吴组缃学作白话文，最初用作古文的老法子，找范文来反复念诵，揣摩它的句法、腔调。自从拜亚东版白话小说为师后，才摆脱记诵、临摹的积习，把白话文与口头语挂上钩来，在日常生活中体察周边人说话的语气、神态，进而走上小说创作之路。②

在反对白话文运动的杨钧看来，所谓“新文化”不过剿袭《水浒》及

① 吴组缃：《魏绍昌〈红楼梦版本小考〉代序——漫谈亚东本、传抄本、续书》。
② 同上。

英文标点而已，二者之外，未见别有创制，不如名之曰“旧俗话”或“西文杂钞”。杨钧乃杨度之弟，受业于王闿运，曾赴日本留学，擅长书画、金石、诗文。[1] 胡适等人提倡《水浒》，在杨钧看来，“其害正大，海盗之罪，实不可辞”。他学过日文、英文，认为标点非中文所需：“日文之法，略似中文，语句之间，意致完足，不必另加标点；英文无‘焉’‘哉’‘乎’‘也’等字，故无标点，其意不周。今若于义无不备之中文，更加以不相干之赘物，实不免于佛头着粪，画蛇添足之讥。”[2]

顾颉刚认为“标点”一词似为胡适所创，五四运动后，汪原放点校诸旧小说，每每邀胡适作序，广告上颜之曰“新式标点”，“标点”一词遂通行于世[3]。事实上，胡适在文学革命以前多用“句读”及“文字符号”，而非“标点符号”。据胡适执笔的《请颁行新式标点符号议案》修正案，“标点”一词是采用高元的说法[4]。“标”即标记词句的性质种类，“点”即点断文句以表明各部分在文法上的位置和交互关系[5]。顾颉刚之所以认为“标点”一词为胡适所创，不完全是从词源学上考订，就社会效果而言，“五四”前后关于句读、标点的种种界说，都不及加入新式标点的旧小说有影响力。

亚东图书馆推出的这一系列古典小说标点本，从文本社会学的角度看，是“五四”新文化人与出版机构的协同作业。若将书籍本身视为一种表达方式，亚东版古典小说的文本形态凝聚了策划人、经营者、赞助人、

---

① 参见秦燕春：《世乱问学洁净身——〈草堂之灵〉与“学问之道”》，《书屋》2012年第2期。

② 杨钧：《草堂之灵》，“论新文化”，长沙，岳麓书社，1985年，第324—326页。

③ 顾颉刚：《标点》，《史学杂志》创刊号，1945年12月。

④《请颁行新式标点符号议案》（修正案），《教育丛刊》1920年第2期。参见高元：《新标点之用法》，《法政学报》第8期，1919年1月。

⑤ 据陈望道在浙江一师文典科的讲稿，他将新式标点分为两类：点清词句关系的，叫作点类；标记词句作用的，叫作标类。（《新式标点用法》，《教育潮》第1卷第5期，1919年11月）

句读者、校对者、印刷商、发行者的集体智慧[1]。让亚东版从诸多良莠不齐的坊间读本中脱颖而出的决定性因素，除了胡适、陈独秀两位文学革命的首倡者在戏台内喝彩外，“句读者”汪原放的工作不容小觑[2]。据鲁迅观察，1920年代出版界似已形成一种惯例：标点只能让汪原放，作序首推胡适之，出版交由亚东图书馆[3]。鲁迅之言虽暗含微讽，却道出亚东版在旧小说出版市场中的半垄断地位。

就阅读界面的重启（reset）而言，1920年亚东版《水浒》在中国现代出版史上具有划时代的意义。此书附有胡适的考证长文，开篇称汪原放点校的亚东版《水浒》是“用新标点来翻印旧书的第一次”，可视为新式标点符号的“实用教本”。胡适预言亚东版《水浒》在推行新式标点上发挥的作用比教育部颁行的法案还要大得多。不出所料，此书1920年初版即印行5000册，1928年重排9版，1931年13版，1948年印至15版，畅销不衰。

亚东版《水浒》以金圣叹七十回本为底本，却删去了金圣叹的眉批夹注。胡适称亚东版的好处就在“把文法的结构与章法的分段来代替八股选家的机械的批评”。他以为金圣叹用明末八股选家的眼光来逐句评点《水浒》，遂把一部《水浒》“凌迟碎砍”，成了“十七世纪眉批夹注的

---

① D. F. McKenzie, *Bibliography and the Sociology of Texts*, Cambridge University Press, 1999. 麦肯锡的“文本社会学”把目录学改造成一个动态的开放体系，主要研究文本的物质形态及其传播过程。（参见戴联斌：《从书籍史到阅读史：阅读史研究理论与方法》，北京，新星出版社，2017年，第76—78页）罗杰·夏蒂埃（Roger Chartier）评价说：“不同于文本的抽象性，它揭示出一部著作的状况和阐释取决于物质因素；不同于‘作者之死’，除了图书销售商、印刷者之外，它强调作者在作品形式形成中所扮演的角色；不同于读者的缺位，它使我们想起一部文本的意义总是在历史情境中产生的，并依赖于赋予其意义的许多不同的阅读行为。”（转引自戴维·芬克尔斯坦、阿利斯泰尔·麦克利里：《书史导论》，何朝晖译，北京，商务印书馆，2012年，第29页）

② 据汪原放回忆，原来《水浒》版权页上“句读者”写“亚东图书馆”，胡适提议改署“汪原放”之名。（《回忆亚东图书馆》第六章）

③ 鲁迅：《为半农题记〈何典〉后，作》，1926年5月25日作，《语丝》第82期，1926年6月7日。

白话文范”[①]。然而分段及新式标点符号未尝不是将小说文本“凌迟碎砍”，嵌入一种“内置”的文法家的眼光？只是汪原放作为句读者的权限低于明清的八股选家及小说评点家，更不敌金圣叹点窜原文、据为己有的胆识。作为嵌入式读者（inscribed reader）[②]，汪原放用标点、分段代替金圣叹的眉批夹注，为旧小说创造出一种新的可读性。

金圣叹评《水浒》，着眼于字法、句法、章法，意在阐发作者运思用笔之妙，指示弟子读书作文之法。如其所言，旧时读《水浒传》，“便晓得许多闲事”；经其批点，读者胸中添了若干“文法”[③]。金圣叹逐句评释，指引读者体察文心，看“是何文字，从何处来，到何处去；如何直行，如何打曲；如何放开，如何捏聚；何处公行，何处偷过；何处慢摇，何处飞渡”[④]。胡适仗着新文化之权势，想用“八股选家”的帽子压倒金批，代之以“文法的结构与章法的分段”。他举小说第五回“鲁智深火烧瓦官寺”中的一段，论证新式标点的好处。按刘半农藏金圣叹批改贯华堂原本《水浒传》[⑤]，此段格式如下：

---

① 胡适：《〈水浒传〉考证》，1920年作，《胡适文存》卷三，上海，亚东图书馆，1921年。胡适此文对金圣叹研究的影响，详见陆林：《胡适〈《水浒传》考证〉与金圣叹研究》，《文学遗产》2011年第5期。

② 苏雷曼（Susan R. Suleiman）基于热奈特（Gerard Genette）的受述者理论，提出“嵌入式读者”的概念。参见 *The Reader in the Text: Essays on Audience and Interpretation*, Edited by Susan R. Suleiman and Inge Crosman, Princeton University Press, 1980。

③ 金圣叹：《读第五才子书法》，《金圣叹全集》修订版（叁），陆林辑校整理，南京，凤凰出版社，2016年，第36页。此处所谓“文法”即“章法”。刘半农曾辨析“文法”的新旧两种含义：新文学家所说的“文法”，是在通与不通上着想的“句法”；古人所说的“文法”，是在文辞结构上着想的“章法”。（“复王敬轩书”，《新青年》第4卷第3号，1918年3月15日）

④ 金圣叹：《读第六才子书西厢记法》，《金圣叹全集》修订版（贰），第854页。

⑤ 刘半农寻访金圣叹七十一回本《水浒传》的经历，及傅斯年与其抢书的趣闻，见刘半农《影印贯华堂原本〈水浒传〉叙》。刘半农暗中和胡适唱反调，他认为金圣叹对于《水浒》之功，第一在于删改，第二在于圈点和批语。初学者能从金圣叹的圈点和批语中明白文章的好处。

智深走到面前、那和尚吃了一惊（**写突如其来，只用二笔，两边声势都有**）跳起身来、便道请师兄坐、同吃一盏、智深提着禅杖道（**禅杖七**）你这两个、如何把寺来废了、那和尚便道、师兄请坐、听小僧（**其语未毕**）智深睁着眼道你说你说（**四字气忿如见**）说在先敝寺（**“说”字与上“听小僧”，本是接着成句。智深自气忿在一边，夹着“你说你说”耳。章法奇绝，从古未有**）……①

盞放下來也坐地智深走到面前那和尚喫了一
驚（寫突如其來只用二筆兩邊聲勢都有）跳起身來便道請師兄坐
同喫一盞智深提着禪杖道（禪杖七）你這兩箇如何
把寺來廢了那和尚便道師兄請坐聽小僧（其語未畢）
智深睜着眼道你說你說（四字氣忿如見）說在先敝寺（說字
與上聽小僧本是接着成句智深自氣忿在一邊夾着你說你說耳章法奇絕從古未有）十
分奸箇去處田庄又廣僧衆極多只被廊下那幾
箇老和尚喫酒撒潑將錢養女（三箇婆子一箇婦人偏偏說由此入）

金圣叹批改、贯华堂原本《水浒传》第五回“鲁智深火烧瓦官寺”

这段文字穿插之妙，被金圣叹视作“夹叙法”的范例，谓急切里两个人一齐说话，须不是一个说完了，又一个说，必要一笔夹写出来②。如“听小僧说”本是一句，硬被鲁智深的“你说你说”打断，活写出人物的性急与气忿。亚东版删去金圣叹批语，代以新式标点：

智深走到面前，那和尚吃了一惊，跳起身来便道：“请师兄坐，

① 《影印金圣叹批改贯华堂原本水浒传》，第五回“九纹龙剪径赤松林，鲁智深火烧瓦官寺”，上海，中华书局，1934 年。

② 金圣叹：《读第五才子书法》，《金圣叹全集》修订版（叁），第 34 页。

同吃一盏。”智深提着禅杖道：“你这两个如何把寺来废了！”那和尚便道：“师兄，请坐。听小僧……”——智深睁着眼道：“你说！你说！”——“……说：在先敝寺……”

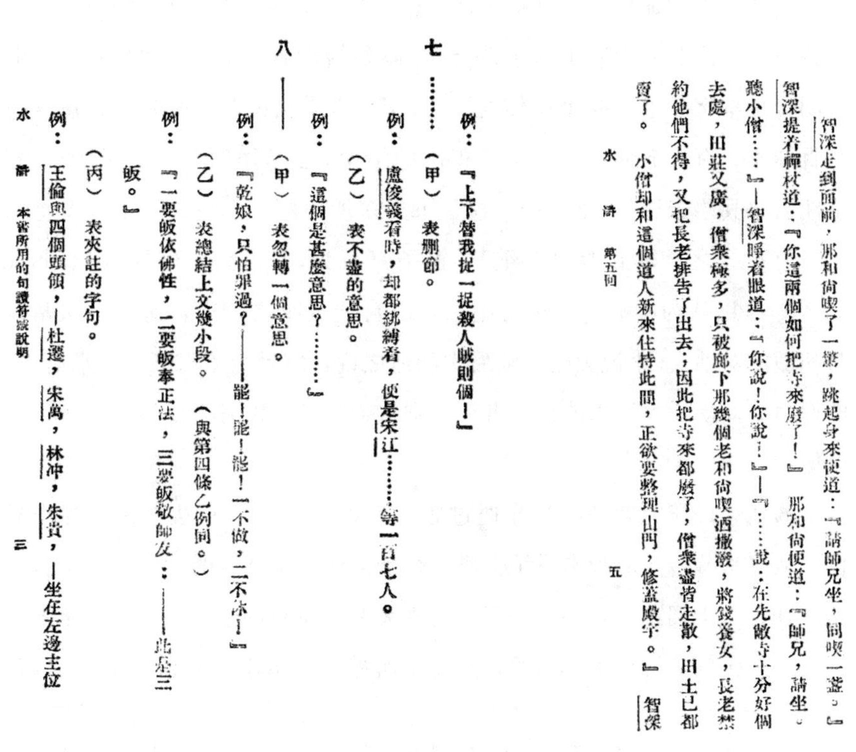
智深走到面前，那和尚喫了一驚，跳起身來便道：『請師兄坐，同喫一盞。』智深提着禪杖道：『你這兩個如何把寺來廢了！』 那和尚便道：『師兄，請坐。聽小僧……』—智深睜着眼道：『你說！你說！』—『……說：在先敝寺十分好個去處，田莊又廣，僧衆極多，只被廊下那幾個老和尚喫酒撒潑，將錢養女，長老禁約他們不得，又把長老排告了出去；因此把寺來都廢了，僧衆盡皆走散，田土已都賣了。 小僧却和這個道人新來住持此間，正欲要整理山門，修蓋殿宇。』 智深

水滸　第五回　五

例：『上下替我捉一捉殺人賊則個！』

七　……（甲）表删節。

例：盧俊義看時，却都綁縛着，便是宋江……等一百七八人。

（乙）表不盡的意思。

例：『這個是甚麼意思？……』

八　——（甲）表忽轉一個意思。

例：『乾娘，只怕罪過？——罷！罷！罷！一不做，二不休！』

（乙）表總結上文幾小段。（與第四條乙例同。）

例：『一要皈依佛性，二要皈奉正法，三要皈敬師友：——此是三皈。』

（丙）表夾註的字句。

例：王倫與四個頭領，——杜遷，宋萬，林冲，朱貴，——坐在左邊主位

水滸　本書所用的句讀符號說明　三

亚东版《水浒》第五回及所用句读符号说明

在胡适看来，这样点读“便成一片整段的文章，我们不用加什么恭维施耐庵的评语，读者自然懂得一切忿怒的声口和插入的气话；自然觉得这是狠能摹神的叙事；并且觉得这是叙事应有的句法，并不是施耐庵有意要作‘章法奇绝，从古未有’的文章”[1]。亚东版加入新式标点，用两个省略

[1] 胡适：《〈水浒传〉考证》。

号、两个破折号来表示金圣叹所谓的“夹叙法”，并非“一片整段的文章”，而是被标点符号“凌迟砍碎”的文章；读者也未必能“自然懂得”“自然觉得”，而是在标点符号的提示下，领会作者的叙事技巧。

胡适征引的瓦官寺一节到底有没有“章法奇绝”之处呢？鲁迅《中国小说史略》论及七十回本《水浒传》，以鲁智深诘责瓦官寺僧一节为例，说明金批本字句上“亦小有佳处”。对于“听小僧说”之断句，鲁迅通过与百回本、百十五回本的比对，得出的结论是：“圣叹于‘听小僧……’下注云‘其语未毕’，于‘……说’下又多所申释，而终以‘章法奇绝从古未有’誉之，疑此等‘奇绝’，正圣叹所为，其批改《西厢记》亦如此。”[①] 鲁迅认为所谓“章法奇绝”乃出自金圣叹之改窜，这一看法暗含与胡适的对话。《小说史略》随后引胡适之说，解释金圣叹腰斩《水浒传》的原由。而胡适《〈水浒传〉考证》则认为金圣叹没有必要假托古本、窜改原本。[②]

通俗小说研究者孙楷第亦通过版本对勘对所谓“章法奇绝”提出异议。从《水浒传》的版本系统上看，孙楷第认为金圣叹的七十回本出自袁无涯刊百二十回本，若将金圣叹本与袁无涯本及百回本对勘，其文字上的出入，孙氏判定皆金圣叹窜改，金批中所斥之“俗本”实乃旧本[③]。以瓦

① 鲁迅：《中国小说史略》，第十五篇“元明传来之讲史（下）”，《鲁迅全集》第9卷，北京，人民文学出版社，1981年，第146页。在1920年代初期《小说史大略》油印本讲义中，鲁迅已怀疑“圣叹所叹赏之佳处，殆即圣叹所改定”。参见《鲁迅小说史大略》，西安，陕西人民出版社，1981年，第70—74页。鲁迅《谈金圣叹》（《文学》创刊号，1933年7月）称“经他一批，原作的诚实之处，往往化为笑谈，布局行文，也都硬拖到八股的作法上”。感谢张丽华对此条材料的提醒。

② 胡适《〈水浒传〉考证》引钱玄同的话说，“金圣叹实在喜欢乱改古书”，拿《西厢》原本和金批本一对，竟变成两部书，“以此例彼，则《水浒》经老金批校，实在有点难信了”。但胡适认为：“以圣叹的才气，改窜一两个字，改换一两句，何须假托什么古本？”对胡适观点的反驳，参见俞平伯：《论水浒传七十回古本之有无》，《小说月报》第19卷第4号，1928年4月。

③ 孙楷第：《跋金圣叹本水浒传》，1935年稿，1961年改订，《沧州集》上册，北京，中华书局，1965年。

官寺这一段为例，袁本、百回本均作："那和尚便道：'师兄请坐，听小僧说。'智深睁着眼道：'你说！你说！'那和尚道：'在先敝寺十分好个去处。'""听小僧说"四字连成一句，在孙楷第看来，"叙事明白平妥，并无所谓章法奇绝者"，金圣叹"专在字面上弄狡狯"，故意将"听小僧"与"说"字断开，才造成"章法奇绝"的叙事效果。

金圣叹称《水浒》这一回"突然撰出不完句法乃从古未有之奇事"，不止"听小僧说"一例，又如鲁智深再回香积厨，见"这几个老僧方才吃些粥，正在那里"。"正在那里"如何，却未写下去，因鲁智深来势汹汹，遂在"正在那里"四字下忽然收住。金圣叹由此发挥道："'正在那里'下，还有如何若何，许多光景，却被鲁达忿忿出来，都吓住了。用笔至此，岂但文中有画，竟谓此四字虚歇处，突然有鲁达跳出可也。"这五十余字的批点，在亚东版中仅用一省略号代替，以示语意未尽，至于读者能否脑补出"正在那里"以下的"许多光景"，能否从这六个点中窥见鲁智深的气势，端赖个人的想象力。

掌故家徐凌霄将金圣叹的批点比作西洋镜，原书好比一张画片，书里的景物本是立体的，画却是平面的，用镜子一照，使凸者凹者、远者近者、动者静者，一齐把真像送入观者的双目。《水浒》若卸掉金批这面镜子，读者未必能把书中的好处看得那样透彻完备，徐凌霄以为金圣叹的批点给新式标点诸多提示，但自诩体系完备的新式标点未必能穷尽金批之妙处[①]。例如《水浒》第四十四回"石秀智杀裴如海"，写裴氏做贼心虚，打探石秀来历，石秀道："我么（句）姓石（句）名秀（句）金陵人氏（句）。"仅十个字，金圣叹断为四句，以彰显"拼命三郎"咄咄骇人的势头。亚东版的断句，或受到金批本的提示，石秀道："我么？姓石，名秀！金陵人氏！"汪原放用一个问号、两个叹号来摹拟石秀咄咄逼人的语气，但这一别致的断句法显然承袭了金批本。

① 转引自隋树森：《金圣叹及其文学评论》，《国闻周报》1932年第9卷第24期。

传统的读者接受理论，总把读者想象成被动的偷窥者，而德·塞托（de Certeau）将读者比作擅闯他人领地、顺手牵羊的窃贼[①]。像金圣叹这样“心怀不轨”、技艺高超的读者，打着“古本”的幌子，大张旗鼓地腰斩文本，并闯入（poaching）字里行间，暗动手脚，将他人文字“窃为己有”。因此读金批《水浒》，是圣叹文字，非《水浒》文字。亚东版删去金批，胡适斥之为八股选家的眼光，却不小心跌入金圣叹布下的文字陷阱。

亚东版《水浒》借白话文运动之势一炮打响，市面上已难寻金批本[②]。钱穆晚年借评施耐庵《水浒》及金圣叹批注，为五四新文学纠偏[③]。钱穆作此文，处处以胡适为靶子。首先反对活文学与死文学之分，以为文学当论好坏，不计死活；好文学自有标准，不专在通俗易晓，因习俗善变，俗外有俗，通于此，未必通于彼。其次主张“文成于难”，通俗易懂的未必是好文章[④]。钱穆自称由金批《水浒》窥见古文辞之堂奥，遂开于书无所不窥之势。钱穆为金圣叹打抱不平，意在隔山震虎，质疑文学革命的理论预设。亚东版《水浒》被胡适树为“白话文范”，金圣叹批注本的没落，在钱穆看来不仅是《水浒》迷的损失，也遮蔽了由金批上窥古文辞之妙的径路。

---

① 米歇尔·德·塞托（Michel de Certeau）：《日常生活实践》，第十二章“阅读：一种偷猎”，南京，南京大学出版社，2015 年。参见戴联斌：《从书籍史到阅读史：阅读史研究理论与方法》，北京，新星出版社，2017 年，第 75 页。

② 参见隋树森：《金圣叹及其文学评论》引言。

③ 钱穆：《中国文化与文艺天地——略评施耐庵〈水浒传〉及金圣叹批注》，《中国文学论丛》，台北，联经出版事业公司，1998 年。钱穆早年与五四运动的关系，从追逐新思潮到“重温旧书”的转变，参见瞿骏：《觅路的小镇青年——钱穆与五四运动再探》，《近代史研究》2019 年第 2 期。

④ 李长之认为明白与清楚是五四时代的文化姿态，以胡适为象征人物，白话文运动不妨看作明白清楚的启蒙精神的流露。“五四”崇尚清浅的理智主义，少光少热，少深度和远景，够不上胡适标榜的文艺复兴。（《五四运动之文化的意义及其评价》，1942 年 5 月 3 日《大公报》）

三、 眼的文学革命

所谓“眼的文学革命”系借用平田昌司教授的说法，但界定有所不同。在“国语的文学，文学的国语”的建构过程中，平田教授以为《新青年》倡导的文学革命仅具有印刷语言（print language）的视域，未涉及语音层面的问题，可以说是一场“眼睛（视觉）的文学革命”①。而我所谓的“眼的文学革命”，主要就读写习惯的转变而言，以标点符号与行款为表征，偏重于读与写的生理学革命。

文学革命前后，《新青年》同人中对标点符号及行款问题最执着的，并非主将胡适或陈独秀，而是以纯文学门外汉自居的钱玄同。在他和刘半农合演的双簧中，圈点、句读作为文学革命的伴生问题被拎出来讨论。常为人忽视的是，钱玄同捏造的“王敬轩君来信”，标题后附有一行小字“圈点悉依原信”，意在提醒读者王敬轩代表的“老新党”与《新青年》阵营的隔阂，不只是思想观念的龃龉，更直观地表现为文本格式的视觉差异。

王敬轩对文学革命的不满，不止于以白话代文言，还包括“用种种奇形怪状之钩挑以代圈点”。此等“钩挑”即新式标点，被视为《新青年》同人“工于媚外”、醉心西化之举。在王敬轩眼里，西式标点在形式上“不逮中国圈点之美观”②。在圈点句读与标点符号之争中，书写形式“美观”与否，绝非小节，在钱玄同看来与符号的表义功能、读写的便利性同样重要。

刘半农在回信中也抓住钱玄同设置的圈点问题，谓浓圈密点本是科场

---

① 平田昌司：《眼睛的文学革命·耳朵的文学革命》，《文化制度和汉语史》，北京，北京大学出版社，2016 年，第 282 页。

② 《文学革命之反响》，“王敬轩君来信”，《新青年》第 4 卷第 3 号通信栏，1918 年 3 月 15 日。

恶习，王敬轩竟认为“形式美观”，并在来信上大肆圈点，可想见其提笔圈点时摇头晃脑、自鸣得意的神情[①]。刘半农称《新青年》采用西式标点，是因为中国原有的符号不敷用，“乐得把人家已造成的借来用用”。王敬轩不知“钩挑”有辨别句读的功用，将具有语法功能的标点与鉴赏性的圈点混为一谈，知识如此鄙陋，根本没资格与《新青年》同人对话。[②]

王敬轩的人物设定及其来信中的诸多“谬论”，与晚清以降钱玄同从复古到反复古的思想转向不无关系，和他五四时期的言论相对照，好似哈哈镜折射出的反面教材。在胡适《文学改良刍议》的刺激下，钱玄同就与“美文”相对的“应用之文”，提出亟需改革的13条纲领[③]。有两条涉及书写形式的变革：第8条废除圈点，代以句读及符号；第12条“改右行直下为左行横迤”。[④]

钱玄同曾检讨自己思想的善变，主张前后不一，往往构成极端的反背，如从尊清到排满，从恢复汉官仪到改穿西服，从保存汉字到废除汉字，从复古音、写篆字到用破体小写，从1912年竭力反对汉字改写横行，到1917年以后竭力主张汉字横写[⑤]。钱玄同对书写形式的执着，与其说来自文学革命的自觉，不如说是早年文字复古、思想复古留下的后遗症。在响应文学革命的号召之前，此人作过八股、策论、试帖诗，默过《圣谕广训》，写过避讳的缺笔字，练过《字学举隅》的字体，熟悉“圣天子”“我皇上”“国朝”“枫宸”等双抬、单抬款式[⑥]，师从章太炎钻研文字音

---

① 梅光迪曾批评胡适“每喜于注重之语加以圈点”（《梅光迪文录》，沈阳，辽宁教育出版社，2001年，第131页），可见行文时自加圈点是受新式教育的留学生亦难革除的书写习惯。

②《文学革命之反响》，记者刘半农回信。

③ 钱玄同：《论应用之文亟宜改良》，《新青年》第3卷第5号通信栏，1917年7月1日。

④ 还有两条涉及印刷形式：第9条“印刷用楷体，书写用草体”；第13条“印刷之体，宜分数种，以便印刷须特别注意之名词”。

⑤ 1922年12月30日钱玄同日记，《钱玄同日记》（整理本）上册，杨天石主编，北京，北京大学出版社，2014年，第490—491页。

⑥ 枫宸，宫殿。宸，北辰所居，指帝王的殿庭。汉代宫廷多植枫树，故有此称。

韵之学。清末民初的复古经验，成为钱玄同改投文学革命阵营后倒戈一击的资本，致使他将句读、行款、字体等书写形式与思想观念等量齐观。[①]

《新青年》从第4卷起改良行款，采用新式标点符号，但未能做到篇篇一律，直到1919年底在第7卷第1号上才正式公布书写格式的统一说明。除了规定13种标点符号的用法，这则启事对行款也有细致的规定：每面分上下两栏，每栏横竖的字数；每段首行必低两格；哪些标点符号要占一格；哪些符号底下必空一格[②]。这则启事虽未署名，但可断定出自钱玄同之手。因《胡适遗稿及秘藏书信》中存有钱玄同致胡适、陈独秀的一封信，谓标点符号和行款的说明已制成，请二人审正[③]。从此信可看出钱玄同对标点符号及行款的考量，不完全基于实用主义，还要斟酌是否好看。这种直观的视觉效果，是由标点在行列中占据的空间、字号大小、符号在铅粒中的位置、符号与文字之间的留白等诸多因素造成的。[④]

钱玄同曾说《新青年》杂志的唯一使命，即“保护眼珠、换回人眼”而已：论孔教、论政治、论节烈、论文学，属于“换回人眼”的工作；译介新思想、新文学则是为了“保护眼珠”[⑤]。就“看”的生理学本义而言，《新青年》倡导的文学革命、思想革命，可视为改造眼球的读写革命。

钱玄同在《新青年》通信栏中提出中文书写改用左行横迤的主张，是由翻译问题引起的。当翻译人名、地名等专有名词时，钱氏以为与其采取佶屈聱牙的音译，不如直接写原文[⑥]。中西文混用在书写、排印时自会造

---

① 钱玄同：《保护眼珠与换回人眼》，《新青年》第5卷第6号通信栏，1918年12月15日。

② 《本志所用标点符号和行款的说明》，《新青年》第7卷第1号，1919年12月1日。

③ 钱玄同致胡适、陈独秀信，《胡适遗稿及秘藏书信》第40册，合肥，黄山书社，1994年，第459页。

④ 参见秦素银：《钱玄同致胡适信、片四十七通》，《鲁迅研究月刊》2016年第12期。

⑤ 钱玄同：《保护眼珠与换回人眼》。

⑥ 不仅是人名、地名一类的专有名词，连介词、连词也认为可以采用西文。如送书给别人，可写作“to……（英文）”或“a……（法文）”；又如用Mr.与Miss代替先生、女士等称呼。参见1922年10月16日钱玄同日记，《钱玄同日记》（整理本）上册，第463页。

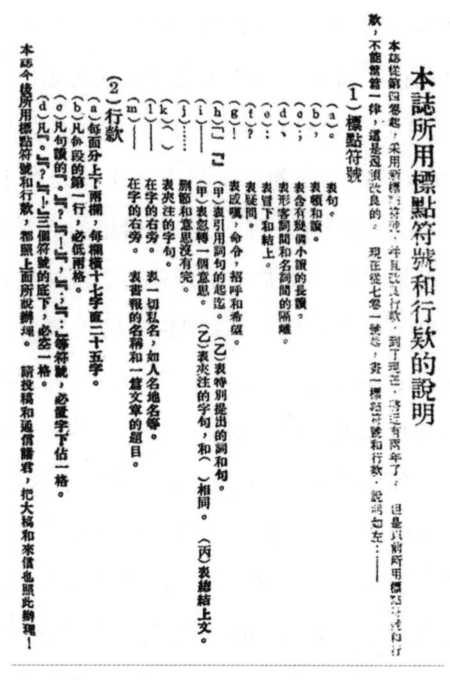

本誌所用標點符號和行欵的說明

本誌從第四卷起，采用新標點符號，并且改良行款，到了現在，將近有兩年了。但是以前所用標點符號和行款，不能齊一律，這是應須改良的。現在從七卷一號起，畫一標點符號和行款，說明如左：——

(1)標點符號

(a)。　表句。

(b)，　表頓和讀。

(c)；　表含有幾個小讀的長讀。

(d)、　表形容詞間和名詞間的隔離。

(e)：　表冒下和結上。

(f)？　表疑問。

(g)！　表感嘆，命令，招呼和希望。

(h)「」『』　(甲)表引用詞句的起迄。(乙)表特別提出的詞和句。

(i)——　(甲)表忽轉一個意思。(乙)表夾注的字句，和(　)相同。(丙)表總結上文。

(j)……　刪節和意思沒有完。

(k)(　)　表夾注的字句。

(l)——　在字的右旁。表一切私名，如人名地名等。

(m)——　在字的右旁。表書報的名稱和一篇文章的題目。

(2)行款

(a)每面分上下兩欄，每欄橫十七字直二十五字。

(b)凡每段的第一行，必低兩格。

(c)凡句讀的『。』『？』『！』『，』『；』『：』等符號，必當字下佔一格。

(d)凡『。』『？』『！』三個符號的底下，必空一格。

本誌今後所用標點符號和行款，都照上面所說辦理。請投稿和通信諸君，把大稿和來信也照此辦理！

《本志所用标点符号和行款的说明》

（《新青年》第 7 卷第 1 号，1919 年 12 月）

成行款纵横交错的问题。中文直下，西文横迤，若汉字中羼入西文，读写时须将书本横竖移动，未免不便。是迁就中文固有的读写习惯，还是改从西文？钱玄同主张仿效西文写法，改用左行横迤。理由有二：一则根据人眼的生理构造，“系左右相并，而非上下相重”，横读比直读省力；另就汉字笔势及书写习惯而言，从左到右相对自然。钱玄同希望从小学教科书起，一律改用横排，不限于算学、理化、唱歌教本。陈独秀虽回信赞同钱氏主张，但《新青年》的行款仍是直排的。

钱玄同将“改右行直下为左行横迤”列入应用文改良的纲领，随后又专门写信给陈独秀，敦促《新青年》尽快改版[①]。中文报刊中率先采用横

① 钱玄同致陈独秀信，《新青年》第 3 卷第 6 号通信栏，1917 年 8 月 1 日。

排的是留美学生 1915 年创办的《科学》杂志，其例言称杂志印法“旁行上左，兼用西文句读点乙，以便插写算术物理化学诸方程公式，非故好新奇”①。科学论文常需插入算式、表谱，宜于横排。钱玄同主张不但科学类杂志应采用横排，与科学无关的书刊，如小说、诗歌之类的文学读物，也应改用横排。《新青年》既以除旧布新为宗旨，陈独秀亦承认横排的合理性，就要说到做到。然而钱玄同的激将法并未奏效，陈独秀再次表示他个人十分赞成，“待同发行部和其他社友商量同意即可实行”②。说明《新青年》迟迟未改为横排，一方面受制于出版发行环节，另一方面在同人内部尚未达成共识。

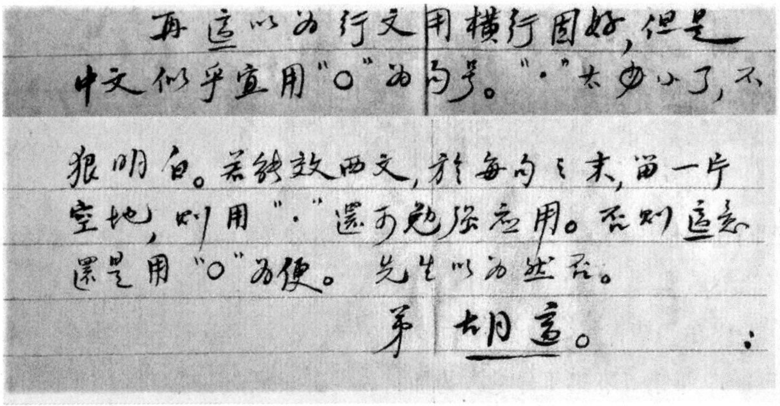
再適以為行文用橫行固好，但是中文似乎宜用“○”為句號。“·”太少小了，不狠明白。若能效西文，於每句之末，留一片空地，則用“·”還可勉強應用。否則適意還是用“○”為便。先生以為然否。

弟 胡適。

1917 年 9 月 28 日胡适致钱玄同信，赞成横写，讨论句号的形式

图片来源：《鲁迅博物馆藏近现代名家手札》（一）

胡适虽是新式标点符号的倡导者，但在行款问题上却相对保守。有读者来信问《新青年》何以不用横行，既可免墨水污袖，又可安放句读符号③。胡适答复说这是“小节”，直行亦可安放句读符号，除了科学读物、

① 《例言》，《科学》第 1 卷第 1 期，1915 年 1 月。

② 陈独秀复钱玄同信，《新青年》第 3 卷第 6 号通信栏，1917 年 8 月 1 日。

③ 朱我农：《革新文学及改良文字》，《新青年》第 5 卷第 2 号通信栏，1918 年 8 月 15 日。

西洋史地等书不能不用横行，其余中文书报都可用直行[①]。钱玄同在其后加了一段跋语，从学术范式的转换切入，称用西洋方法研究中国学问，自然要嵌入西洋文字，如胡适《中国哲学史大纲》便夹杂着不少洋文，若中文仍用直行，遇到此处则须将书本横竖移动，未免麻烦。《新青年》迟迟未改用横行，实因胡、陈、钱诸人意见不一。[②]

对于《新青年》在标点符号及行款上不彻底的态度，一向关注文法、修辞的陈望道来信抗议，认为《新青年》同人欠缺“诚恳的精神”：

> 譬如文字当横行，这已有实验心理学明明白白的诏告我们，诸子却仍纵书中文，使与横书西文错开[③]；圈点与标点杂用，这是东人尾崎红叶的遗毒，诸子却有人仿他，而且前后互异，使浅识者莫名其妙——这不是缺“诚恳”的佐证么？诸子如此，在诸子心中或有“待其时而后行”之一念亦未可知。[④]

钱玄同在回信中仍试图维持《新青年》群体对外的态度同一性，解释说改革者当然希望今日提倡，明日即有人实行，但往往事与愿违。就行款问题，钱氏在《新青年》通信栏中多次发起讨论，尽管得到陈独秀的附和，拟于1919年第6卷第1号起改为横行，“只因为印刷方面发生许多困难的

---

① 胡适答朱我农信，《新青年》第5卷第2号，1918年8月15日。

② 朱我农：《革命文学及改良文字》，钱玄同跋语，《新青年》第5卷第2号，1918年8月15日。

③ 陈望道此信作于东京，他当时了解的实验心理学，应是松本亦太郎、松尾长造的相关研究。松本亦太郎（1865—1943）是日本近代心理学的创建者之一，曾留学于美国耶鲁大学、德国莱比锡大学，1913年任东京帝国大学心理学教授。松本亦太郎、楢崎浅太郎合著《教育心理学》（东京，日本学术普及会，1915年）第五篇“精神作业”已论及读书时的眼球运动、读书之心理、成人读书与儿童读书之差异。松尾长造著《读书心理研究》（松本亦太郎编，东京，心理学研究会出版部，1919年）第十章“关于读书迟速及读书时间增减的诸问题”，进而用心理实验比较横读与纵读之优劣。

④ 陈望道：《横行与标点》，1918年作于东京，《新青年》第6卷第1号通信栏，1919年1月15日。

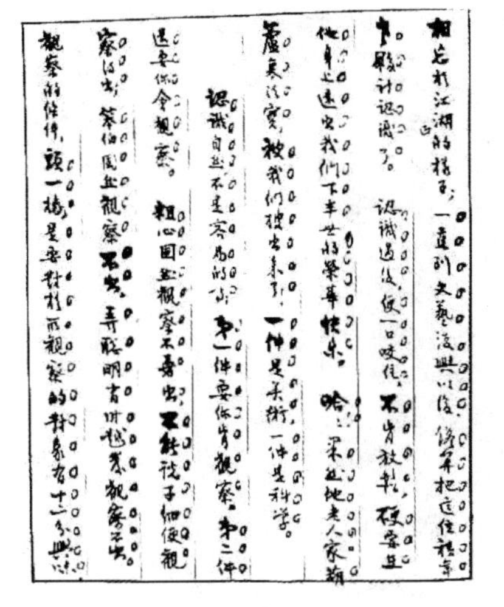

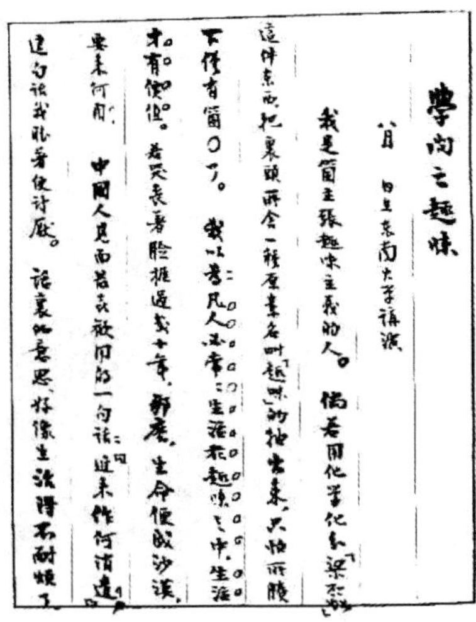

學問之趣味

八月 日在東南大學講演

我是箇主張趣味主義的人。倘若用化學化分「梁啟超」這件東西，把裏頭所含一種原素名叫「趣味」的抽出來，只怕所賸下僅有個0了。我以為凡人必常常生活於趣味之中，生活才有價值。若哭喪著臉挨過幾十年，那麼，生命便成沙漠，要來何用？中國人見面最喜歡用的一句話：近來作何消遣？這句話我聽著便討厭。話裏的意思，好像生活得不耐煩了

梁启超 1922 年演讲《学问之趣味》《美术与科学》手稿，圈点与标点并用

图片来源:《梁启超手稿精粹》

交涉，所以一时尚改不成”①。固然存在印刷困难，但同人态度不一致才是《新青年》圈点与标点混用、难以改用横排的内在原因。

在改用横行的提议迟迟无法落实的情况下，钱玄同又拉时任北大哲学系教授的陈大齐助阵，请他从生理学的角度论证横读比直读省力②。陈大齐主修心理学，侧重研究精神作用的生理基础，即精神作用和身体机能的关系，或谓之“生理的心理学”（physiology psychology）③。就与阅读行为

---

① 钱玄同答陈望道信，《新青年》第 6 卷第 1 号。1918 年 11 月 26 日钱玄同致《新青年》同人信，称“见群益来信，说，‘这么一改，印刷工资的加多几及一倍’”。（《钱玄同文集》第六卷，第 127 页）可见印刷成本是阻碍《新青年》改用横行的客观因素。

② 钱玄同、陈大齐:《中文改用横行的讨论》，《新青年》第 6 卷第 6 号，1919 年 11 月 1 日。陈大齐，字百年，清末赴日留学，1909 年就读于东京帝国大学文科哲学门，受日本心理学家元良勇次郎影响，选心理学为主科。参见陈大齐:《八十二岁自述》，《浙江文史资料选辑》第 43 辑“浙江近代学术名人”，杭州，浙江人民出版社，1990 年。

③ 参见陈大齐:《心理学大纲》（北京大学丛书之二），第一章“心理学之意义及研究方法”及第二章“精神作用之生理的基础”，上海，商务印书馆，1918 年。此书系讲义修订而成，主要介绍当时的心理学知识，兼采德国冯特（Wilhelm Wundt）及美国威廉·詹姆士（William James）学说。

眼的筋肉和他們的作用　兩眼的運動受附着眼
隨意筋的支配，第十八圖表明他們的附着點。內直筋

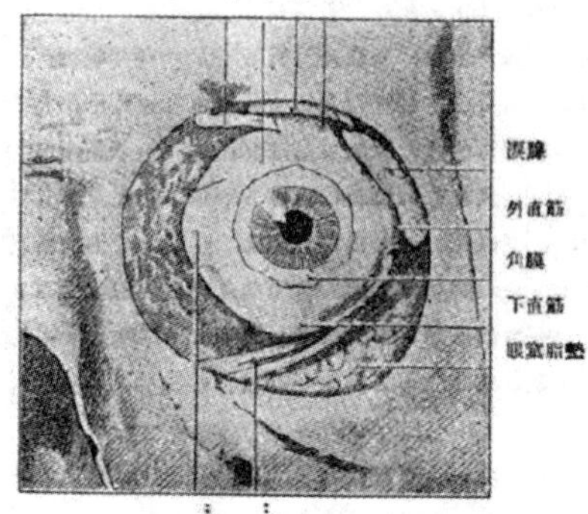

第十八圖　左眼窩(orbit)從前部的解剖。(Morris' Anatomy, Courtesy P. Blakiston's Son & Co.)

眼的筋肉及其作用

直接相关的生理构造而言，陈大齐指出眼球的各部位视力并不均等，视网膜的正中点看东西最清晰，名曰“中央小窝”（fovea）。要将外物映在中央小窝上，须快速移动眼球。眼球运动则靠筋肉伸缩，当它左右运动时，只需一条筋肉作用；而上下运动时，却要靠上直筋和下斜筋，或下直筋和上斜筋共同作用。只用一条筋肉自然要比两条筋肉的复合作用省力，陈大齐由此得出结论：横读易于直读[①]。基于筋肉牵缩的心理学，将心理学视为行为科学，是当时最新的研究趋势。行为主义心理学（behavioristic psychology）是动物行为研究急速发展的产物，与生理学的研究对象与方法颇多重合，主张用一种直白的态度去研究人性。[②]

陈大齐从生理学的角度，结合成像原理与眼球运动的筋肉作用来论证

① 除了眼球运动的筋肉作用，陈大齐又拿常见的视觉误差做辅证，若在纸上画一个精确的正方形，常人看过去总觉得左右两边长，上下两边短，更像是长方形，正因为横看比纵看省力。

② 参见华德生（John B. Watson）：《行为主义的心理学》（*Psychology from the Standpoint of a Behaviorist*），臧玉洤译，上海，商务印书馆，1925 年。

横排的合理性，看似科学，却有意无意地忽略了视觉反应所依赖的读写习惯。对于“五四”一代而言，岂会觉得直读比横读困难，就好像写文言反而比写白话容易[①]。陈大齐不得不承认只有在读写习惯尚未养成的前提下，才能得出横读比直读省力的结论。要骤然改变一两代人自幼养成的读写习惯，绝非从学理上详加论证即可推行[②]。在 1919 年底《新青年》公布的格式说明中，仍未采纳钱玄同改用横排的提议。直到 1923 年北大发行《国学季刊》，才在“编辑略例”中明确规定，文字不拘文白，但一律采用新式标点符号，并用横排写印。[③]

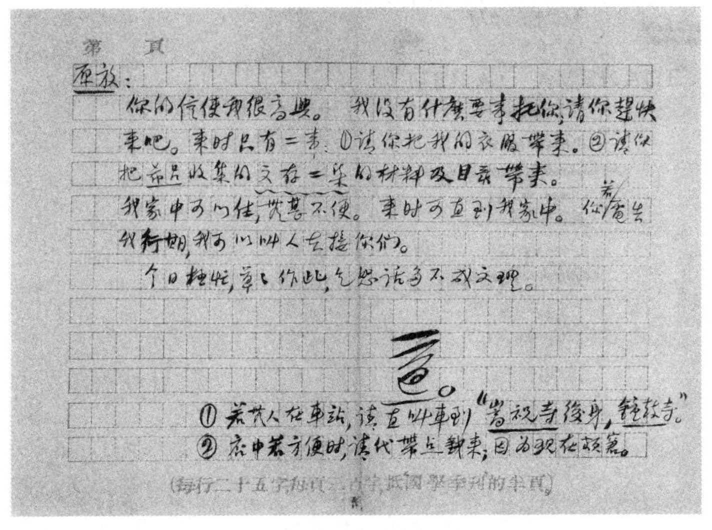

第　页

原放：

你的信使我很高兴。我没有什么要事托你，请你赶快来吧。来时只有二事：①请你把我的衣服带来。②请你把亚东收集的文存二集的材料及目录带来。

我家中可以住，并无不便。来时可直到我家中。你若先告我行期，我可以叫人去接你们。

今日极忙，草草作此，乞恕许多不成文理。

适。

①若无人在车站，请直叫车到“嵩祝寺後身，钟鼓寺。”

②府中若方便时，请代带点钱来；因为现在颇窘。

（每行二十五字每页[illegible]字，国学季刊的半页）

1924 年胡适致汪原放信，用《国学季刊》横排稿纸。图片来源：《亚东遗珍》

① 例如 1921 年 9 月 16 日钱玄同致信胡适，讨论标点符号问题，信末称“匆匆不及写白话，因写此半文半白之言，请勿笑”。（《钱玄同文集》第六卷，第 102 页）

② 就我们自身的阅读经验来说，在横排占绝对主导地位的出版环境下，即便日日接触竖排繁体书的专业读者，也难免有看窜行的时候。由此反推文学革命前后，对于从小习惯右行直写、看竖排书的人而言，最初接触横排读物，总有一个适应的过程。一般读书人如何克服这种不适感，改右行直下为左行横迤，这方面的阅读史材料还有待搜集。

③《国立北京大学国学季刊编辑略例》第 4 条，《国学季刊》第 1 卷第 1 号，1923 年 1 月。胡适任编辑委员会主任，钱玄同亦在编委会中。

有“历史癖”的胡适深信语言是极守旧的，文字变革绝非一朝一夕之事。在语言文字的沿革史上，胡适发现一条通则：“往往小百姓是革新家而学者文人却是顽固党。”由此可推出一条附则：“促进语言文字的革新，须要学者文人明白他们的职务是观察小百姓语言的趋势，选择他们的改革案，给他们正式的承认。”① 胡适这两条原则与钱玄同的策略不同，钱氏认为学者文人是汉字革命的急先锋，是革命方案的制定者与推行者；而胡适认为应尊重语言文字自身的演变规律，听从小百姓的发明创造，学者文人的主要职责是审查与追认，不该以革新家自居。心理学家在汉字问题上的态度，更接近胡适而非钱玄同的立场。

① 胡适：《卷头言》，《国语月刊》汉字改革号，1922 年第 1 卷第 7 期。

第九章
心理实验与汉字命运

在回顾20世纪围绕汉字问题的种种争议与解决方案之前，首先需要回到原点：汉字何以成为问题。文字作为一国文化之根柢，亦是国民思想情感的寄托，本不该成为问题。当近代中国遭遇从古未有之大变局时，中国文字亦面临从古未有之变数。

汉字问题发端于清末民初的汉字繁难说。汉字难学、难写、难记，亟需变革，几乎成了晚清维新派的口头禅。[①]“中国字天下第一难”的断语，出自卢戆章之口，他是中国拼音文字的首创者。[②] 在清末第一种切音字方案《一目了然初阶》序中，卢戆章称“中国字或者是当今普天之下之字之至难者”。[③] 翻检清末各类拼音化方案序可知，“文字之繁难，中国冠天下矣”，[④] 这一未经验证的判断并非个别人之偏见，乃晚清新学家众口一词之公论。

---

① 清末的汉字繁难说，参见程巍：《语言等级与清末民初的“汉字革命”》，四“清末的仓颉们”，《世界秩序与文明等级：全球史研究的新路径》，刘禾主编，北京，生活·读书·新知三联书店，2016年。

② 语出卢戆章《新字初阶》序。《新字初阶》为《一目了然初阶》节本，1893年出版。

③ 卢戆章：《中国第一快切音新字原序》，《一目了然初阶》（中国切音新字厦腔），北京，文字改革出版社，1956年，第2页。

④ 田廷俊：《数目代字诀》自叙，转引自倪海曙《清末汉语拼音运动编年史》，上海，上海人民出版社，1959年，第86页。

清末的汉字繁难说，往往以识字率高下为凭。[①] 梁启超《变法通议·论幼学》称西人每百人中识字者自八十人至九十七八人，而中国不逮三十人。识字率悬殊，缘于文字特性不同："西人之文，以声为主，故字虽多而识字易；中国之文，以形为主，字虽少而识字难。"[②] 已有研究者指出，识字率须辅以各国人口总数，方能说明问题。[③] 中国为当时世界各国人口之最，拥有如此众多的识字人口，反倒说明汉字未必是"天下第一难"。并且识字率高低与"合四海为一心，联万方为一气"的国家整合意识有关，[④] 不完全取决于文字本身的难易程度。如章太炎所言，识字率之高下"在强迫教育之有无，不在象形、合音之分也"。[⑤]

以汉字繁难说为由提出的解决方案，不止清末切音字、民初注音字母、国语罗马字、拉丁化新文字这一脉。在拼音化的思路外，还有倡导简化字、混合文字、基本字的温和派，与主张"汉字革命"的激进派。激进派将汉字问题的争议性推到极端，聚焦于汉字存废。1922 年钱玄同在《国语月刊》上打出"汉字革命"的旗号，誓与"骸骨迷恋者"拼个你死我活，并用六书与汉字变迁史论证改用拼音文字的可能性。[⑥] 在"汉字革命"宣言书中，钱玄同将傅斯年作于 1919 年的《汉语改用拼音文字的初步谈》追认为"汉字革命军"的第一篇檄文。傅斯年此文彻底打破了"汉字神圣"观，他认为文字仅是器具，只求个方便，决不承认文字里有不可

---

① 关于清代识字问题的系统研究，参见 Evelyn S. Rawski（罗友枝），*Education and Popular Literacy in Ch'ing China*，Ann Arbor：University of Michigan Press，1979。统计识字率需区分不同层次的识字能力，不同的社会事务提出不同层次的识字要求，对应于复数的而非单一的识字能力（literacies）。参见刘永华：《清代民众识字问题的再认识》，《中国社会科学评价》2017 年第 2 期。

② 梁启超：《变法通议·论幼学》，《时务报》1897 年第 16 期。

③ 参见程巍：《语言等级与清末民初的"汉字革命"》，《世界秩序与文明等级》，第 376—377 页。

④ 1898 年林辂存呈请都察院代奏切音字，转引自倪海曙：《清末汉语拼音运动编年史》，第 65 页。

⑤ 章绛（章太炎）：《驳中国用万国新语说》，《国粹学报》1908 年第 41 期。

⑥ 钱玄同：《汉字革命》，《国语月刊》汉字改革号，1922 年第 1 卷第 7 期。

侵犯的质素：

> 中国文字的起源是极野蛮，形状是极奇异，认识是极不便，应用是极不经济，真是又笨又粗、牛鬼蛇神的文字，真是天下第一不方便的器具。崇拜他以为神圣似的，是天下第一糊涂人。[1]

鲁迅曾说要上下四方寻求一种“最黑，最黑，最黑的咒文”，来诅咒一切反对白话、妨害白话者。[2] 傅斯年这段话，可算是对中国文字、对汉字崇拜者最恶毒的诅咒。

一、 文学革命与国语运动的聚光灯外

20 世纪上半叶，围绕汉字问题的种种争论，一般置于文学革命与国语运动的双重聚光灯下。汉字问题正好是这两条历史脉络的交汇处[3]。目前关于这一问题的学术史梳理，多聚焦在汉字革命军的思路与国语运动家的方案，前者以“五四”健将钱玄同为代表，后者不出黎锦熙《国语运动史纲》之范围[4]。事实上长期关注汉字问题的，不只是文学革命、国语运动的倡导者，或语言文字学家，还有一批心理学出身的留美学者，他们是中国现代心理学的奠基人，也是最早用科学方法研究汉字问题的实验者。其中的代表人物有：张耀翔、刘廷芳（Lew, T. F.）、杜佐周（Tu, H. T. C.）、艾伟（Ai Joseph Wei）、沈有乾（Eugene Shen）、胡毅、蔡乐生（Tsai Loh-

---

① 傅斯年：《汉语改用拼音文字的初步谈》，《新潮》第 1 卷第 3 号，1919 年 3 月 1 日。

② 鲁迅：《二十四孝图》，《莽原》第 1 卷第 10 期，1926 年 5 月 25 日。

③ 参见王风：《文学革命与国语运动之关系》，《世运推移与文章兴替——中国近代文学论集》，北京，北京大学出版社，2015 年。

④ 黎锦熙：《国语运动史纲》，上海，商务印书馆，1934 年。

Seng)、周先庚（Siegen K. Chou)、王凤喈（Wang Fung-Chiai）等。[1]

这批将现代心理学引入中国的先驱，毕业于美国哥伦比亚大学、芝加哥大学、斯坦福大学等名校，受过系统的学术训练，有较强的专业意识[2]。他们关于汉字问题的研究，集中在1920至1930年代，主要以实验报告的形式呈现，或是他们的博士论文、硕士论文，或是发表于国际学术期刊上的阶段性成果。这些高度国际化的实验报告，严格遵循实验心理学的专业规范，包括：先行研究回顾、问题预设、理论资源；实验对象、实验材料、仪器构造及改进；实验程序与方法、数据图表、数据分析；实验结果、理论检讨、现实意义、参考文献。[3] 这批留美学生归国任教后，有的转入教育学领域，有的继续研究汉字问题，但不限于实验室内，更注重与社会需要相结合，进而参与到乡村建设、平民教育与识字运动中。

心理学家介入汉字问题，一开始只是敲敲边鼓。如《新青年》上钱玄同拉北大心理学教授陈大齐助阵，从眼球运动与筋肉作用论证横读比直读更省力。汉字革命的急先锋亦要仰仗科学的权威，在二人唱和中，科学是为主义站台、帮腔的。陈大齐之后，介入汉字问题的心理学家已独立成军，不甘附庸于文学革命。他们从阅读心理学（the Psychology of Reading）的理论预设出发，让数据说话，承认主义与科学之间不可弥合的缝隙。

---

① 参见胡延峰：《留学生与中国心理学》，第二章“留学出身心理学者群体的形成”，天津，南开大学出版社，2009年。

② 中国留学生在美国受“专业主义”文化（the culture of professionalism）影响，形成与士大夫的业余精神（amateurism）完全不同的专业意识，自此走上技术性路线（technical approach)。参见叶维丽：《为中国寻找现代之路：中国留学生在美国（1900—1927）》，周子平译，北京，北京大学出版社，2017年，第65—67页。

③ 实验报告讲究精确，数据最好精确到小数点后两位；不准用“你”“我”“他”，必须用“实验者”“被试者”“观察者”，才合乎科学精神。但真正成熟的心理学家都承认观察有误差，承认实验过程中的干扰因素，承认实验结果的不确定性。因而真理只可以逼近，不能抵达。再完美的实验报告，也只能说是“差不多的真理”。（参见沈有乾：《差不多的真理》，《宇宙风》1936年第30期）

汉字问题上，心理学家较文学革命者的长处，不在空洞的科学精神，而在精密的实验手段。“实验”是现代心理学的基本方法，也是心理学迈入现代科学门槛的标志。一门科学的诞生，须先有精确而客观的技术。现代心理学离不开实验室，心理实验室之创设始于德国。1879 年威廉·冯特（Wilhelm Wundt）在莱比锡大学设立全世界第一个心理实验室，自此“一切玄学式的心理学家，神学式的心理学家，坐在太师椅里舞文弄墨的心理学家，便一个个寿终正寝”，大家都致力于实验心理学。[①]

威廉·冯特把心理学实验化，意在使其成为一门纯粹科学。[②] 现代心理学诞生于与哲学决裂后，其性质是生理的，方法是实验的。[③] 从“思辨”转向“实验”的现代心理学，要研究“普通的、正常的、人类的、成人的心”而非玄学的心。实验心理学的基本立场是心理学必须和哲学分手，而与物理学等并肩为科学之一。[④] 心理学和哲学愈接近，自身价值愈减，要捍卫其独立地位，便应极力摆脱哲学的羁绊。[⑤] 告别哲学的现代心理学，徘徊于自然科学与社会科学之间。心理学家在自然科学面前每每低头臣服，在社会科学面前却又自鸣得意，以“科学的、实验的”为傲。[⑥]

20 世纪上半叶，处于学步阶段的中国现代心理学，大部分是美国的传统。最高学府的心理学教授十之八九是留美学生，“学子若非受美国式之心理训练，几不能读心理学书”。[⑦] 中国心理学的美国血统，体现在对实验室及实验技术的高度重视上。美国的心理学派发源于德国，德国实验

---

① 章益：《最近二十五年来之心理学》，《国立劳动大学月刊》1929 年创刊号。

② “实验心理学”有广义与狭义之分。广义是就方法而言，凡用实验方法研究出来的心理学，都叫作“实验心理学”；狭义则受研究对象与态度的限制，只研究普通、人类、常态、成年的心理，又叫作“内容心理学”（content psychology）。

③ 参见周先庚：《心理学与“心理建设”》，《中山文化教育馆季刊》1935 年第 2 卷第 2 期。

④ 参见黄翼：《现代心理学派别及其意义》，《思想与时代》1944 年第 32 期。

⑤ 参见郭一岑：《筹备“中央心理学研究所”之建议》，《教育杂志》1929 年第 21 卷第 3 号。

⑥ 参见周先庚：《心理学与“心理建设”》。

⑦ 林传鼎：《五十年来美国心理学趋势》，《辅仁生活》1941 年第 17 期。

主义自成一种特殊的技术与趋势，冯特注重常人的心理机键与历程之精微的研究。冯特学派在美国甚为风行，成为一种学校式的心理学。[①] 从美国高校移植到中国的现代心理学，自然预装了冯特学派的实验装置。

心理学家将汉字问题带入实验室中，首先扩大了汉字问题的范围，不再纠缠于汉字存废，也不限于横直读之争，把汉字问题转换为读法研究(the Psychology of Reading Chinese)。[②] 心理学家所谓的“读法”是一种心理活动，“要从印的或写的符号上取得意义”。[③] 诵读心理学着眼于生理条件（眼球跳动、停顿、回视）、心理条件（知觉作用、注意力）、排印条件（字体、字号、行距等）。[④] 基于心理实验的中文读法研究，待解决的问题有：一、汉字学习；二、横直排之优劣比较；三、白话文与文言文的阅读比较；四、新旧标点对于阅读之影响；五、阅读时眼动之分析；六、一般阅读能力的调查与测验。[⑤]

心理学家不仅扩充了汉字问题的内涵与外延，还或明或暗地质疑汉字革命的基本前提。汉字比拼音文字难吗？清末民初的文字改革者从未怀疑过自己的判断，然而心理学家试图把汉字存废之争拉回起点，用实验检验革命的前提，重新理解汉字的特殊性。

欧洲各国对读法问题发生兴趣，以德、法两国为前驱。1855 年左右，德、法知名大学多从心理方面探究阅读问题，以眼球运动与识别过程为焦点。1879 年法国巴黎大学教授 Javal 发现眼球运动是有停顿的，停顿与前进互间，这一发现对此后的读法研究影响甚大。1885 年以后，英、美两国开始关注阅读问题，以实验室内的研究为主。1905 年左右，眼球运动

---

① 参见章益：《最近二十五年来之心理学》。

② 心理学家将汉字问题转换为读法研究的努力，集中体现在《教育研究》（广州中山大学教育学研究所编辑）1931 年 2 月推出的“读法专号”。专号重点回顾了欧美读法研究的发展历程及中文读法研究的经过，包括理论概要、研究综述、书目推介及术语翻译。

③ 陈礼江：《读法概论》，《教育研究》1931 年 2 月号。

④ 周先庚：《为什么直读快？》，《清华周刊》第 31 卷第 457 期，1929 年 4 月 20 日。

⑤ 杜佐周：《中文读法研究的总述及其应待解决问题的分析》，《中山文化教育馆季刊》第 2 卷第 1 期，1935 年 1 月。

的摄影仪器渐趋完备，因仪器进步，研究者对默读与朗读的区别，及阅读中的个体差异有更明确的认识。1910 年以后，美国主导的读法研究不再囿于实验室内，与此互相助长的是测验方法的应用。[1] 中文读法研究萌蘖于美国芝加哥大学、斯坦福大学的心理实验室，在研究范式与实验技术上深受欧美读法研究影响，同时又有自身的文化诉求，更关注汉字形体的特殊性，用力于横读与直读、白话与文言、新旧标点等五四文学革命中产生的争端。

从心理学的角度研究汉字问题，遂诞生了“汉字心理学”（the Psychology of Chinese Characters）。心理学家认为汉字之难易，须从实验中探讨，非由主观判决而定。[2] 心理学家用实验方法观测初学者之心理，控制其情境，以探知其学习历程。艾伟《汉字问题》一书将汉字心理学拆分为：字形研究、字量问题、识字测量、词汇研究、音义分析、简化研究、排列问题、书法研究。[3] 在心理实验室中，汉字问题的焦点不再是文学革命者或国语运动家面对文言与白话、繁体与简体、汉字与拼音文字时所秉持的思想立场与主义之争。实验心理学者所关心的是如何以更有效的方式——如何发明更精密的实验仪器，设计更合理的实验流程——来记录、测量实验对象在面对不同信息呈现方式时的生理反应。

20 世纪关于汉字的种种争论，如汉字存废、拼音化、简化字、横直读，都视文字为工具，以效率（efficiency）论高下。一切汉字问题，皆以效率为出发点与归结点。心理学家蔡乐生指出汉字论争中有一些未经检验的成见，如：主张罗马拼音者觉得汉字是视觉文字，个个不同，学起来费时费力，不如听觉文字便利，可用二十几个字母拼出一切声音；主张简体字者以为笔画多的字难学；主张汉字横排者相信眼睛的构造适于横读，手

---

① 参见徐锡龄：《欧美读法研究述要》，《教育研究》读法专号，1931 年 2 月号（第 25 期）。此篇研究综述根据 William S. Gray, “Summary of Reading Investigations” 写成。

② 参见艾伟：《汉字问题》，第一章第一节“汉字心理之意义及其研究之目的”，上海，中华书局，1949 年。

③ 艾伟：《汉字问题》。

腕的动作适于横写。但在心理学家看来，听觉文字是否比视觉文字便利，笔画多寡是否与学习难易成正比，横读是否顺眼，横写是否顺手，都不可想当然耳，要解决这些问题，非从实验着手不可。汉字改革派若缺乏心理学的实验根据，他们的主张不一定是天经地义的。①

对于汉字将来的命运，心理学家仍持谨慎的乐观态度。如沈有乾所说，汉字已有几千年的历史，几千年未被淘汰之物似乎没有必要突然废弃。汉字革命的呼声，源于现代中国的文化突变。改革汉字的迫切要求，一是因为与异文化的接触，二是出于普及教育的愿望。但沈有乾建议重新审视汉字革命的基本预设：汉字是否确实不如拼音文字？是否有碍教育普及？各种文字改革方案能否免除汉字的缺点，会不会引起别种困难？② 对汉字革命前提的质疑，是留美背景的心理学者从事相关实验研究隐含的文化动机。

清末民初的汉字繁难说，以拼音文字的优越性为不证自明的前提。西方人谈文字演化总以拼音文字为最高阶段，称汉字还未脱离“写图”（picture-writing）时期。卢梭《语言起源论》谓，描写物体适合于野蛮民族，使用字句式的符号适合于原始民族，使用字母适合于文明民族。黑格尔宣称：“拼音文字自在自为地最具智慧。”（Alphabetic script is in itself and for itself the most intelligent.）③ 拼音文字优越论，骨子里是文明等级论与人种中心主义。

中国人是否必须接受拼音文字优越论及其背后的西方中心观，现代心

---

① 蔡乐生：《为“汉字的心理研究”答周先庚先生》，《测验》1935年第2卷第2期。

② 沈有乾：《汉字的将来》，《教育杂志》第27卷第5号，1937年5月。

③ 对拼音文字优越论的批判，参见雅克·德里达（Jacques Derrida）：《论文字学》，汪堂家译，上海，上海译文出版社，1999年。德里达把语言学用于形而上学批判，认为支配整个西方哲学的“在场形而上学”（metaphysics of presence）及其中包涵的一系列二元对立，都源于符号的能所指结构。在表音文字那里，语音的瞬间消逝提示了所指的在场。逻各斯中心主义（logocentrism）即表音文字的形而上学，在场形而上学的根源就是西方语言。于是，哲学终结的任务必然表现为批判以语音为中心的西方语言，提示在非表音文字之中思想的可能。非表音文字及相应思想形态的最合适例子就是汉字与汉语思想。参见丁耘为德里达《论文字学》撰写的书评，《中国学术》第6辑，北京，商务印书馆，2001年。

理学家先于语言文字学家提出异议。沈有乾主张根据社会情形、文化历史、阅读心理，比较拼音文字与汉字的优劣，考虑拼音文字能否在中国推行，有无流弊，是否易学。心理学家通过实验发现拼音文字未必比汉字便于阅读，既破坏历史延续性，又不易在社会推行，短时间内无法取代汉字的地位。① 是否有一种保持汉字个性，不破坏历史连续性，而容易被大众接受的标音符号？建国以后文字改革者探索拼音文字的“民族形式”，即延续了心理学家对汉字未来的想象。

二、 横读与直读之争

横直读之争肇端于文学革命。《新青年》通信栏有关于此问题的讨论，钱玄同是改直读为横读的倡导者，心理学家起初只是配角。“五四”以后，横直读之争的主战场转移到心理学界，留美学者尤热衷讨论此问题。

目前所见最早的横直读心理实验是 1918 年张耀翔在哥伦比亚大学的博士论文：“Effect of Chinese Vertical vs. Horizontal Writings on Speed of Reading”（《比较中文直写与横写对阅读速度的影响》）。② 随后是 1919 年高仁山与查良钊在芝加哥大学合作的“An Observation of Eye-movements in Reading Chinese and English”（《阅读中英文时眼球运动的观察》）。③ 据陈汉标统计，1920—1930 年代心理学界从事中文横直读实验的有：杜佐周、沈有乾与迈尔士（W. R. Miles）、陈礼江与卡尔（H. A. Carr）、章益、周先庚、艾伟、盛承裕、陈鹤琴等。④ 在此无法对上述实验逐一介绍，只能就在实验方法与阅读材料上有独创性的研究略作说明。

---

① 沈有乾：《汉字的将来》。

② 张耀翔，“Effect of Chinese Vertical vs. Horizontal Writings on Speed of Reading,” N. Y.: Columbia University Library, 1918.

③ P. S. Kao & L. C. Cha（高仁山与查良钊），“An Observation of Eye-movements in Reading Chinese and English,” University of Chicago, 1919.

④ 陈汉标：《中文横直读研究的总检讨》，《教育杂志》1935 年第 25 卷第 10 号。

在中文横直读比较上，首度用精密仪器代替肉眼观察的是沈有乾与迈尔士 1925 年合作的 “Photographic Recording of Eye Movements in the Reading of Chinese in Vertical and Horizontal Axes”（《中文横直读眼动照相记录》）。① 1879 年法国巴黎大学教授 Javal 发现阅读时眼球不是持续向前运动，其间有跳跃、有停顿（by jerks and pause）。眼动时不能阅读，停顿时方可阅读。记录眼球运动的方法有三种：反视法（Mirror Method）、窥视法（Peep-Hole Method）、照相法（Photographic Method）。在记录的精确性上，照相法胜过反视法与窥视法。

用照相法记录眼球运动，借此研究阅读心理，始于美国心理学家 Raymond Dodge。哥伦比亚大学、芝加哥大学、斯坦福大学均改造 Dodge

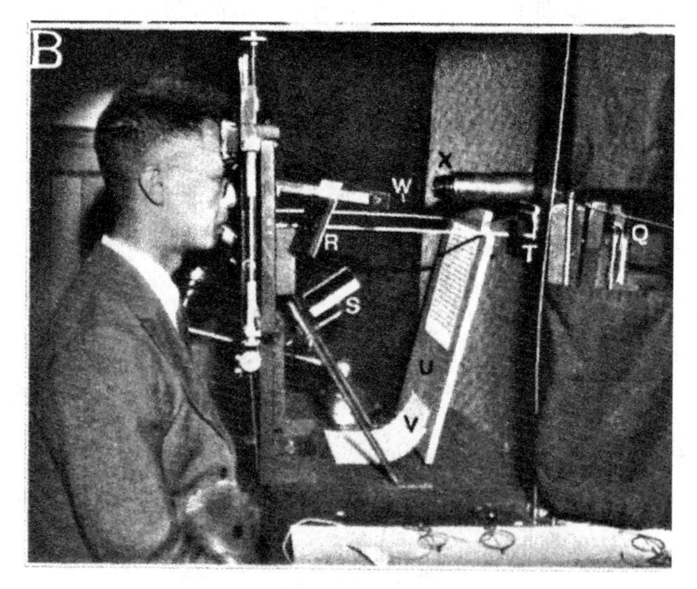

斯坦福大学眼动照相设备

① W. R. Miles & Eugene Shen（沈有乾），“Photographic Recording of Eye Movements in the Reading of Chinese in Vertical and Horizontal Axes: Method and Preliminary Results,” *Journal of Experimental Psychology*, vol. 8, no. 5（October 1925）, pp. 344－362. 沈有乾 1922 年以清华毕业生资格赴美留学，就读于斯坦福大学、哈佛大学、哥伦比亚大学，专攻实验心理学、统计学、数理逻辑学，1926 年获斯坦福大学哲学博士学位。

式照相机用于阅读心理实验。沈有乾利用斯坦福大学心理实验室的眼动照相设备，记录中文横直读之眼球跳动。被试者十一人，皆斯坦福大学中国留学生。阅读材料有直排与横排两种，直文选自《留美学生季报》，横文选自《科学杂志》。横直文皆四号铅字，横文排列较直文稀疏，标点之法亦稍有不同。被试者读时须不出声而理解大意，快慢因人而异。读毕回答相关问题，以验证是否理解文意。①

沈有乾的实验数据如下：

十一人阅读成绩平均数	中文横读		中文直读	
	第一种	第二种	第一种	第二种
眼停时间	29	32	32	34
每停所读字数	1.9	1.8	2.1	2.5
每秒所读字数	6.5	5.7	6.9	7.6

（据沈有乾《诵读时眼球跳动之观察》，眼停时间以百分之一秒为单位）

由此表可知，中文直读每次眼停时间（duration of fixation）较横读略长，但每次停顿所读字数较多，两者合计，直读比横读快。

沈有乾的实验结论并不支持他在横直读问题上的主张。他从人眼的生理构造及眼球运动所用肌肉推测横读比直读便利，试验后始知事实与预设正相反。实验过程中有许多干扰因素，如选取横直两种阅读材料，每行长短不同，排字疏密亦异，难度深浅不一，这些客观因素都会影响实验结果的准确性。更麻烦的是无法排除被试者原有的阅读习惯与训练。参与实验者均为中国留美学生，自幼养成中文直读习惯，测试时自然直读的速率较高。然而能否单用“习惯”（habit）解释横读与直读的差异？沈有乾认为习惯固然是中文直读快于横读的理由，但非唯一理由，需观察诵读时之眼球运动，搜集不同生理、心理、印刷条件下的影响因子加以分析，为汉字

① 沈有乾：《诵读时眼球跳动之观察》，《心理》1926 年第 4 卷第 1 期。

改革寻得科学依据，方能摆脱惯习的统治。[1]

沈有乾认为直读比横读快，不足为“无可疑之定论”，他主张中文改为横行，虽无科学依据，“亦适应时势所不可缓之举”。[2] 当理论预设与实验结果矛盾时，心理学家尊重事实，推翻成见；当发现科学与主义的缝隙乃至悖反时，沈有乾承认实验结果的不确定性，既不放弃自己的主义，也没让科学迁就主义。沈氏坦言心理学家对于华文行列问题的意见，未必比他人的看法更有价值，除非持较公正的态度。心理学在此问题上的贡献，一是横读与直读的速率比较，二是横读与直读的生理条件分析。在沈有乾看来，心理学在这两方面的智识都很不充足，还不能帮大众决断横直读之优劣。[3] 在横直读之争中，心理学家不够强悍的立场，或许是他们的声音被公众忽视的原因之一。

汉字心理学实验中，长期存在的方法论瓶颈是如何尽可能排除被试者的阅读习惯之干扰，这是中文读法研究的终极难题。各种实验方法、阅读材料的尝试及仪器改良，都是为了克服惯习的干扰。在横读与直读的优劣比较上，心理学家采用了三种实验方法：常态诵读法、速示法、消字法。“常态诵读法”是在接近自然诵读状态下进行眼动观察与速率比较。“速示法”又称速视法，即利用速示器（tachistoscope）在短时间内向读者显示不同排列方式的材料，比较眼停时认知范围的差异。第三种为“消字法”，让受试者在阅读过程中消去无意义的文字、阿拉伯数字或几何图形。[4]

横直读之优劣比较，在不能完全排除习惯干扰以前，艾伟认为宜采用速示法。一般而言，速示法所含的习惯成分比常态阅读要少，无意义材料

---

① Eugene Shen（沈有乾），“An Analysis of Eye Movement in the Reading of Chinese,” pp. 178 - 179.

② 沈有乾：《诵读时眼球跳动之观察》，四“附言”。

③ 沈有乾：《心理学对于华文行列问题有什么贡献?》，《民众教育季刊》1933 年第 3 卷第 2 号。

④ 参见陈汉标：《中文横直读研究的总检讨》，四“中文横直读的实验用些什么方法”。

中的习惯成分比有意义材料要少。因此横直读的心理实验，应重点关注速示法及对无意义材料的利用。[①] 在中文横直读实验中率先使用速示法的是杜佐周。1923年杜氏就读于美国爱荷华州立大学（State University of Iowa）期间，曾研究横直行排列对于阅读效率的影响。他用速示器在固定时间内，向读者展示用横直行排列的中文材料，研究阅读时眼停的认知范围，比较“识别距”（span of recognition）之大小。共有八位被试者，都是中国留美学生。阅读材料一为有意义的中文，一为无意义的中文，均用横直两种格式排列。杜佐周发现，无论用无意义还是有意义的材料，每一轮转所认记的字，直行排列都多于横行排列。换言之，中国留学生阅读中文的识别距，直排大于横排。杜氏以为直读比横读快，或是因为留学生在国内所受教育，全用直排材料，已养成直读习惯，并非因为直排根本上优于横排。[②]

要找到直排与横排的根本差异，须采用非中文材料，最好找没有直读习惯者为实验对象。为尽量排除阅读习惯的干扰，杜佐周用几何图形为材料，并将实验范围扩大到美国大学生及儿童。实验结果与前相反，横排胜于直排。杜佐周的实验特点在于使用无意义的非中文材料，即几何图形，极力避免或减少习惯的影响。陈汉标对用几何图形作实验材料提出质疑：首先，我们对于一串汉字（不论横排或直排，有意义或无意义）的诵读反应，与对几何图形的反应是否一样？眼球跳动有无差别？认识与记忆机制是否相同？其次，要问读者对于几何图形的阅读经验从何而来。对当时的中文读者而言，几何图形在古籍中并不多见，一般人最初接触几何图形是在小学算学课本里，而清末民初的算学课本大半是横排的。根据多数人的阅读经验，几何图形和横行排列的联念，强于和直行排列的联念。既然几

---

① 艾伟：《国文横直读之比较研究》，《教育丛刊》（国立中央大学）第1卷第1期，1933年11月。

② 杜佐周：《横行排列与直行排列之研究》，三“用速示机研究阅读横直行排列的中文时的识别距”，《教育杂志》1926年第18卷第11期。

何图形本身受到横读习惯的影响，我们看到几何图形时的反应与诵读汉字不太一样，用几何图形为材料判定中文横直读之优劣则未必可靠。陈汉标认为中文直读快于横读，几何图形横排优于直排，都是由于习惯和训练的影响。①

使用无意义的非中文材料，除杜佐周的“速示法”外，还有陈礼江与卡尔（H. A. Carr）采用的“消字法”（the cancelation of certain characters）。两人于1925年在芝加哥大学合作，以64位中国留美学生为实验对象，阅读材料中包含无意义的中文字汇、英文字母或阿拉伯数字，看被试者在一定时间内能消去多少字，消对多少字，遗漏多少字。以无意义的中文字汇为材料，直读快于横读；以英文字母或阿拉伯数字为材料，则横读快于直读。② 用“消字法”检测中文横直读之优劣，方法论上的漏洞在于：消字反应只需粗略的字形识别，而诵读汉字则需对字形、字音、字义做细微精确的辨识。③

排印方式对阅读效率的影响，不单是横直排的问题，更微观的考察还注意到新旧标点的差别。心理学家中将横直排列与新旧标点同时纳入考察范围的仅有章益一人。他综合行列与标点两方面的要素，生成六种排列式样：直行无标点、直行旧标点、直行新标点，横行无标点、横行旧标点、横行新标点。章益的实验分成人、儿童两组，成人组所用材料选自《梁任公学术演讲集》，儿童组所用材料选自商务新学制《初小国语教科书》，所有材料全用正楷手抄本。④

略去繁琐的数据图表，章益得出的结论多印证常识判断，他确认排列

---

① 陈汉标：《中文横直读研究的总检讨》，六“关于实验材料的讨论”。

② L. K. Chen（陈礼江）& H. A. Carr, “The Ability of Chinese Students to Read in Vertical and Horizontal Directions,” *Journal of Experimental Psychology*, vol. 9, no. 2 (April 1926), pp. 110–117.

③ 陈汉标：《中文横直读研究的总检讨》，七“关于实验方法的讨论”。

④ 章益：《横直排列及新旧标点对于阅读效率之影响》，《教育学期刊》（上海复旦大学教育学系）第2卷第2号，1934年7月。

和标点的样式会影响阅读速度，无论横排还是直排，读有标点的材料比无标点的要快，新标点略胜于旧标点。大概由于习惯的差异，直行略适于成人，横行略适于儿童。标点有助于阅读是意料中事，章益从阅读心理的角度，引入“停注野”的概念代替“停注点”。“停注野”的范围，最好由标点预先确定，以免读者临时试探。[①] Raymond Dodge 已指出“边缘视觉”之于阅读的重要性，读者在视野边缘的模糊地带，瞥见下文即将出现的字词，已足以使阅读顺利推进。功能细化的标点体系可划清认知边界，减少视线的来回试探，从而提高阅读效率。

横直读是汉字心理学的热门话题，诸多学者投入其间，各显身手，唯有周先庚一人泼冷水，说不先解决其他汉字问题，就无法终结横直读之争。他认为易视性（legibility）才是汉字心理学的基本问题。[②] “易视性”对中文读法研究而言是一个全新的概念，周先庚对“易视性”的关注，明显受欧美读法研究新趋势的影响。[③] 从“易视性”出发研究汉字排印，衍生出许多子问题：文字的个体差异与全形，字号大小，各种字体，字在行列中的位置，字间距与行间距，每行的长度，夹杂阿拉伯数字与外文之影响，标点及特殊符号，索引与检字法之比较，手写体与印刷体，等等。[④] 就研究范式与核心概念而言，周先庚的汉字心理学与欧美读法研究的同步

---

① M. A. Tinker, “Use and Limitations of Eye-movement Measures of Reading,” *Psychological Review*, vol. 40, no. 4(July 1933), p. 382.

② Siegen K. Chou, “Reading and Legibility of Chinese Characters: Ⅳ. An Analysis of Judgments of Positions of Chinese Characters by American Subjects,” *Journal of Experimental Psychology*, vol. 18, no. 3(June 1935), p342. 参见周先庚：《美人判断汉字位置之分析》，《测验》1934 年第 2 卷第 1 期。

③ Mils A. Tinker, “Legibility and Eye Movement in Reading,” *The Psychological Bulletin*, vol. 24, no. 11 (November 1927), pp. 621 - 639.

④ Siegen K. Chou, “Reading and Legibility of Chinese Characters: Ⅰ. Influence of Reading-direction and Character-position upon Speed,” *Journal of Experimental Psychology*, vol. 12, no. 2(April 1929), p. 158.

性更强，在国际社会的专业认可度更高[1]，中文似乎只是他处理的一种特殊材料。但结合他对汉字特殊性的理论阐释，周先庚的中文读法研究在“异化”（foreignization）与“归化”（domestication）之间采取了更复杂的翻译策略。

周先庚引入“易视性”的概念，意在开拓汉字心理学的领地，他多次提醒横直读之争只是“易视性”问题的一个侧面，心理学家不该在此投入过多精力，而忽略了汉字问题中许多未展开的面向。无论采取何种实验方法，若受试者为成人，中国人直读快，外国人横读快，不外是惯习的结果。周先庚试图证明惯习是造成横直读差异的主要原因，字体位置（the position of characters）比诵读方向更重要。[2] 他致力于改进仪器，修正理论预设，提出比诵读方向更重要的影响因素，从而在一定程度上消解了横直读之争。

三、 仪器背后的原理性思考

科学革命往往依赖技术革命。近年来科学史研究受文化人类学与物质文化史影响，关注知识实践与社会环境的关系，看重历史时空中的知识，而非漂浮在“真空”中的普世知识；强调知识的复数形态，而非唯一的科学真理。[3] 较之抽象的观念，科学史家开始对科学革命中活生生的人物更感兴趣，以人物为枢纽，把科学与历史、观念与制度、技术与环境、信仰

---

① Miles A. Tinker, “Experimental Study of Reading,” *Psychological Bulletin*, vol. 31, no2 (February 1934), pp. 105－110. 这篇综述将关于阅读的实验研究分为三类：1. legibility of print（印刷的易视性），2. visual apprehension（视觉理解），3. perception and eye movements in reading（阅读中的感知与眼球运动）。

② 周先庚：《为什么直读快?》。

③ 参见傅扬：《思想史与近代史研究：英语世界的若干新趋势》，台湾《“中央研究院”近代史研究所集刊》第99期，2018年3月，第86—91页。

与怀疑编织在一起。[1]

实验研究当然是科学史的保留剧目，但科学史家在剧情中加入“看不见的技术员”（invisible technicians）。[2] 趋向物质文化的科学史研究，关注知识生产的场所、仪器及辅助工具。[3] 科学发现的场所，如图书馆、工作坊、解剖室、实验室等。科学研究的仪器，如日晷、时钟、星盘、望远镜与显微镜，更不用说19世纪以来各种复杂的实验仪器。新文化史取向的科学史，还注意到知识生产与传播的辅助工具，如粉笔、墨盒、索引、读书卡片。场所、仪器、工具，构成了科学史的“形而下学”。

心理学是纯科学还是“技术学”？威廉·冯特的信徒铁钦纳（E. B. Tichener）提出这一问题。[4] 纯粹心理学即冯特学派的实验心理学，当现代心理学与社会需求相结合，便产生了“应用心理学”。哈佛大学心理学教授闵斯特伯格（Hugo Münsterberg）造出“心理技术学”（Psychotechnology）一词，相对于纯粹的心理科学。1930年代在中国鼓吹“应用心理学”的周先庚认为，应用科学当一律叫作“技术学”，因为它们并非仅仅应用一种或多种科学的方法与结果而已，而有自身的理论、问题、方法与结果。[5] 目前中国亟需的不是纯粹心理学，而是把心理学“嵌入”社会生活中的“心理技术”。[6] 周先庚对汉字问题的深入研究，既出于纯粹科学的目的，也有对“心理技术学”的浓厚兴趣。

1928年周先庚在斯坦福大学用“速示法”进行汉字诵读实验，随后

---

① 参见史蒂文·夏平（Steven Shapin）：《科学革命：批判性的综合》，导言，上海，上海科技教育出版社，2004年，第4页。

② Steven Shapin, *A Social History of Truth: Civility and Science in Seventeenth-Century England*, The University of Chicago Press, 1994.

③ Peter Burke, "The Cultural History of Intellectual Practices: An Overview," *Political Concepts and Time: New Approaches to Conceptual History* (Santander: Cantabria University Press, 2001), pp. 103-128.

④ E. B. Tichener, "Psychology: Science or Technology?" *Popular Science Monthly*, 1914.

⑤ 周先庚：《心理学与“心理建设”》。

⑥ 周先庚：《心理学与心理技术》，《独立评论》第116号，1934年9月2日。

在国际心理学期刊上相继发表四篇论文，专门讨论汉字诵读的实验技术与仪器改造。周先庚使用的实验设备，是他自主发明的新式速示器。机器的前面像一个旧式留声机的喇叭筒，里头有一圆窗，由四门合成十字形，故名为“四门速示器”（Quadrant Tachistoscope）。每个门用一圆筒式电磁启动，手指轻按电匙，相对二门立即张开，手指提起随即关闭。在圆窗之后，有白色硬纸片从上方一特制盒内自动坠落，纸片上贴有阅读材料。被试者用电匙控制窗门开闭，贴着材料的纸片靠自身重量自动落入下方盒内。这是周先庚发明的“四门速示器”的基本构造及使用原理。①

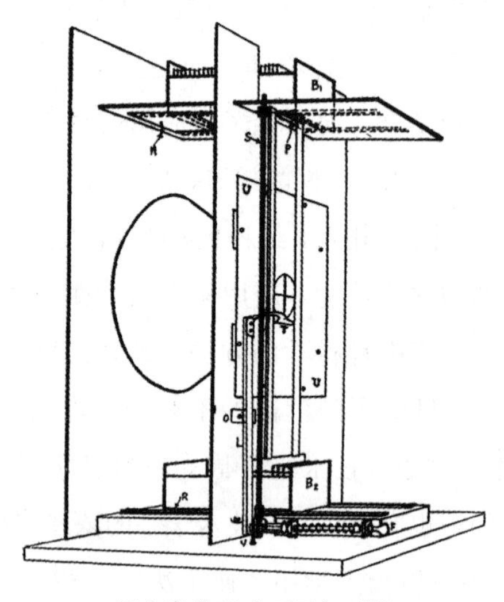

周先庚发明“四门速示器”

周先庚使用的诵读材料是排列整齐的七言诗句，选自商务印书馆日用百科全书的书斋对联，既非名篇名句，也不过于冷僻。他亲自到报馆排版印刷，把每句剪贴在约三寸见方的硬纸片当中。每个诵读方向（横读或直读）有32句材料，每种汉字位置（正置、倒置、右卧、左卧）各有八句。

① Siegen K. Chou, “An Automatic Card Feeder and Catcher Mechanism,” *Journal of General Psychology*, 3, 1930, pp. 179 - 182.

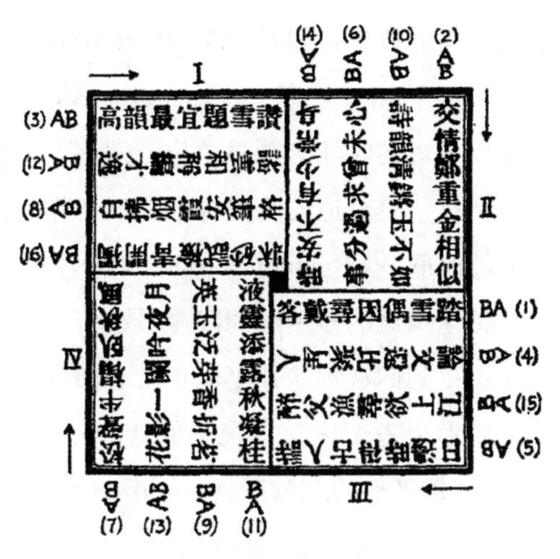

周先庚使用的阅读材料

被试者 11 人都是中国留学生，每人分四次诵读，每次相隔至少五天。每组中各种汉字位置的句子顺序随机安排。被试者按电匙打开速示器显示窗门，出声诵读窗中显示的七言诗句，读毕立即松手，窗门自动关闭，这种实验方法被称为“按指自示朗诵法”。实验者用停表记录速示器窗门开闭时间，即被试者完成规定诵读任务所需时间。①

周先庚与杜佐周的读法实验都使用速示器，但工作原理截然不同。杜佐周遵循“时间限制法”，以时间为单位，计算单位时间内被试者的诵读字数。材料显示时间通常限定在 1/25 秒，或 1/10 秒、1 秒不等。在如此短促的时间内，被试者的阅读状态多少是不自然的，阅读过程被机械切割开，因此可以在一定程度上排除阅读习惯的干扰。周先庚虽也使用速示器，但他放弃了时间限制法，而以工作为单位，看被试者用多少时间才能完成规定的记诵任务。周先庚采用的“工作限制法”，介乎常态诵读法与时间限制法之间，更尊重阅读能力的个体差异及阅读过程的完整性。②

---

① 参见周先庚：《为什么直读快？》。

② 参见陈汉标：《中文横直读研究的总检讨》。

周先庚对“速示法”的修正，得益于Herbert Woodrow在注意力测量上的理论思考。Woodrow指出，效率（efficiency）不宜用规定时间内完成的工作量来衡量。如以极短的时间为测量单位，效率低者在这种实验条件下没有机会充分展示自己。更合适的测量标准是以工作为单位，计算被试者完成指定工作所需的时间。[①] Raymond Dodge关于注视（visual fixation）的实验研究也指出，将速示器的显示时间降至最小值，是一个方法论上的错误，因为从显示窗中得到的视觉认知不同于常态阅读。合乎实验需要的速示器，应允许被试者形成一个完整、统一的清晰印象。在这种意义上，“速示”不应被理解为“最迅速的刺激”（the most rapid excitation），而是“最迅速的视野”（the most rapid vision）。[②]

周先庚将改造后的速示器，命名为“慢示器”（Bradyscope），意在强调实验原理的改变：从时间限制法到工作限制法。“慢示器”是周先庚生造的概念，用以代替与速示器相对的所有“记忆装置”（memory apparatus）。慢示器与速示器都用于在一定时间内向读者展示认知材料，二者的主要区别是显示时长。周先庚发明的“四门速示器”既是速示器，也是慢示器，他改变了速示器的显示时长与控制方式。显示窗的开闭掌握在被试者手上，显示时间的长短根据受试者自身能力而定，控制方式从固定不变的、机械分割的、无意识的，转变为灵活多变的、同步的、自觉的（simultaneous voluntary maintenance of exposure）。[③]

慢示器与速示器的根本区别，不在仪器的构造原理或显示时间的长

---

① Herbert Woodrow, *The Measurement of Attention*, Psychological Monographs, 17, 1914, no.76, p.13. 参见Siegen K. Chou(周先庚), “Reaction-Keys and A New Technique for Reading-Reactions,” *The American Journal of Psychology*, vol.41, no.3(1929), pp.469－473.

② Raymond Dodge, *An Experimental Study of Visual Fixation*, Psychological Monographs, 8, 1907, no.35, pp.32－37.

③ Siegen K. Chou(周先庚), “‘Tachistoscope’ vs. ‘Bradyscope’,” *The American Journal of Psychology*, vol.42, no.2(1930), pp.303－304. 这篇论文曾在1929年9月4日于耶鲁大学举办的第九届国际心理学大会上宣读。

短，而在功能不同。慢示器更适用于持续时间较长、相对复杂的综合认知过程。慢示器与速示器的功能差别，可用望远镜与显微镜做类比。就像在天文学上，望远镜为我们揭示了极大、极远的存在；慢示器在心理学上帮助我们认识缓慢、渐进的整体过程。速示器专用于注意力、认知、理解方面，各种短暂的、有限的比较研究，就像在生命科学中，显微镜探索的领域是关乎极微小、肉眼不可见的存在。①

科学史家指出，从 17 世纪初开始，使用望远镜和显微镜的观察者宣称揭示了人类不借助工具的感觉限度，并暗示更多的细节和奇迹，只有等仪器改进后才能发现。② 以自然科学自居的现代心理学，尤其是冯特开创的实验心理学，更注重仪器的发明与改造。中国早期心理实验所用仪器大都粗糙笨拙，周先庚劝有志于研究心理学者兼攻机械工程，系统改造实验仪器，把几大心理实验完全自动机械化，可极大提高实验结果的准确性。③ 周先庚提出“慢示器”的概念，不只改变了速示法的工作原理，更基于对汉字特殊性的原理性思考。

无论速示器还是慢示器，都是以“可测量的时间”（a measurable time）为理论前提。现代心理学力图挣脱哲学的统治，以实验为立身之本，但仍躲不开哲学家的质疑：时间是可测量的吗？柏格森（Henri Bergson）认为，“可测量的时间”是空间观念侵入时间领域的产物。在直接经验中，时间是川流不息的绵延过程，由相互渗透的瞬间构成。柏格森所谓的“具体绵延”（concrete duration），是针对机械、空洞的抽象时间。“绵延”是不可测量的，除非转化为空间的表征。在柏格森看来，“可测量的时间”是自相矛盾的概念，它把“陆续出现”（succession）认作“同时

---

① Siegen K. Chou（周先庚），“‘Tachistoscope’ vs. ‘Bradyscope’,” pp. 305 – 306.

② 参见史蒂文·夏平（Steven Shapin）：《科学革命：批判性的综合》，第 19 页。

③ 周先庚：《心理学与“心理建设”》。

发生”(simultaneity),把“互相渗透”变为“并排列置”。[①]

现代心理学与统计学是孪生兄弟,心理实验离不开数据分析。中国心理学家多兼修统计学。沈有乾自称对统计学、论理学的兴味比心理学更浓;[②] 艾伟著有《高级统计学》作为大学教材。[③] 心理现象本是不可分割的过程,不借助空间表征就难以把它视为可测度的。若用数学上的点来表示心理动作的不可分割性,在点与点之间有一个空间间隔。不管间隔多小,数学处理的总是间隔的首尾两端。至于间隔自身,犹如柏格森所谓的“绵延”,必然不出现在方程式之内。[④]

推论式的理智为了解心理现象,只能把它切割开,并置于均一的介质中。科学的主要目的是预知与测量,我们唯一能测量的是空间。用柏格森的说法,科学要从时间中去除“绵延”,只保留“同时发生”,才能测量它。诵读作为一种绵延的生理-心理经验,能否用科学方法测量,在测量时又去除省略了什么,这是周先庚改造仪器后仍面临的理论难题。

四、 汉字的“格式道”

周先庚在汉字诵读实验中,试图证明横读与直读没有根本区别,直读快是因为习惯。他提出三个理论假设:一、一行中各个字的相对位置比诵读方向(即横直读)更重要;二、习惯与练习是造成横直读差异的主要原因;三、诵读方向之所以影响效率,是因为一行中各个汉字,在诵读过程

① Henri Bergson, *Time and Free Will: An Essay on the Immediate Data of Consciousness*, trans. by F. L. Pogson, London: G. Allen, 1913. 参见柏格森:《时间与自由意志》,吴士栋译,北京,商务印书馆,2009 年。

② 沈有乾:《西游记》,《西风》第 24 期,1938 年 8 月号。

③ 艾伟:《高等统计学》(大学丛书),上海,商务印书馆,1933 年。

④ 参见柏格森:《时间与自由意志》,第二章。

中有一定的空间先后与时间早迟。[①] 绝大多数读法研究只关注横直读对阅读效率的影响，周先庚实验的新颖之处，在诵读方向外，引入另一变量：字体位置（the position of characters），从这两种影响因素的交互作用考察汉字诵读的心理过程。

基于诵读方向与字体位置的叠加效应，周先庚提出一个理论假说，即从时空连续性上把握中文读法。周先庚的时空顺序（temporal-spatial sequence）理论，跳出横直读之争，在更接近诵读常态的实验条件下考察汉字诵读的特殊性。所谓时空顺序，也就是一行中各个字的相对位置，一个字“跟随着”一个字。“跟随”（follows）的意义是空间的，也是时间的。两个字写在纸上，一上一下，一左一右，只是空间上的“跟随”。当有人诵读时，毗邻的文字由空间上的跟随，转化为时间上的跟随。这种时空连续性是在诵读过程中产生的。[②]

周先庚从人眼的生理机制上解释此种时空顺序，当诵读时，眼球跳动有一定的空间的先后与时间的早迟，从一个字的一边滑动到另一字的相邻边。这种时空顺序对于汉字诵读极为重要。当直排占统治地位时，汉字诵读的常态是从一个字的下部，到另一个字的上部，即“bottom-to-top”的顺序。一个字正置与否，对时空顺序影响很大。不单往下念正字比较快，就是往上念倒字，往右念左卧字，往左念右卧字，都比别种混合诵读法要快，因为都合乎习惯的“bottom-to-top”顺序。周先庚认为，就诵读速率而言，心理学家争执不下的横直读问题最不要紧。最要紧的是字体位置，诵读方向与字体位置互相影响，在诵读过程中生成的时空顺序，才是决定诵读速率的关键因素。[③]

---

① Siegen K. Chou, “Reading and Legibility of Chinese Characters: Ⅰ. Influence of Reading-direction and Character-position upon Speed,” p. 160.

② Siegen K. Chou, “Gestalt in Reading Chinese Characters,” *Psychological Review*, vol. 37, no. 1(January 1930), p. 64.

③ 参见周先庚：《为什么直读快?》。

周先庚利用半字实验（Reading Half-Characters）验证时空顺序理论及字体位置的重要性。他将用作诵读材料的七言诗句从中劈为两半，看被试者能否从这些半字认出整字，以及诵读各种半字所需的时间。实验发现半字的识别，上半比下半易，左半较右半易。就影响因素而言，诵读方向对诵读速率的影响最小，字体位置对速率影响最大。时空顺序在半字实验中对诵读速率的影响，远不如其对默写成绩（由半字写整字）的影响之甚。半字对诵读速率及默写两方面的影响，均大于时空顺序的影响。①

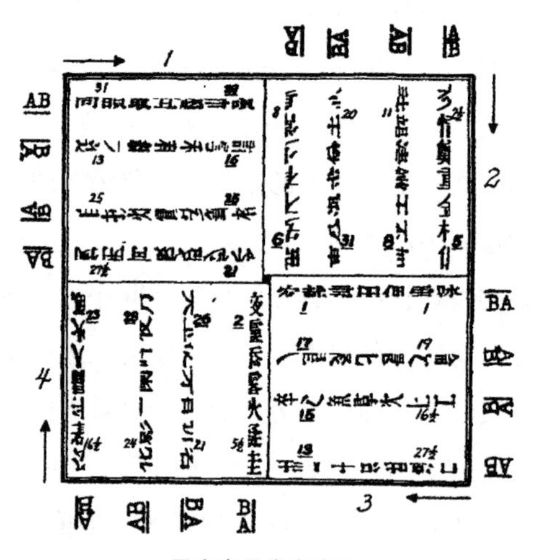

周先庚的半字实验

为排除惯习的干扰，周先庚找美国人做汉字心理实验，观察他们如何判断汉字位置，哪些字的准确率较高，会出现何种类型的判断失误。② 实验发现即便颠倒位置，汉字还有一点“自然性”可以使外国人知道什么字

① Siegen K. Chou, “Reading and Legibility of Chinese Characters: Ⅱ. Reading Half-Characters,” *Journal of Experimental Psychology*, vol. 13, no. 4(August 1930), pp. 332–351.

② 美国人在判断汉字位置时容易出现：相对的错误（正倒混淆、左右不分）、类比的错误（正右相混、倒左不分）、交叉的错误（正左相混、倒右不分）。

是正置，并且这种“自然性”可以误导他们做出恰恰相反的判断。完全不懂中文的美国人凭什么判断汉字的倒顺？周先庚统计出准确率较高的汉字，如：“禽”“西”“爪”“赛”“十”等。位居榜首的“禽”字，准确率高达90.7%。美国人容易判断左右倒顺的汉字，周先庚认为都具有对称性、组织性、平衡性、稳定性。准确率最高的“禽”字，正好符合这四种特性。对称性、组织性、平衡性、稳定性都针对一个字的“全形”（configurational structure）而言，周先庚将这些共通性视为汉字的格式道特征（Gestalt-qualities of Chinese Characters）。[1]

格式塔心理学是周先庚用以阐释汉字特殊性的重要理论资源。整体不仅是部分的总和，是格式塔心理学的基本立场。正如曲调不存在于个别音符当中，只存在于整体的配合里。你欣赏一支乐曲，总是旋律的形式而非一连串跳跃的音符，是统一的整体而不仅是局部感觉的“镶嵌细工”。经验以这种整体的方式授之于人，表现为有意义的结构形式，即格式塔。[2]德国心理学家Max Wertheimer曾用“似动现象”实验（Phi-phenomenon）揭示格式塔的特性。以看电影为例，银幕上呈现的是一连串快速更替的静片，静片之间由黑暗间隔。当间隔时间恰到好处时，人脑对第一位置的反应通过一种“连绵”的过程，被“并吞”于对第二位置的反应中，[3]类似于柏格森描述的“绵延”的时间。

以格式塔心理学为依据，周先庚认为汉字的好处在它的完整性，各具个性。每个字的构造组织都像一个小小的建筑物，有平衡，有对称，有和谐。因此字与字的辨识有一定的标准，不容易模糊。而西洋文字由多个大

---

① Siegen K. Chou, "Reading and Legibility of Chinese Characters: Ⅳ. An Analysis of Judgments of Positions of Chinese Characters by American Subjects," *Journal of Experimental Psychology*, vol. 18, no. 3(June 1935), pp. 329-342. 参见周先庚：《美人判断汉字位置之分析》，《测验》1934年第2卷第1期。

② 波林（E. G. Boring）：《实验心理学史》，北京，商务印书馆，2017年，第729页。

③ 吴伟士（Robert S. Woodworth）：《现代心理学派别》，谢循初译，上海，国立编译馆，1934年，第105—106页。

同小异的字母组成，又横列成一平线，文字的个性、完整性比汉字要少得多。[①] 在周先庚看来，汉字的字形演变正是格式塔心理学的最佳例证，每个字的形体在演化过程中渐趋完整，演变成一个个圆满、和谐的“格式道”。[②] 汉字的“格式道”，在完全不识字的外国人眼里尤为显著。

所谓汉字的“格式道”有两个层面，不仅指单个字的“完形”（word-Gestalt），从诵读的时空顺序上，更侧重于汉字排列成行的完整性，即整行的格式道（line-Gestalt）。在周先庚看来，每个汉字都是一个组织完善的单位，当排列成行时，这串汉字又构成一个更大的整体，即一行的格式道。由字体位置与诵读方向交互影响产生的时空顺序，即是由“字的格式道”跃升为“行的格式道”。善读者均以词或短句为单位，而非黏滞于单字，故周先庚强调的时空连续性应就“行的格式道”而言。[③]

“格式塔”好似一盏魔法灯，照亮了心理学上晦暗不明的角落。格式塔心理学派反对不自然的分析，致力于对整个情境式样的综合反应，找出结构中的“缺口”，即问题所在。这种自上而下、让整体统率部分的探索路径，是对正统实验心理学的纠偏与补充。[④] 然而如果滥用格式塔理论，处处求助于这盏魔法灯，则会妨碍实验心理学对现象及其条件的完整分析。周先庚反省说，“格式道”理论的妙用，必须在对心理现象及其条件进行完整分析之后。[⑤]

周先庚的汉字诵读实验，并非简单套用格式塔心理学，而是从根本上质疑晚清以降的汉字繁难说。汉字革命的理论预设是汉字比拼音文字难

---

① 周先庚：《美人判断汉字位置之分析》。

② Siegen K. Chou, “Reading and Legibility of Chinese Characters: Ⅳ. An Analysis of Judgments of Positions of Chinese Characters by American Subjects,” *Journal of Experimental Psychology*, vol. 18, no. 3(June 1935), p. 333.

③ 艾伟：《汉字问题》，北京，商务印书馆，2017 年，第 226 页。

④ 吴伟士：《现代心理学派别》，第 128—129 页。

⑤ F. Krueger, *The Essence of Feeling: Outline of a Systematic Theory*，转引自 Siegen K. Chou, “Gestalt in Reading Chinese Characters,” *Psychological Review*, vol. 37, no. 1 (January 1930), pp. 69 - 70。

学，周先庚认为这一判断未经检验。读法研究早已证明我们诵读文字，并非把一个字拆解为笔画，或把一个词拆成单个字母来读，而是辨认字词的“全形”或“格式道”。19世纪以来欧美读法研究的演进，完全推翻了从字母学起的教学法，让儿童从由字词构成的有意义的句子学起。[①] 汉字本就是整个的、完形的“格式道”，恰好切合现代实验心理学发现的认知原理。在未证实汉字的完整性无补于学习效率以前，周先庚呼吁不当废弃汉字。[②]

周先庚提倡“多做思想的工夫，少做实验的妄动”，他是极少数有思想家气质及理论抱负的心理学者。20世纪初期，心理学陷入“无政府”状态，学派间的分歧有不可收拾之势。[③] 周先庚认为无论如何意见分歧，现代心理学定有内在线索可寻，应找到一个轮廓的架子，把各种学派、各种实验研究、各种应用的兴趣与社会意义包括在内。[④] 他用拍摄电影“比拟”（analogy）心理学派的分歧[⑤]，心理学各派领袖像是风格迥异的电影导演，面对同一故事脚本，有完全不同的情节编排与取景方式。[⑥] 周先庚设想以他熟悉的斯坦福大学校园为取景地，跟踪拍摄一位女生在庭院内等候男生同去图书馆的故事。不同的心理学派从各自的理论预设出发，会在不同地点设置机位，从特定的角度摄取这个故事的某一片段。基于各家视点的幕景，可凑合成一个连续、完整的故事。周先庚认为心理学家应超越

---

① 阅读教法从“字母法”（拼字法）到“单字法”（Word Method）的演变，参见徐锡龄：《欧美读法研究述要》。

② Siegen K. Chou, “Reading and Legibility of Chinese Characters: Ⅳ. An Analysis of Judgments of Positions of Chinese Characters by American Subjects,” *Journal of Experimental Psychology*, vol. 18, no. 3(June 1935), pp. 331－332.

③ 周先庚：《心理学的回顾》，《清华周刊》1931年第35卷第8、9期合刊。

④ 周先庚：《现代心理学之进化史》（书评），原刊《平明日报》（北平）1946年12月8日；转引自《周先庚文集》卷二，北京，中国科学技术出版社，2013年，第359页。

⑤ 周先庚认为“比拟”是抽象思想隐遁之所，高等的思想需要视觉的比拟作背景，正如记忆意象需要时空背景才有熟见的感觉。

⑥ Siegen K. Chou, “Cinematography of Psychologies,” *Psychological Review*, vol. 38, no. 3 (May 1931), pp. 254－275.

派系之争，站在更高的视点上，把整个故事和盘托出。[①]

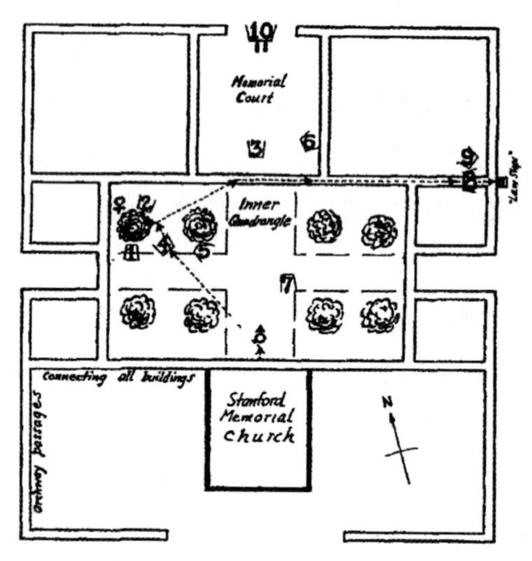

用拍摄电影比拟心理学的不同派别与观点

陷入派系纷争的现代心理学，太看重自家乔木，而失去了对心理学整片森林的了解。为躲避“无政府主义”的陷阱，周先庚倡导心理学的格式道主义（a Gestaltism of Psychologies）。仍以拍电影做类比，所谓心理学的格式道，即把编剧、导演、演员、摄影师、剪辑师、制片人及一般观众合为整体，因生活是整个的，心理学与心理学家共同构成一个格式道的格式道（a Gestalt of Gestalten, a super-Gestalt）。[②] 只有站在能俯瞰学科全景的位置上，才能把整个心理学的范围“格式道化”。[③]

从汉字的格式道，到心理学的格式道，周先庚的理论倾向及方法论立场，透露出心理学家的心理。因处于文学革命与国语运动的聚光灯外，心

---

① 周先庚：《心理学之观点》，二“活动电影比拟”，陈汉标译，《教育杂志》1935 年第 25 卷第 3 期。

② Siegen K. Chou, “Cinematography of Psychologies,” p. 275.

③ Siegen K. Chou, “Cinematography of Psychologies,” pp. 272 - 273.

理学家与汉字问题的密切关联尚未得到充分重视，相关研究成果仅在学科史的脉络中被提及。[1] 除了学科史的意义，心理实验室中的汉字问题，若置于东西方文化碰撞的大背景中，与汉字革命军、国语运动家的方案互为参照，或有更深的思想史内涵。在汉字问题上，革命者须旗帜鲜明、斩钉截铁，运动家擅长合纵连横、借力打力，而科学家的态度，唯有大胆假设、小心求证。受“技术严格主义”的制约，在密集的数据、公式、图表背后，留美学生对汉字问题的持续关注，不单是迎合国际学术潮流、博取学位而已，还有与国内思想界、教育界对话的意图。就汉字问题而言，既要关注心理学家的技术，更需探究心理学家的心理。

心理实验室中的汉字问题，不是作为学科史的子话题，而是作为一个被遮蔽的思想史命题提出的。需要追问，汉字问题为何会成为中国现代心理学史上的核心问题之一，为何心理学家对汉字问题的深入研究未能进入公众视野，进而改变汉字改革的进程？

从外部环境看，1930 年代以后围绕汉字问题的主义之争愈发激烈，逐渐溢出学术讨论的范围，被视为政治问题。就连王力这样的语言学家也认为，汉字改革必须有整个政治思潮作后盾，才有成功的希望；若停留在学术研究领域，永远是不痛不痒的，讨论不出一个最佳方案[2]。建国以后文字改革的成就，如简化字的推行，也证明唯有借助执政党的强力，并与教育出版体制结合，才能在短时期内扭转一代人的读写习惯。

从内因上说，心理学家在实验中努力剥离受试者的文化背景差异对实验结果的干扰，所以他们会改良仪器，设计不同形式的诵读材料，做各种组别的对照。但一旦他们试图对实验数据、实验结果进行分析阐释，文化传统和阅读习惯就又像幽灵一样，重新回到他们的论述当中，并在某种意义上阻止他们做出某种断然的、清晰的结论。心理实验的理论预设是尽可

---

① 如阎书昌：《中国近代心理学史（1872—1949）》，上海，上海教育出版社，2015 年，第 161—164 页。

② 参见王了一：《汉字改革》，长沙，文史丛书编辑部，商务印书馆，1940 年，第 21 页。

能逼近抽象、普遍的认知主体，而实验的设计者与参与者都是被特定历史文化传统形塑的、具体的认知主体。对于心理实验室中的汉字问题而言，科学与惯习之间的张力是理解其思想史意义的一条线索。

参考文献

一、报刊

《北京大学日刊》《晨报》《晨报副刊》《大公报》《东方杂志》《独立评论》《改造》《国粹学报》《国民公报》《国学季刊》《国语月刊》《甲寅》《京报副刊》《建设》《解放与改造》《科学》《留美学生年报》《留美学生季报》《民国日报》《每周评论》《闽星》《努力周报》《清华周刊》《人间世》《上海泼克》《少年世界》《少年中国》《申报》《时事新报》《时事新报·文学旬刊》《世界日报》《世界日报·副刊》《小说画报》《小说月报》《现代评论》《新潮》《新青年》《新人》《新社会》《新世纪》《新中国》《心理》《星期评论》《语丝》《宇宙风》《中华小说界》《中华新报》

二、基本史料

艾伟:《汉字问题》，上海，中华书局，1949 年。

艾恺（Alitto, G. S. ）:《吾曹不出如苍生何：梁漱溟晚年口述》，北京，外语教学与研究出版社，2010 年。

包天笑:《钏影楼回忆录》，香港，大华出版社，1971 年。

北社编:《新诗年选（一九一九年）》，上海，亚东图书馆，1922 年。

曹聚仁:《文坛五十年》，香港，新文化出版社，1954 年。

曹汝霖:《一生之回忆》，台北，传记文学出版社，1980 年。

陈大齐:《心理学大纲》，上海，商务印书馆，1918 年。

陈独秀:《独秀文存》，上海，亚东图书馆，1922 年。

陈独秀:《陈独秀文章选编》，北京，生活·读书·新知三联书店，1984 年。

陈独秀:《陈独秀年谱》，唐宝林、林茂生编，上海，上海人民出版社，1988 年。

陈占彪编:《五四事件回忆：稀见资料》，北京，生活·读书·新知三联书店，2014 年。

程端礼编:《程氏家塾读书分年日程》，上海，商务印书馆，1936 年。

成舍我：《报海生涯——成舍我百年诞辰纪念文集》，北京，新华出版社，1998 年。
杜威：《杜威全集·中期著作》第 10 卷，上海，华东师范大学出版社，2012 年。
冯文炳：《谈新诗》，北京，新民印书馆，1944 年。
傅斯年：《傅斯年文集》，欧阳哲生编，北京，中华书局，2017 年。
傅斯年：《傅斯年遗札》，王汎森、潘光哲、吴政上主编，台北，"中央研究院"历史语言研究所，2011 年。
顾颉刚：《顾颉刚书信集》，北京，中华书局，2011 年。
胡适：《尝试集》，上海，亚东图书馆，1920 年 3 月初版；1920 年 9 月再版；1922 年 10 月增订四版。
胡适编：《中国新文学大系·建设理论集》，上海，良友图书印刷公司，1935 年。
胡适：《胡适演讲集》，台北，胡适纪念馆，1970 年。
胡适：《胡适来往书信选》，北京，社会科学文献出版社，2013 年。
胡适：《胡适口述自传》，唐德刚译注，台北，传记文学出版社，1981 年。
胡适：《胡适遗稿及秘藏书信》，耿云志主编，合肥，黄山书社，1994 年。
胡适：《胡适文集》，欧阳哲生编，北京，北京大学出版社，1998 年。
胡适：《胡适日记全编》，曹伯言整理，合肥，安徽教育出版社，2001 年。
胡适：《北京大学图书馆藏胡适未刊书信日记》，北京，清华大学出版社，2002 年。
胡适：《胡适留学日记手稿本》，上海，上海人民出版社，2015 年。
胡适：《胡适许怡荪通信集》，上海，上海人民出版社，2017 年。
胡适：《胡适中文书信集》，台北，"中央研究院"近代史研究所，2018 年。
华德生（John B. Watson）：《行为主义的心理学》，臧玉淦译，上海，商务印书馆，1925 年。
黄侃：《黄侃日记》，南京，江苏教育出版社，2001 年。
黄侃：《文心雕龙札记》，黄延祖辑，北京，中华书局，2006 年。
黄侃：《量守庐学记：黄侃的生平和学术》，程千帆、唐文编，北京，生活·读书·新知三联书店，1985 年。
黄侃：《量守庐学记续编：黄侃的生平和学术》，张晖编，北京，生活·读书·新知三联书店，2006 年。
黄侃：《黄侃手批白文十三经》，上海，上海古籍出版社，2008 年。
黄远庸：《远生遗著》，上海，商务印书馆，1920 年。
康白情：《草儿》，上海，亚东图书馆，1922 年。
康洪章：《草儿在前集》，上海，亚东图书馆，1924 年 7 月修正三版。
康白情：《康白情新诗全编》，诸孝正、陈卓团编，广州，花城出版社，1990 年。
康白情：《康白情研究资料》，王学振、吴辰编，海口，海南出版社，2019 年。
《科学与人生观》，上海，亚东图书馆，1923 年。
黎锦熙：《国语运动史纲》，上海，商务印书馆，1934 年。
里尔克：《给一个青年诗人的十封信》，《冯至译文全集》，上海，上海人民出版社，

2020 年。
李璜：《学钝室回忆录》，台北，传记文学出版社，1978 年。
梁启超：《欧游心影录节录》，上海，中华书局，1936 年。
梁启超：《梁启超年谱长编》，丁文江、赵丰田编，上海，上海人民出版社，1983 年。
刘半农：《扬鞭集》，北京，北新书局，1926 年。
刘复：《半农杂文》第一册，北平，星云堂书店，1934 年。
刘半农：《半农杂文二集》，上海，良友图书印刷公司，1935 年。
刘半农：《刘半农研究资料》，天津，天津人民出版社，1985 年。
刘小蕙：《父亲刘半农》，上海，上海人民出版社，2000 年。
卢戆章：《一目了然初阶》，北京，文字改革出版社，1956 年。
鲁迅：《鲁迅全集》，北京，人民文学出版社，1981 年。
鲁迅：《鲁迅小说史大略》，西安，陕西人民出版社，1981 年。
鲁迅博物馆编：《鲁迅博物馆藏近现代名家手札》，福州，福建教育出版社，2002 年。
吕叔湘、王海棻编：《〈马氏文通〉读本》，上海，上海教育出版社，2005 年。
罗家伦：《罗家伦先生文存》，台北，“国史馆”、中国国民党中央委员会党史委员会，1976 年。
梅光迪：《梅光迪文录》，沈阳，辽宁教育出版社，2001 年。
眉睫：《梅光迪年谱初稿》，北京，海豚出版社，2017 年。
倪海曙：《清末汉语拼音运动编年史》，上海，上海人民出版社，1959 年。
钱玄同：《钱玄同五四时期言论集》，沈永宝编，上海，东方出版中心，1998 年。
钱玄同：《钱玄同文集》，北京，中国人民大学出版社，2000 年。
钱玄同：《钱玄同日记》（整理本），杨天石主编，北京，北京大学出版社，2014 年。
钱玄同：《疑古玄同：钱玄同文物图录》，北京鲁迅博物馆、湖州市博物馆编，郑州，大象出版社，2016 年。
任鸿隽：《科学救国之梦：任鸿隽文存》，上海，上海科技教育出版社，2002 年。
任鸿隽：《中国近代思想家文库·任鸿隽卷》，樊洪业、潘涛、王勇忠编，北京，中国人民大学出版社，2014 年。
少年中国学会编：《少年中国学会周年纪念册》，1920 年。
沈从文：《从文自传》，上海，第一出版社，1934 年。
申报馆五十周年纪念《最近之五十年》，上海，申报馆，1923 年。
舒新城：《我和教育：三十五年教育生活史（1893—1928）》，上海，中华书局，1945 年。
谭嗣同：《谭嗣同集》，长沙，岳麓书社，2012 年。
唐彪：《读书作文谱》，长沙，岳麓书社，1989 年。

陶希圣:《潮流与点滴》，台北，传记文学出版社，1979 年。
汪原放:《回忆亚东图书馆》，上海，学林出版社，1983 年。
王了一:《汉字改革》，长沙，文史丛书编辑部，商务印书馆，1940 年。
王世家编:《青年必读书：一九二五年〈京报副刊〉“二大征求”资料汇编》，开封，河南大学出版社，2006 年。
王新命:《新闻圈里四十年》，台北，龙文出版社股份有限公司，1993 年。
王哲甫:《中国新文学运动史》，北平，景山书社，1933 年。
魏绍昌编:《鸳鸯蝴蝶派研究资料》（史料部分），上海，上海文艺出版社，1984 年。
闻一多、梁实秋:《冬夜草儿评论》，北京，清华文学社，1922 年。
吴宓:《吴宓自编年谱》（1894—1925），吴学昭整理，北京，生活·读书·新知三联书店，1995 年。
吴宓:《吴宓日记》，吴学昭整理注释，北京，生活·读书·新知三联书店，1998 年。
吴宓:《吴宓书信集》，吴学昭编，北京，生活·读书·新知三联书店，2011 年。
吴稚晖:《吴稚晖学术论著》，梁冰弦编，上海，出版合作社，1925 年。
吴稚晖:《吴稚晖先生文存》，周云青编，上海，医学书局，1926 年。
《新诗集（第一编）》，上海，新诗社编辑部，1920 年。
许德珩:《许德珩回忆录——为了民主与科学》，北京，中国青年出版社，2001 年。
许德邻编:《分类白话诗选》，上海，崇文书局，1920 年。
杨钧:《草堂之灵》，长沙，岳麓书社，1985 年。
杨树达:《古书之句读》，北平，文化学社，1929 年。
杨杏佛:《啼痕：杨杏佛遗迹录》，上海，上海辞书出版社，2008 年。
应修人:《应修人日记》，上海鲁迅纪念馆编，上海，上海书画出版社，2003 年。
于鬯:《香草校书》，北京，中华书局，1984 年。
恽代英:《恽代英日记》，北京，中共中央党校出版社，1981 年。
恽代英:《来鸿去燕录》，张羽等编注，北京，北京出版社，1981 年。
曾琦:《曾慕韩（琦）先生日记选》，沈云龙辑，台北，文海出版社，1966 年。
张东荪:《思想与社会》，上海，商务印书馆，1946 年。
张东荪:《张东荪年谱》，左玉河编，北京，群言出版社，2013 年。
张静庐:《在出版界二十年》，汉口，上海杂志公司，1938 年。
张南庄:《何典》，刘复校点，北京，北新书局，1926 年。
张万起编:《〈马氏文通〉研究资料》，北京，中华书局，1987 年
张允侯、殷叙彝、洪清祥、王云开编:《五四时期的社团》，北京，生活·读书·新知三联书店，1979 年。
中共中央马恩列斯著作编译局研究室编:《五四时期期刊介绍》，北京，生活·读书·新知三联书店，1979 年。

中国社会科学院近代史研究所编：《五四运动回忆录》及续编，北京，中国社会科学出版社，1979 年。
中国社会科学院近代史研究所编：《五四爱国运动》，北京，中国社会科学出版社，1979 年。
中国社会科学院近代史研究所编：《五四爱国运动档案资料》，北京，中国社会科学出版社，1980 年。
周先庚：《周先庚文集》，北京，中国科学技术出版社，2013 年。
周作人：《中国新文学的源流》，北平，人文书店，1932 年。
周作人编：《中国新文学大系・散文一集》，上海，良友图书印刷公司，1935 年。
周作人：《知堂回想录》，香港，三育文具图书公司，1980 年。
周作人：《周作人集外文（1904—1945）》，陈子善、赵国忠编，上海，上海人民出版社，2020 年。
朱自清编：《中国新文学大系・诗集》，上海，良友图书印刷公司，1935 年。

三、论著

（一）中文

彼得・L. 伯格、托马斯・卢克曼：《现实的社会建构：知识社会学论纲》，吴肃然译，北京，北京大学出版社，2019 年。
波林（E. G. Boring）：《实验心理学史》，北京，商务印书馆，2017 年。
陈平原：《触摸历史与进入五四》，北京，北京大学出版社，2005 年。
陈平原：《作为一种思想操练的五四》，北京，北京大学出版社，2018 年。
陈平原、夏晓虹主编：《触摸历史：五四人物与现代中国》（增订本），香港，香港中和出版有限公司，2019 年。
陈平原：《现代中国的述学文体》，北京，北京大学出版社，2020 年。
陈端志：《五四运动之史的评价》，上海，生活书店，1935 年。
陈万雄：《五四新文化的源流》，北京，生活・读书・新知三联书店，1997 年。
戴联斌：《从书籍史到阅读史：阅读史研究理论与方法》，北京，新星出版社，2017 年。
戴维・芬克尔斯坦、阿利斯泰尔・麦克利里：《书史导论》，何朝晖译，北京，商务印书馆，2012 年。
复旦大学历史学系编：《五四新文化：现代与诠释》，《近代中国研究集刊》10，上海，上海古籍出版社，2020 年。
福柯（Michel Foucault）：《福柯集》，杜小真编选，上海，上海远东出版社，2003 年。
高波：《追寻新共和：张东荪早期思想与活动研究（1886—1932）》，北京，生活・读书・新知三联书店，2018 年。

哈贝马斯（Jürgen Habermas）:《公共领域的结构转型》，曹卫东等译，上海，学林出版社，1999 年。
何容:《中国文法论》，上海，独立出版社，1944 年。
赫伯特・巴特菲尔德（Herbert Butterfield）:《历史的辉格解释》，张岳明、刘北成译，北京，商务印书馆，2012 年。
洪长泰:《到民间去：1918—1937 年的中国知识分子与民间文学运动》，上海，上海文艺出版社，1993 年。
胡延峰:《留学生与中国心理学》，天津，南开大学出版社，2009 年。
黄兴涛:《"她"字的文化史：女性新代词的发明与认同研究》，北京，北京师范大学出版社，2015 年。
姜涛:《公寓里的塔：1920 年代中国的文学与青年》，北京，北京大学出版社，2015 年。
姜涛:《"新诗集"与中国新诗的发生》，北京，北京大学出版社，2019 年。
雷勤风（Christoper Rea）:《大不敬的年代：近代中国新笑史》，许晖林译，台北，麦田出版，2018 年。
林・亨特（Lynn Hunt）编:《新文化史》，上海，华东师范大学出版社，2011 年。
刘纳:《创造社与泰东图书局》，南宁，广西教育出版社，1999 年。
吕芳上:《革命之再起：中国国民党改组前对新思潮的回应（1914—1924）》，台北，"中央研究院"近代史研究所，1989 年。
吕芳上:《从学生运动到运动学生》，台北，"中央研究院"近代史研究所，1994 年。
罗伯特・达恩顿（Robert Darnton）:《华盛顿的假牙：非典型的十八世纪指南》，杨孝敏译，北京，商务印书馆，2014 年。
平田昌司:《文化制度和汉语史》，北京，北京大学出版社，2016 年。
彭明:《五四运动史》（修订本），北京，人民出版社，1998 年。
彭鹏:《研究系与五四时期新文化运动：以 1920 年前后为中心》，广州，中山大学出版社，2003 年。
普列汉诺夫:《论个人在历史上的作用问题》，王荫庭译，北京，商务印书馆，2010 年。
钱穆:《中国文学论丛》，台北，联经出版事业公司，1998 年。
任远:《句读学论稿》，杭州，浙江古籍出版社，1998 年。
萨义德（Edward W. Said）:《开端：意图与方法》，章乐天译，北京，生活・读书・新知三联书店，2014 年。
史蒂文・夏平（Steven Shapin）:《科学革命：批判性的综合》，上海，上海科技教育出版社，2004 年。
舒衡哲（Vera Schwarcz）:《中国启蒙运动：知识分子与"五四"遗产》，刘京建译，北京，新星出版社，2007 年。

汪晖：《现代中国思想的兴起》，北京，生活·读书·新知三联书店，2015 年。
王德威：《想象中国的方法：历史·小说·叙事》，北京，生活·读书·新知三联书店，2003 年。
王德威、宋明炜编：《五四@100：文化，思想，历史》，台北，联经出版事业公司，2019 年。
王汎森：《启蒙是连续的吗?》，香港，香港城市大学出版社，2020 年。
王风：《世运推移与文章兴替：中国近代文学论集》，北京，北京大学出版社，2015 年。
王媛：《“希腊的余光”：周作人对古希腊文化的接受研究》，北京，中国社会科学出版社，2019 年。
王跃、高力克编：《五四：文化的阐释与评价——西方学者论五四》，太原，山西人民出版社，1989 年。
吴伟士（Robert S. Woodworth）：《现代心理学派别》，谢循初译，上海，国立编译馆，1934 年。
伍启元：《中国新文化运动概观》，上海，现代书局，1934 年。
夏济安：《黑暗的闸门：中国左翼文学运动研究》，香港，香港中文大学出版社，2016 年。
夏晓虹：《觉世与传世——梁启超的文学道路》，上海，上海人民出版社，1991 年。
夏晓虹：《晚清白话文与启蒙读物》，香港，三联书店（香港）有限公司，2015 年。
雅克·德里达（Jacques Derrida）：《论文字学》，汪堂家译，上海，上海译文出版社，1999 年。
雅克·勒戈夫、皮埃尔·诺拉：《史学研究的新问题、新方法、新对象：法国新史学发展趋势》，北京，社会科学文献出版社，1988 年。
阎书昌：《中国近代心理学史（1872—1949）》，上海，上海教育出版社，2015 年。
叶维丽：《为中国寻找现代之路：中国留学生在美国（1900—1927）》，周子平译，北京，北京大学出版社，2017 年。
余英时等：《五四新论：既非文艺复兴·亦非启蒙运动》，台北，联经出版事业公司，1999 年。
张朋园：《梁启超与民国政治》，台北，食货出版社，1978 年。
张治：《文学的异与同》，北京，商务印书馆，2019 年。
张仲民：《种瓜得豆：清末民初的阅读文化与接受政治》，北京，社会科学文献出版社，2016 年。
张仲民：《叶落知秋：清末民初的史事和人物》，上海，上海人民出版社，2020 年。
周策纵：《五四运动：现代中国的思想革命》，周子平等译，南京，江苏人民出版社，1999 年。

（二）英文

Chow Tse-tsung, *The May Fourth Movement: Intellectual Revolution in Modern China*, Harvard University Press, 1960.

C.H. Wang, *The Bell and the Drum: Study of Shih Ching as Formulaic Poetry*, Berkeley and Los Angeles: University of California Press, 1974.

Christoper Rea, *The Age of Irreverence: A New History of Laughter in China*, University of California Press, 2015.

Evelyn S. Rawski, *Education and Popular Literacy in Ch'ing China*, Ann Arbor: University of Michigan Press, 1979.

Henri Bergson, *Time and Free Will: An Essay on the Immediate Data of Consciousness*, trans. by F.L. Pogson, London: G. Allen, 1913.

D.F. McKenzie, *Bibliography and the Sociology of Texts*, Cambridge University Press, 1999.

D.F. MaKenzie, *Making Meaning: "Printers of the Mind" and Other Essays*, Amherst: University of Massachusetts Press, 2002.

Steven Shapin, *A Social History of Truth: Civility and Science in Seventeenth-Century England*, University of Chicago Press, 1994.

四、论文

(一) 中文

埃里希·奥尔巴赫:《语文学与世界文学》，靳成诚译，《比较文学与世界文学》2016年第1期。

陈建守:《作为集合事件的“五四运动”: 五四的概念化与历史书写》，《重估传统·再造文明: 知识分子与五四新文化运动》，黄克武主编，台北，秀威资讯科技，2019年。

陈平原:《经典是怎样形成的: 周氏兄弟等为胡适删诗考》，《鲁迅研究月刊》2001年第4期、第5期。

陈平原:《现代中国的述学文体: 以“引经据典”为中心》，《文学评论》2001年第4期。

陈以爱:《“五四”前后的蔡元培与南北学界》，《论民国时期领导精英》，吕芳上编，香港，商务印书馆，2009年。

陈以爱:《五四运动初期江苏省教育会的南北策略》，《“国史馆”馆刊》第43期，2015年3月。

程凯:《重返“危机时代”——一种通向五四的路径》，《文艺争鸣》2018年第9期。

程巍:《语言等级与清末民初的“汉字革命”》，《世界秩序与文明等级: 全球史研究的新路径》，刘禾主编，北京，生活·读书·新知三联书店，2016年。

邓绍基：《关于“新文化运动”这一名称》，《学林漫录》第十四集，北京，中华书局，1999年。
傅扬：《思想史与近代史研究：英语世界的若干新趋势》，台湾《“中央研究院”近代史研究所集刊》第99期，2018年3月。
高波：《新旧之争与新文化运动的正统问题：以张东荪与傅斯年等人的论争为中心》，《天津社会科学》2014年第4期。
葛晓音：《四言体的形成及其与辞赋的关系》，《中国社会科学》2002年第6期。
葛晓音：《汉魏两晋四言诗的新变和体式的重构》，《北京大学学报》2006年第9期。
黄克武：《一个流产的结盟：胡适与研究系（1919—1922）》，《中国文化》第53期，2021年春季号。
季剑青：《留美学生围绕语言改革的讨论及实践与文学革命的发生》，《文艺争鸣》2020年第9期。
姜涛：《五四新文化运动“修正”中的“志业”态度：对文学研究会“前史”的再考察》，《文学评论》2010年第5期。
李培艳：《从自我养成到社会改造：对恽代英五四时期“小团体”实践的考察（1915—1921）》，2010年北京大学中文系中国现代文学专业硕士学位论文。
刘永华：《清代民众识字问题的再认识》，《中国社会科学评价》2017年第2期。
陆林：《胡适〈《水浒传》考证〉与金圣叹研究》，《文学遗产》2011年第5期。
罗智国：《从日记看恽代英对新文化的阅读与反应》，《齐鲁学刊》2014年第3期。
罗志田：《历史创造者对历史的再创造：修改“五四”历史记忆的一次尝试》，《四川大学学报》2000年第5期。
罗志田：《学无常师》，《读书》2010年第7期。
罗志田：《本事与言说的纠缠——再论复调的“五四”》，《中共党史研究》2020年第6期。
欧阳军喜：《国民党与新文化运动——以〈星期评论〉〈建设〉为中心》，《南京大学学报》2009年第1期。
彭春凌：《以“一返方言”抵抗“汉字统一”与“万国新语”——章太炎关于语言文字问题的论争（1906—1911）》，《近代史研究》2008年第2期。
钱理群：《〈新青年〉知识分子群体的形成：以杂志广告为线索》，《北京社会科学》2013年第3期。
秦素银：《钱玄同致胡适信、片四十七通》，《鲁迅研究月刊》2016年第12期。
瞿骏：《觅路的小镇青年——钱穆与五四运动再探》，《近代史研究》2019年第2期。
瞿骏：《勾画在“地方”的五四运动》，《中共党史研究》2019年第11期。
瞿骏：《再思“学衡”》，《读书》2020年第5期。
桑兵：《“新文化运动”的缘起》，《澳门理工学报》2015年第4期。

商金林：《胡适与刘半农往来书信的梳理和解读》，《中国现代文学研究丛刊》2019年第7期。
申小龙：《论中文句型之句读本体，功能格局，事理铺排——兼论汉语句型研究中西方概念的消解》，《杭州师范大学学报（社会科学版）》2013年第3期。
宋广波：《考释胡适致许怡荪五通书信》，《中国文化》2019年第1期。
孙坤：《中国古文标点特征和创制机理：与欧洲标点传统对比》，《中国语文》2015年第6期。
孙立尧：《四言诗虚字中心说》，《中国韵文学刊》2006年第4期。
汪晖：《预言与危机：中国现代历史中的“五四”启蒙运动》，《文学评论》1989年第3、4期。
王汎森：《傅斯年早期的“造社会”论：从两份未刊残稿谈起》，《中国文化》1996年第14期。
王汎森：《如果把概念想象成一个结构：晚清以来的“复合性思维”》，《思想史》第6辑，台北，联经出版事业公司，2016年6月。
王风：《文学革命的胡适叙事与周氏兄弟路线》，《中国现代文学研究丛刊》2006年第1期。
王奇生：《新文化是如何“运动”起来的——以〈新青年〉为视点》，《近代史研究》2007年第1期。
吴承学：《评点之兴——文学评点的形成和南宋的诗文评点》，《文学评论》1995年第1期。
吴组缃：《魏绍昌〈红楼梦版本小考〉代序——漫谈亚东本、传抄本、续书》，《红楼梦学刊》1981年第3期。
夏晓虹：《晚清报刊广告的文学史意义》，《南京师范大学文学院学报》2008年第4期。
夏晓虹：《晚清白话文运动的官方资源》，《北京社会科学》2010年第2期。
夏寅：《〈语丝〉的形态构造与“文体”生成（1924—1927）》，2019年北京大学中文系现代文学专业硕士学位论文。
徐佳贵：《“五四”与“新文化”如何地方化：以民初温州地方知识人及刊物为视角》，《近代史研究》2018年第6期。
徐佳贵：《从“五七”到“五四”——“五四运动”诠释的发生及其初期演变》，《史林》2020年第2期。
杨翠华：《任鸿隽与中国近代的科学思想与事业》，台湾《“中央研究院”近代史研究所集刊》第24期上册，1995年6月。
袁一丹：《绣花针与狼牙棒》，《文艺争鸣》2018年第9期。
袁一丹：《从小品文到“新俳文”：一场流产的文学运动》，《中国现代文学研究丛刊》2018年第7期。
张全之：《吴稚晖与〈新青年〉》，《中国现代文学研究丛刊》2016年第6期。

周月峰:《五四后“新文化运动”一词的流行与早期含义演变》,《近代史研究》2017年第1期。

周月峰:《另一场新文化运动:梁启超诸人的文化努力与五四思想界》,台湾《“中央研究院”近代史研究所集刊》第105期,2019年9月。

(二) 英文

Elisabeth Forster, “The Buzzword ‘New Culture Movement’: Intellectual marketing strategies in China in the 1910s and 1920s,” *Modern Asian Studies*, Vol. 51, Iss. 5(Sep. 2017).

Erich Auerbach, “Philology and Weltliteratur,” trans. by Maire and Edward Said, *The Centennial Review*, vol. 13, no. 1(Winter 1969).

Peter Burke, “The Cultural History of Intellectual Practices: An Overview,” *Political Concepts and Time: New Approaches to Conceptual History* (Santander: Cantabria University Press, 2001).

Roger Chartier, “Texts, Printing, Readings,” *The New Cultural History*, Edited by Lynn Hunt, University of California Press, 1989.

Rudolf G. Wagner, “The Canonization of May Fourth,” *The Appropriation of Culture Capital: China's May fourth Project*, Harvard University Press, 2001.

William A. Johnson, “Toward a Sociology of Reading in Classical Antiquity,” *The American Journal of Philology*, vol. 121, no. 4(Winter, 2000).

后　记

所谓“另起”既非彻底翻转，亦非旁逸斜出的叙事策略；而是在原有图纸上，由点及线，由线及面，通过局部的重绘，改写新文化运动的整体图景。重绘时，较有把握的是个体的点，及点与点连成的线。面与体的重构，仍是未完成的工作。本书缺乏连贯的历史叙事，缺乏结构性的分析框架，破大于立。我试图采集结构的“剩余物”来解析结构的特性及运作机制。所打捞的“剩余物”包括被删改的历史记忆、被压抑的精神气质、被排挤的边缘人物、不被承认的文体等。

缺乏结构的焦虑促使我思考结构和剩余物的关系及如何呈现结构。本书所做的种种尝试，意在搜寻新文化系统中的“隐藏文件”，如“武化”之于文化，刘半侬之于刘半农，康洪章之于康白情，《去国集》之于《尝试集》，上海新潮社之于北大新潮社，游戏笔墨之于正经文章。这些“隐藏文件”显露出新文化系统的两面性，既有开放的一面，也有封闭的一面。修复“隐藏文件”的目的，不是将剩余物回填到结构之中，而是用剩余物向结构提问。所叩问的结构，同时指向新文化运动的“名”（历史叙述）与“实”（历史过程）。

这本书可视作文学研究“历史化”的产物，又是对这种趋向的反拨，或说自我纠偏。文学研究往何处去，“历史化”的得失利弊，是始终萦绕在我心中的问题。我自认为是方法论上的个人主义者，但回顾近十年来研究路径的偏移，仍与文学研究的“没落”，特别是现代文学的学科焦虑有关。本书各章的研究思路，按写作顺序看，摇摆于文史之间。早先不满于单纯的文学研究范式，总有“走出去”的冲动。这一时期主要从近代思想史研究中“偷师”。我喜欢跑野马，思想史研究对我而言，意味着更开阔的驱驰空间，一旦走出文学史，可遇见更为纷繁、有趣的人事物。

长期亲近思想史，多半是不自觉的跟随、模仿；近年来的选题，开始有意识地“回撤”，与其说是回归文学，不如说是回归文本。回归文本，也是我与“新文化运动”相遇的契机。当初面对宏大叙事的自信，仅凭单一文本的支持。鲁迅《热风·题记》既非文学经典，亦非稀见史料，不过是一个杂文集的副文本。这种读书得间的快乐，可遇不可求，但给我与大历史对垒的勇气，不相信第一等的题目已经做完了。尽管现代文学三十年的研究空间确实有限，只要肯虚心读常见书，不必依赖新材料，也会发现题目俯拾皆是。所谓历史空白不一定非得降格以求，去找小一号的研究对象。在已被层层叠叠的历史叙事覆盖之处，未尝没有大家视而不见的空白。

从历史“回向”文学，不是防御性的退守，而是换一个方向探索。这种“回向”恰是基于跨学科对话的深入体验。近年来围绕五四新文化这一共同议题，与近代史研究者交流频繁。彼此在问题与方法上不乏共识，甚至研究对象也有交叠。这种趋同感让我隐隐有些不安。持续的跨学科对话，唤起我此前相对淡漠的学科意识。在这种场合，当被贴上文学研究者的标签，我不得不思考：文学研究能为邻近学科、为普通读者提供什么不可代替之物？文学研究区别于历史研究、社会科学的特质何在？一般人对文学研究抱有怎样的期待，又怀揣何种成见？文学研究者的立足点在哪儿，看家本领是什么？在跨学科交流中，有感觉融入、心通神会的时刻，也有感觉憋闷、自我怀疑的时刻。现在看来，反倒是那些失语的时刻，更显出跨界的意义，不是寻求他人的承认，而是反思自己的位置。

这本书的起点可追溯到2004年完成的本科学年论文，讨论“五四”前后刘半农的自我改造。之所以选择刘半农，是看重他与五四时代格格不入的部分，即其作为“红男绿女”小说家的前史，以及被《新青年》同人轻视的洋场才子气。从刘半农身上，我发现新文学的排斥机制及自我压抑的面向，自此留意倾听“五四”大合唱中的不和谐音。第七章以刘半农重印《何典》为线索，探讨新文学家的游戏笔墨，也是这一思路的延伸。

2008年完成硕士论文《新文化运动发生考论》，适逢五四运动九十周年纪念临近，陈平原老师准备增订《触摸历史：五四人物与现代中国》，强调“五四”成于师生两代人的合力。“五四”学生一代中，我认领了康白情和张厚载，二人都有“溢出”新文化之举。由张厚载可串连起北大内外的新旧之争，当时搜罗了不少材料，可惜未能成文。以新诗为社交手段的康白情修正了我对新诗人的刻板印象：新诗人不一定是游离于社会之外的零余者，也可以是在多重社会关系中游刃有余的活动家。

博士期间，我的主要研究精力转向抗战时期沦陷区研究。本来在“五四”已有一定的学术积累，如果沿着硕士论文的思路持续推进，这本书的面目会大不同。搁置“五四”，另辟战场，不无影响的焦虑。若一直在晚清与“五四”间徘徊，恐怕难以跳出导师的论述框架，而沦陷区研究则是片荆棘地，需自己重起炉灶。直到2013年博士毕业以后，我才从沦陷区研究抽身出来，试图重返“五四”。这期间“五四”研究已取得长足进展，思想史、概念史、阐释史、社会史、地方史都蔚然成风。此次修订旧作，我尽量在注释中补入近年相关研究成果。

时隔多年，能重拾新文化运动这个题目，得益于硕论写作期间打下的文献基础。至今我的电脑中仍保存着当年在北大图书馆拍摄的数千张旧报刊影像。随着晚清民国报刊数据库日趋成熟，研究者不必跑图书馆，就能检索到大量冷僻材料。但单凭数据库检索堆砌出来的论文，似缺少一种历史氛围。在缩微胶卷上看材料，跟一页页翻原刊、十指乌黑获得的历史现场感，毕竟有所不同。当你摊开一张脆黄的旧报纸，上面蒙着层薄灰，你不由得去想上一个翻阅这张报纸的人是谁。从时评社论到副刊的小说、剧评、漫画，更有意思的是杂七杂八的广告，这些与你研究题目看似无关的材料，渐渐发酵成弥漫性的时代氛围。在我看来，翻旧报刊不单是为了找材料，它有一种额外的意义，为重访者设计意外的相遇，让其在细微处领会时代风向的流转。泡在过刊阅览室，漫无目的地泛览，时而侧耳听窗外白杨树哗啦啦作响，让我对“五四”前后思想风气的演变有了更真切的体认。这种不计时间成本的研究状态，似乎再也回不去了。

刚工作那几年，教学任务繁重，没工夫泡图书馆。教研室里有几册《新青年》《新潮》的影印本，每次到学校上课前，抽出一册随便翻翻。来不及读长文，只能走马观花，顺手拍下各类交换广告，在碎片化的工作状态中写成《杂志联盟与阅读共同体》一文。

近年写作的第五、八、九章，涉及文学革命的前史、标点符号、书写形式、汉字存废等议题，是有意从历史退回文学的尝试。想用广义的“文本”或“读写”的范畴，统合文学与历史。希望能以退为进，于字缝间捕捉到真正属于自己的史感。若能读出纸背文章，形成属于自己的史感，则不致囿于文、史的学科边界，也就无所谓“走出”还是“回撤”。

本书各章曾以单篇论文的形式，发表在《文学评论》《中国现代文学研究丛刊》等刊物上。此次整合成书，对正文及注释都做了不同程度的增订。各章原题及出处如下：

	原　题	出　处
第一章	“另起”的“新文化运动”	《中国现代文学研究丛刊》2009 年第 3 期
第二章	作为运动的新文化	《现代中国》2009 年第 12 辑
第三章	“耻辱的门”： “五四”前后刘半农的自我改造	《汉语言文学研究》2021 年第 1 期
第四章	杂志联盟与阅读共同体： 以《新青年》的交换广告为线索	《中国现代文学研究丛刊》2015 年第 7 期
第五章	新大陆的旧文苑： 重构文学革命的前史	《文学评论》2019 年第 6 期
第六章	诗可以群： 康白情与“少年中国”的离合	《新诗评论》2011 年第 2 辑

（续表）

	原　题	出　处
第七章	“吴老爹之道统”： 新文学家的游戏笔墨及思想资源	《中国现代文学研究丛刊》2017 年第 2 期
第八章	创造一种新的可读性： 文学革命前后的句读论及其实践	《中国现代文学研究丛刊》2019 年第 6 期
第九章	心理实验室中的汉字问题	《中国现代文学研究丛刊》2021 年第 5 期

这本书的结集出版，可略微偿还部分学问的“负债”，要感谢一直以来携引扶持我的诸多师友。这些师友当中，最早的负债要算把我领上学术道路的王风老师，首先是还不清的酒债，更还不清的，是他在时间上毫不吝啬的投入。我学术上的另一重负债，来自我的硕博导师陈平原教授。陈老师关于五四新文化的研究思路与价值判断，构成本书重要的精神支点，也是我进入这一领域后不断返顾、与之对话的思想参照。夏晓虹老师对梁启超及晚清社会的深入研究，为我理解研究系的转向提供了不可或缺的历史背景。在陈老师和夏老师那里，我学到的不只是具体的知识、方法，令我终身受益的是把读书写作当作一种自得其乐的生活方式。

这本书有大半篇幅完成于燕园，有赖于北大中文系十余年的学术滋养。在此要特别感谢自本科以来指点我、鼓励我的高远东、吴晓东、贺桂梅、姜涛诸位老师。北大给我闯荡江湖的底气，在任何学术场合都不会犯怵；教我不必追赶潮流，不惧怕失败，走自己的路，慢一点也没关系。

感谢首师大为本书提供出版资助，文学院给我一个宽松自在的学术环境，可以相对超脱于体制内的游戏规则，全身心投入到自己感兴趣的研究课题中。更要感谢现当代文学教研室张志忠、张桃洲、李宪瑜、孟庆澍诸位老师，这些年对我学术生活的提携与关心。相信新文化运动研究中心的成立，会为我们教研室同人提供更开阔的发展平台。

跨学科的对话与交流，让我能在更大的知识版图中反思“五四”的历史价值及文学研究的困境。感谢邓小南、渠敬东、朱天飚等老师的照拂，使得我有机会先后在北大文研院、浙大高研院驻访。本书部分章节曾在近代史的学术会议上报告过，得到张仲民、戴海斌、瞿骏、高波、周月峰、沈洁、赵妍杰、徐佳贵等师友的批评指正，受益良多。还要感谢我的同门，郑勇、张治、季剑青、张丽华、彭春凌、卫纯、李浴洋等对我的长期支持。

最后感念家人对我学术事业的理解。我和陆胤研究领域相近，常是彼此论文的第一读者，能领会对方的用心，也能看出文章的破绽。但陆胤对我更大的帮助，却是在学术之外，那份对日常生活的耐烦心。学术是个无底洞，会侵占你的生活空间，吞噬掉普通人的幸福。我们努力在学术与生活之间保持平衡，唯有在相对稳定的生活节奏中，学术之路才能走得更远。